民衆神学の課題と展望

姜元敦
金均鎮
金敬宰
金鎮虎
崔亨黙 著

香山洋人 訳

かんよう出版

民衆神学の課題と展望／目次

民衆神学の課題と展望

凡例

一、本書は、恵岩神学研究所の紀要論文集〈神学と教会〉一八号　特集：民衆神学に対する省察と展望（二〇二二年）に掲載された論文の中から五編を翻訳したものである。五編の翻訳は、すでに順次『キリスト教文化』第二一号（かんよう出版、二〇二三年六月）、同第二二号（同、二〇二三年一二月）、同第二三号（同、二〇二四年八月）に掲載されており、本書は、これらに加筆修正を加えたものである。

一、人名について、初出は漢字（音のカタカナ表記）、それ以降は漢字、漢字が不明の場合は音のカタカナ表記とした。

一、聖書からの引用は、『聖書協会共同訳』（二〇一八年）を用い、それ以外は訳注で示した。

民衆神学の胎動と発展
——主題と方法の変化を中心に

姜元敦

1　はじめに

民衆神学は民衆に神学の焦点を当て、歴史の前で民衆と共に神学するモデルを提示した。それが民衆神学の特異点である。こうした特異点を持つ神学は韓国と世界の神学界において空前絶後である。民衆神学の胎動と発展の歴史は韓国現代史における民衆の現実と民衆運動に対する認識の変化とそれらに対する神学的対応と省察の変化を示している。民衆神学は大きく三つの段階を経て今日に至っている。民衆神学の第一段階は民衆神学的言説の形が登場する時期である。民衆神学の胎動に影響を与えた要因は多いが決定的なものは全泰壱（チョン・テイル）事件〔訳注：一九七〇年一一月一三日、ソウルの平和市場前交差点で縫製工場労働者全泰壱が中心となり劣悪な労働条件の改善を求める集会が行われ、警察による強制解散をきっかけに全泰壱は石油をかぶって火を放ち息を引き取った。この衝撃的な事件はその後、労働運動と連帯する学生運動、また民生化運動活性化の契機となった」の衝撃であった。安炳茂（アン・ビョンム）、玄永學（ヒョン・ヨンハク）、徐南同（ソ・ナムドン）、金容福（キム・ヨンボク）らは名も無き苦難を背負う民衆が歴史の主体であると宣言し、歴史の前で民衆と共に神学する観点と方法とを展開するために力を尽くした。彼らは事件の神学、聖霊論的―共時的解釈、脱神学、反神学、民衆の社会伝記といった民衆神学の特異性を示す神学的言説の形態を提示した。

一九八〇年代に入ると、民衆神学は第二段階に至った。民衆神学は韓国社会に本格的に台頭した民衆解放運動に対応しつつ急進化した。事件の神学パラダイムは運動の神学パラダイムへと変わり、キリスト者の実践を媒介として社会科学的現実分析と神学的省察を互いに結合し、キリスト者の運動を下支えする唯物論的神学が神学的言説として提示された。

一九八七年憲政体制の樹立、現実社会主義国家の分解と「歴史の終末」言説の拡散、市民運動の台頭と民衆運動の衰退、ポストモダン言説の流行、グローバリズムと金融化の衝撃などを経て、民衆神学は歴史の前で民衆と共に神学する観点と方法を更に徹底して追求する第三段階へと進んだ。第三段階民衆神学の特徴は民衆神学的言説の多元化と多様化である。民衆神学の成果を韓国知性史の地平から照らし出そうという試み、民衆神学の神学的貧困を超えて民衆神学を神学的に豊かにしようとする試み、民衆神学の形而上学的基礎を設定しようとする試み、ポストモダン言説によって民衆の概念化に関するミクロ言説を形成しようとする試み、運動の神学を継承発展させようとする試みなど様々な展開を見せながら、どの時代よりも民衆神学的言説は豊かになった。

民衆神学の段階的発展を体系的に把握するには、その主題と方法が民衆神学の各段階においていかなる変化を伴っていたかに焦点を当てる必要がある。次に、民衆神学の各段階においてどのような主題がどのような方法において論じられてきたのか分析してみよう。

2　第一段階民衆神学：事件の神学、脱神学
—反神学、民衆の社会伝記とメシア政治

第一段階民衆神学は一九七〇年初頭に台頭しプロテスタントによる民主化・人権運動と民衆運動を支える神学的言説として発展した。ここでは第一段階民衆神学の背景、民衆神学的言説の特徴とその限界を資料に従って論じてみよう。

1　第一段階民衆神学の背景

第一段階民衆神学の台頭を促進した要因は大きく見て四つある。第一は一部プロテスタントの政治的覚醒であり、第二は自主的な神学を模索しようとする一部プロテスタントの努力であり、第三は民衆を歴史の主体とみなす民衆史観の台頭であり、第四は民衆の現実の発見とそれに対する神学的対応である。

第一、韓国プロテスタントの政治的覚醒は「韓日国交正常化反対運動」と「三選改憲反対運動」を通じてはっきりとした姿を見せ始め、一九六〇年代末と一九七〇年代初頭には教会の社会参与と政治参与を叫ぶ神学的言説が生み出され広く流通した。これらの神学的言説は責任社会パラダイムを打ち立てる

エキュメニカル運動における社会倫理の影響を受けていたことは確かだが、それにとどまりはしなかった。韓国プロテスタントの政治的覚醒は、宣教師的プロテスタントが教条的に凝り固まった政教分離原則を盾にしつつ、韓国プロテスタントの主流派が表向きは教会外のこの世の事柄に我関せずの態度で一貫し、内部では植民地時代から分断国家の台頭と固定化に至るまで反共主義を全面に打ち出す保守的な政治勢力とヘゲモニー同盟を結んできたことに対する批判的認識に根ざしている。まさにこの点が韓国プロテスタントの政治的覚醒において大変重要な点である。

第二、自主的な神学の模索は、一方では一九六〇年代初頭から活性化した土着化神学によって主導された側面があるが、他方では一九六〇年代に大学生たちの民主化闘争の中で登場した民衆文化の政治化から刺激を受けた側面がある。第一段階民衆神学を形成した神学者たちは文化神学的観点から福音と文化の関係に関心を集中させた土着化神学者たちの神学的成果を尊重しつつも更に一歩進んで変革志向的観点から韓国文化を神学的に考える道を歩もうとした。韓国の抵抗運動において広く認められているように、変革の潜在力を秘めていた民衆文化と民衆言語の発見は韓国的とは何かを神学的言説形成の中心的理論として捉えようとする神学、すなわち韓国の神学を形成しようとする民衆神学者たちにとって大きな意味を持っていた。

第三、歴史に関する理解は民衆神学者たちの神学形成において決定的であった。韓国史を民衆の受難史と解釈した咸錫憲（ハム・ソッコン）の『意味から見る韓国の歴史』[1]は民衆神学者たちに深い印象を与えた。彼らは苦難を受ける民衆が歴史を導く主体であり新しい時代を開く当事者であるという咸錫憲の洞察に共感した。また民衆神学者たちは歴史学会のなかで姿を見せ始めていた民衆史観に注目した。民衆史観は民族史観を一段階進めた観点であった。一九六〇年代に植民地史観を克服し民族史観を設立しようとした研究者たちは、朝鮮社会を打ち破り発展させる原動力が朝鮮社会内部において自生的に形成されたという主張を強力に繰り広げた。民衆史観に立つ研究者たちはそうした主張を受け入れながらも朝鮮後期に本格的に登場した民衆のエネルギーと抵抗運動に注目した。この流れは、一九六〇年に発刊された『国史新論』[2]の中で、韓国史は民衆が歴史の主役として成長する過程の記録であるという主張により民衆史観の観点と方法として展開された。民衆史観の設立と共に韓国民衆史と社会経済史に関する研究も活発に行われ、多くの成果が登場し始めていた。咸錫憲の民衆史観と韓国歴史学会を風靡していた民衆史観は民衆を歴史の主体とみなす民衆神学的観点を形成する上で決定的な背景となったのである。

第四、全泰壱焼身事件は後に民衆神学を形成することになる神学者たちを衝撃に陥れ、全泰壱の受難と殺害［訳注：直訳は「殺されたこと」。全泰壱は自死を遂げたが彼を死に追いやったのは社会的構造悪でありその意味で彼は死んだのではなく殺されたという考えに基づいている。これは「イエスの死」ではなく「イエスが殺されたこと、殺害」、「十字架」ではなく「十字架刑」とその社会的脈絡を正しく表現すべきという民衆神学的立場に立脚している］、復活を神学的に捉えさせずにいる既存神学の無能力に直面した神学者たちを失望させた。既存の神学は精算されなければならず、新しい神学が民衆の苦難と殺害と復活を神学的言語によって描く言説の形態として現れなければならなかった。

2　安炳茂の事件の神学

安炳茂は事件の神学を提示し、それはまさに民衆神学的言説の最初の形態だった。安炳茂が語る事件とは突然変異や進化、暴風、津波、火山噴火のような自然現象としての事件ではなく、イエス事件、民衆事件などの用例に見られるように行為主体を中心として現場で生じる事件を指している。イエス事件はイエスが被った受難と殺害と復活の事件である。民衆事件とは歴史的現実の中で民衆が受難し抵抗しようと立ち上がる事件を指している。イエスが事件の現場に現存したように、民衆も事件の現場に現存する。安炳茂の民衆神学形成過程において決定的な役割を果たした概念は事件、現場、現存であった。

2―1　「現存」は安炳茂が民衆神学者として立つ以前にも重要な役割を果たした概念であり、民衆神学者として活動した時期にも決定的な役割を果たした概念であった。民衆神学以前に安炳茂は実存主義哲学と解釈学を通して現存の意味を捉えていた。そこでは日常の枠組みの中で自分の中に幽閉された生から抜け出してその意味を自覚し、再び日常の生へと立ち返りその生を新たに生きる主体の現存が重要であった。実存主義者安炳茂はそうした実存主義の現存を「脱」と「向」の弁証法によって書き記していた。民衆神学を創立しながら安炳茂は今この現場において民衆が苦難を受け殺され復活する事件に注目した。彼は暴力と圧政下で苦しみを受け死んだかのような民衆が再び生きて暴力と圧政に抵抗して立ち上がる事件の中で民衆に出会うことができると考えた。

安炳茂がこのように実存主義の現存方式から視線を移し、事件の中で民衆が現存する方式に焦点を当てる画期的な観点の変化を示したのは、全泰壱事件の衝撃がもたらした効果だった。安炳茂はこの効果の中で最初の民衆神学的言説形態を生み出した。つまり、安炳茂は全泰壱事件のような民衆事件においてイエス事件が再現し今日のキリストが民衆の苦難と殺害と復活の事件の中に現存すると証言したのであった。[3] こうしてイエス事件が民衆事件において現存していると証言する神学が安炳茂が民衆神学的言説の最初の形態として生み出した事件の神学である。

2―2　「事件」の概念は安炳茂が西欧神学の基本骨格である主客図式を拒否し民衆神学を展開する観点と方法を決定付けた。聖書の神は、出エジプト事件に見られるように事件を引き起こす神であり事件を通して自らを示す神である。神が引き起こす事件に巻き込まれた人々はその事件の中で彼らと共にある神を単純に客観的対象とみなすことはできない。[4] 神が事件を引き起こすという事実そのものが神認識の主客図式を打ち崩している。

イエスが神の国運動を展開しながら引き起こした事件においてもイエスと民衆は互いに分立し向き合いはしない。イエス事件において際立った特徴はイエスがいる場所に民衆がおり、民衆がいる場所にイエスがいるということである。そこではイエスが主人公役をし民衆がその事件の背景となるのではない。民衆はイエス事件を見物する観客の位置にいるのではいない。この点を重視した安炳茂はイエスを「彼と共にある人々と共に引き起こした事件全般」の中で理解しながらイエスの行為を分析しなければならないと強調した。[5] 彼はイエスを西欧的概念である「個人 individual/person」の概念に収めてしまうとイエスと民衆の主客図式から抜け出せず、イエスと民衆が共に事件を引き起こし「我ら」となることを把握できなくなると主張した。

イエスと民衆の主客図式を超え事件を通じて一つとなるという安炳茂の洞察は、民衆を対象化せず民衆の主体性を確認しようとする試みだと言えるであろう。安炳茂の民衆神学において民衆の主体性は他の何によっても置き換えることのできない中心的な公理であった。これについては後述しよう。

2―3　安炳茂は事件概念を出発点とし、聖書を読み神学を展開する観点と方法の革命的転換を導き出した。それは彼が第一段階民衆神学を確立しそれ以降民衆神学が発展し続けるために大きく貢献した点である。この貢献は以下の諸点に要約できるであろう。

第一、先述したように、彼は事件の優先性を述べながらケリュグマ神学の堅固な枠組みに亀裂を入れ、主脚図式に基づく西欧神学モデルを拒否することができた。安炳茂はこのような考えを「初めにケリュグマがあったのではなく事件があった。この事件はもちろんイエス事件である」[6]という命題にまとめた。

第二、安炳茂はイエス事件の記憶を伝達した人々の言葉、すなわちイエス事件はケリュグマ形態ではなく民衆の物語形態によって伝承されたという点に注目し、福音書の中にケリュグマ伝承と区別される他の伝承の道筋があることを明らかにした。初期キリスト教共同体においてケリュグマが確立していたにもかかわらずイエス事件の物語伝承が収集され編纂されたのは、その物語を伝承した集団がキリストケリュグマに挑戦しつつ彼らの生を物語ろうとしたからである。[7]安炳茂はその物語伝承を通じ、キリストケリュグマによって脱政治化され脱歴史化されていたイエス事件の真相を明らかにし得る道を開いたと信じていた。

第三、安炳茂はイエス事件の真相を把握するためにその事件が生じた現場に対する社会学的分析のみならずその事件の社会史的文脈を再構成しようと試みた。それは安炳茂がテクストの生の座をケリュグマの座につなげて歴史的―批評的方法を超え、イエス事件の物語伝承を歴史的で社会的な生の座において獲得しようとしたことを意味している。そうすることで彼は事件の文脈とその真相を通時的かつ共時的な観点から把握した。彼はイエス事件が生じたパレスティナ社会の政治・経済・イデオロギーにおける志向性を社会学的に綿密に分析しその事件の共時性を確保し[8]、イエス事件を貫く神の国思想が古代イスラエルを始めとする神の直接統治に対する記憶の系譜をまとっていることを明らかにすることでイエス事件の通時性を浮かび上がらせた[9]。

第四、イエス事件の共時性と通時性に対する認識は神の国の内容に一歩近づく道を切り開いた。安炳茂はイエスがガリラヤに行き神の国が切迫していると告げ、それに応じたオクロスがイエスに集まることで生じた事件に注目する。彼はイエス事件の場を通じ、神の国の内容は知ることができないと考えた西欧神学の不可知論を乗り越える道を見出し得ると信じていた。彼は、イエスが神の国の譬えを語っただけでその国全体に対しては「一言半句」語っていないことに注目する。それはイエスが神の国の内容を秘密にしておこうとしたためではない。安炳茂はイエスが「神の国に対して細々と定義する必要がなかった」と主張する。そう語ったあとにすぐ「当時すでに神の国運動を行っていた人々が考えていたまさにそれをイエスがそのまま受容」したのだと付け加えた。[10]「もしイエスが、彼らが歴史的経験から持つに至った神の国の表象と異なる何らかの現実を語ったのであれば細かな説明が必要だったはずだ。彼が神の国に対する特別な説明をしなかったということはまさに民衆の念願を自明で共通なものと認識していたことが前提とされていたのであり、彼らの念願と神の国の到来が一致していることが前提とされていると見なければならない」[11]。この驚くべき洞察を通して安炳茂は西欧聖書学の限界を突破した。

第五、これらの分析をもとに安炳茂はイエスが宣布した神の国が具体的にいかなる国であるかを究明しようとした。彼は神の国が神による直接統治を意味すると考え、その国はユートピアのような観念の産物ではなく歴史的核を持っていると主張した。神の直接統治の歴史的核は原始イスラエルである。原始イスラエルは出エジプト事件を通して確立された「ただヤハウェのみ」の信仰を中心に権力と物質の独占を認めない自由で平等な民の共同体であった。王権が確立することでこうした民の共同体は分解しヤハウェは王権体制を擁護する御用神に転落し契約の箱と神殿に監禁されてしまったが、王権に抵抗する預言者たちと民衆は原始イスラエルの記憶を伝承し「ただヤハウェのみ」の信仰を貫いた。まさにこのような伝承が最も活発に生きていた場所がガリラヤであった。ガリラヤの民衆はローマ帝国と神殿体制の圧政と収奪を受け律法を通していわゆる「罪人」の烙印を押され、差別と排除を受ける現実の只中で神の国の到来を念願しながら生きていた。彼らにとって神の国の実現は支配と収奪が無いこと、差別と排除の無い共同体の回復、すなわち原始イスラエルによって象徴される新しい共同体の建設に他ならなかった。この点に注目しながら安炳茂は、イエスと民衆が共に展開した神の国運動が「未来志向的

（来たるべきその国）であると同時に根源（イスラエルの古代社会）への回帰運動」[12]であると規定した。

第六、安炳茂はイエスの神の国運動においてサタンとの闘争というモチーフを重視した。彼はルカ福音書が伝える「私は、サタンが稲妻のように天から落ちるのを見ていた。」（ルカ一〇：一八）という言葉と「しかし、私が神の指で悪霊を追い出しているのなら、神の国はあなたがたのところに来たのだ。」（ルカ一一：二〇）に注目した。[13]サタンが「この時代」を支配しているなら、サタンが天から落ちるとかサタンを追い出すということはこの世における神の主権回復と直結していると言える。そうであればサタンによって象徴される現実は何であろう。安炳茂はサタンを単純に宗教的固定観念によって理解することに反対し、「主権化したイデオロギー」あるいは「構造悪」と捉えることを提案した。それは「制度のある一部分ではなくその制度を絶対化する土台」[14]のことである。安炳茂はこのような根源的な力と対決するために社会改革程度ではなく徹底した革命を追求しなければならないと考えていた。

2―4　安炳茂は聖書学研究のみならず民衆神学言説を展開しながら民衆の主体性をおろそかにしたことはなかった。彼はイエス事件において民衆は傍らに立っていたのではなく、イエスと民衆が主客図式によって分かたれてはいなかったと考えた。彼は民衆は神の国の相続者である点を絶えず強調した。彼は民衆が独裁権力下において虐げられ奪われ見下げられていた一九七〇年代初頭から民衆が歴史の主体であると大胆に主張した。民衆は本来歴史の主人として任命されたのだが、その座を奪い取った勢力があたかも主人であるかのようになりすましてきただけだ。それゆえ安炳茂は民衆が真の歴史の主人として本来の位置を求めることが歴史が向かう方向であると力説した。[15] 安炳茂によれば民衆が歴史の主体となる過程は神の主権が実現する過程でもあった。

聖書の民衆伝承を通して神の国の具体的内容を把握することができると考えた安炳茂は、この地における神の直接統治を念願する民衆が権力と物質の私有化に反対し「公」を実現するであろうと願った。民衆運動が活発に展開された一九八〇年代中盤以降に彼は権力と物質の私有化に抗し「公」の政治と経済を樹立すべきことを強調し、[16] 韓国の教会が物質と階級に対する認識を革命的に転換しなければならないと主張した。[17] まさにこのテーマにおいて安炳茂の神学は最も急進的な姿を示している。なぜならこうした安炳茂の主張は物質の独占と権力の独占を体系的に結合させた体制、更に具体的にはファシスト権力と独占資本が結託した当時の韓国資本主義体制に対する断固たる拒否を内包していたからである。

だからといって安炳茂が一九八〇年代の民衆運動を導く綱領を提示したと考えることはできない。彼はそのような介入を禁忌視していた。民衆が歴史の主体であれば、民衆は自らの生の主人となり自らの世界をどう形成するか自ら決定することであろう。[18] それは民衆の仕事であって知識人の仕事ではない。安炳茂は知識人が民衆を意識化するとか民衆解放のプログラムを提示しようとすれば結局民衆を対象化することになると考えた。彼は民衆の外側にいる者が民衆を規定しようとすることに対しても反対した。そのような民衆の規定は民衆を剥製化することだとみなしていたからである。このような考えと態度が安炳茂が民衆の主体性を理解する方法であった。彼は神学者として民衆の行いを通じてイエス事件が再現されることを証言することがふさわしいと考えた。しかし民衆神学がこのように素朴で消極的な役割にとどまっていてもいいのであろうか。

民衆が主体となって展開される解放運動において民衆と知識人がどうして別々に行動することができるであろう。安炳茂はロシア革命以降プロレタリアート独裁が党を掌握した知識人の独裁に変質したと指摘しながら、知識人が民衆の自律性と主体性を侵害しないことが最善であると考えたが、そうした観念は残念ながら知識人と民衆の二元性を前提としている。民衆の主体性を強調することはいいのだが、アントニオ・グラムシが「有機的知識人」の概念によって表したように、[19] 民衆と知識人の結びつきが民衆運動において決定的に重要であるという点を否定する必要は無い。安炳茂がこうした考えを拒否した結果、彼は事件を証言する神学にとどまっただけで運動の神学へと進むことはできなかった。なぜなら、運動の神学は社会科学的現実分析と戦略の選択を巡って苦心する知識人の役割を当然の前提とするからである。

3　玄永學が発見した民衆の自己超越能力

玄永學は全泰壱事件の衝撃の中で民衆の現場に駆けつけその現場で民衆の自己超越能力を民衆神学の一つの言語として捉えた神学者である。彼は梨花女子大学においてキリスト教社会倫理を教える教授として奉職していた際、首都圏都市宣教協議会の枠組みで清渓川（チョンゲチョン）の貧民地域で民衆宣教活動に参与し、その経験を神学的言語によってまとめ上げた。彼は貧民地域の売春街で幼い娼婦たちがひどい言葉で喧嘩をする光景を目撃し、ハン［訳注：恨（ハン）は感情的な恨みを越え毀損された名誉や不条理に対する告発のエネルギーを内包するものであり、ハンプリ（字義的には恨みを晴らすこと）はその解放、正義の実現、名誉回復などを意味している」に満ちた暮らしを身体で表現する孔玉振（コン・オクジン）の病身舞（ビョンシンチュム）［訳注：孔玉振（一九三一〜二〇一二）は有名な舞踏家で慶尚南道に伝わる病身舞で有名、病身舞は仮面劇でも演じられることがある］や、民衆のユーモアや抵抗意識を表現する仮面劇（タルチュム）に触れながらそれまで自分が捉えていた西欧神学が民衆の現実を表現することができないことを悟った。

彼は悲惨な生の只中で民衆が戦いつつも和解し一つとなる過程において自己超越の能力を発揮する点に注目し、特に民衆が仮面劇を通して支配者たちを嘲笑しユーモアと悪口で既存体制を批判的に乗り越える役割を示している点に関心を傾けた。[20] 民衆が自己超越と批判的超越を持つという玄永學の発見は、安炳茂が、民衆が自己の内部に幽閉されず自己を超越し民衆事件を引き起こすという洞察により自らの民衆神学言説を展開する上で決定的な支えとなった。また、玄永學の洞察は徐南同が金芝河の「張日譚（チャンイルタム）」を神学的に解釈し「ハン」と「断」の弁証法を拡張し「ハンプリの司祭」と「ハンプリの教会」に関する民衆神学的言説を形成する上で影響を与えた。

4　徐南同の実践的解釈学と脱神学―反神学構想

徐南同は民衆神学への急転換の後は民衆神学を急進的に発展させた神学者である。彼は実践を媒介に伝統を解釈する実践的解釈学を展開し、民衆神学が「脱神学」と「反神学」を経て神学を再構成する段階へと進むべきだと考えた。

4―1　民衆神学に没頭する以前にも徐南同は西欧神学のアンテナとして西欧現代神学を次々と把握し旺盛に紹介していた。彼はケリュグマ神学に精通し世俗化神学にも通じており、プロセス神学と進化論的神学に関して広い知識を積み上げていた。彼は一九七五年ナイロビのWCCに備えるためのエキュメニカルな議論の過程に参与し西欧神学の雰囲気が大きく変わっていることを実感した。一九六八年のウプサラ総会以来エキュメニカルな社会思想は解放の神学のチャレンジに直面し、民衆の参与が正義実現の土台となるという認識を明確にしながら、神と民衆との契約に基礎を置いたメシア政治を前面に打ち出し始めた。維新独裁に対する韓国民衆の抵抗と金芝河の投獄と苦難は国際的なエキュメニカル運動においても大きな関心事となっていた。

こうした雰囲気に刺激を受けた徐南同は、自らの民衆神学構想を綱領的に提示した一つの論文において自らの神学的焦点が「歴史的・政治的救い」へと移ったことを明らかにし[21]、現実社会の劇的な対立構造において不可避に台頭した「社会革命」を神学的に思惟することを決意した[22]。彼は自らの民衆神学が四つの刺激を受けてまとめ上げられたと述懐する。第一はイエスに対する宗教史的解釈が「社会政治的角度から」の解釈に転換したという点だ。第二は神の国の表象と千年王国の表象とを区別することで「終末論」を政治化しようとする試みだった。第三はマルクス主義の挑戦を受け「民衆の宗教」に復帰し始めていたキリスト教の活力を土台とした革命・政治・解放の神学の衝撃であった。第四は「民衆の側に立ち、その解放のために闘う」韓国教会の実践とその過程で民衆の声を新たに聞き始めたことだ。徐南同はそうした民衆の声を金芝河の詩の中に聞いていた[23]。

4—2　徐南同の民衆神学は「二つの物語の合流」のメタファーによってその輪郭が明確に現れていた。

ここでは民衆神学者徐南同の神学的主題と方法が綱領的に表現されている。

韓国の民衆神学の課題はキリスト教の民衆伝統と韓国の民衆伝統が現在韓国教会の神の宣教活動において合流していることを証言することだ。現在眼の前で展開する事実と事件を「神の歴史介入」、聖霊の働き、出エジプトの事件と理解しそこに参与しそれを神学的に解釈することである。[24]

この引用の中で徐南同は安炳茂が重視した「事件」と「証言」の概念を活用しつつ、神学的省察がキリスト者の実践を媒介として生じるという点を前面に打ち出している。彼はキリスト教の民衆伝統と韓国の民衆伝統が合流する場が韓国教会だとは言わず、それは「現在韓国教会の神の宣教活動」であると明示した。二つの物語が韓国教会において自動的に合流するのではなく、キリストを主と告白する人々の集いである教会が今ここで展開する神の宣教への参与において合流するという意味だ。この区別は民衆神学においては二つの点において決定的な意味を持っている。

第一、韓国教会が均質性を帯びた一枚岩（monoliths）のような単一な政治性を帯びているのではなく、神の宣教に参与する教会とそうではない教会とに別れているという意味である。このように教会のアイデンティティを区別する人間はそれぞれ異なる政治性を帯びた教会に対し「お前の神は誰だ」と問わずにはいられない。[25]

第二、二つの物語の合流がキリスト者が展開する神の宣教への参与を媒介にして生じるのだとすれば、その合流に関する神学的省察はキリスト者たちの実践に始まり、神学的省察の真理はキリスト者たちの実践を通じて判断されると言わなければならないであろう。神学的省察はキリスト者たちの実践を支えその実践を通して検証されねばならない。それがまさに徐南同が民衆神学を「行う」基本姿勢である。彼は民衆神学を展開しつつ「神学する」という表現を重視した。

「〝神学する〟ということは神による人間救済、人間解放の事業を…過去の歴史的事件に関する〝聖書〟本文の新たな解釈によって現実化することで終わるのではなく、今日の歴史的、社会的人間解放の闘争事件に連帯しそこで神の人間解放の働きを発見すること」[26]である。

「二つの物語の合流」というメタファーにおいて徐南同は実践と省察の関係を明らかにし、実践を媒介にして展開される解釈の論理を鋭く提示した。彼は従来の神学が安住していたケリュグマ的解釈学にとどまらず実践的解釈学へと進んだ。彼はケリュグマ的解釈学を「キリスト論的—通時的解釈」と規定し、実践的解釈学を「聖霊論的—共時的解釈」と命名した。「聖霊論的—共時的解釈」の焦点は神が導く民衆解放の事件に参与する実践主体の霊的分別力を強化し、その実践の内的根拠を確保することである。[27]

徐南同の「二つの物語の合流」には解釈と実践を媒介しようという熾烈な試みが現れている。もちろんそれは重要な試みではある。しかしこの試みには不思議なほど「現在韓国教会の神の宣教活動」の内容と方法に対する考察が完全に抜け落ちている。もちろんそれは徐南同にとって当時の教会が展開する神の宣教活動があまりに自明でありその課題や方法を具体的に論じる必要がなかったからかもしれない。しかしこの問題を安易に通り過ぎることはできない。「韓国教会の神の宣教活動」を「現在」何を中心にどのように展開していくべきかを語るには、その活動が繰り広げる現実に対する分析が緻密になされねばならず、限定的な資源と時間をいかに投入すべきかについての戦略的思考が必要となる。まさにこのような社会科学的現実分析と実践戦略が「二つの物語の合流」には現れていない。それが徐南同の「二つの物語の合流」モデルが示している理論的貧困である。

4―3

徐南同は民衆神学を正しく展開するには「脱神学」と「反神学」の過程を経なければならないと考えた。こうした急進的な着想は徐南同が、安炳茂、玄永學、金容福など他の民衆神学者たちと同様に民衆神学を行いながら民衆の言語が持つ重要性を認識したことによって芽生えたものだ。民衆は自らの生を物語で解き放つ。そこには彼らの経験と知恵、挫折と怒り、絶望と希望、渇望と要求が満ちている。

徐南同は文学社会学の助けを受け、民衆の物語が完全に民衆の物語によって伝承されるのではなく、支配者のイデオロギーによって汚染され硬い外皮に覆われている点を指摘している。したがって民衆の物語を正しく読み解くには、その物語の硬い表面構造を壊して入り込み物語の深層構造を明らかにしなければならない。例えばパンソリ「春香伝」は女性の貞節観を称える物語構造を持っているが、この表面構造は民衆を統制しようとする支配者のイデオロギーが重ねられることで形成されたのであり、この物語の中心は「男女相悦詞」〔訳注：男女の愛の歌〕だという。

徐南同は文学社会学の方法に従って、イエス事件がケリュグマに覆い隠されてその事件の政治的色合いが薄められ本来の事件は見えなくなっていると分析した。キリスト事件のケリュグマはイエスの十字架の死を伝えるが、イエスが十字架につけられて殺されたという事件の真相を曖昧に処理してしまった。イエスの十字架の死を贖罪的死などと解釈して来た神学の歴史の中ではイエスの十字架刑の政治的性格は明らかにされていない。したがってイエス事件の真相を明らかにしその真相によって神学的省察を正しく行うには、ケリュグマ神学と伝統神学から抜け出さねばならない。徐南同はそうしたケリュグマ神学と伝統神学に対する方法論的留保を「脱神学」と命名した。このような脱神学はケリュグマ神学と伝統神学がイエス事件の真相を隠蔽しているというイデオロギー的疑惑の提起にまで至らせる。それはイエス事件の真相隠蔽が既存教会の秩序を維持し教会を既得権体制に統合するイデオロギー的動機によって行われたのではないかという疑いである。イエス事件の真相を明らかにしそれを原点として神学的実践を展開しようとする民衆神学はケリュグマ神学と既存の神学を排撃する「反神学」の道を歩まざるを得ない[28]。このような徐南同の「脱神学」と「反神学」は解体主義神学の先駆的モデルであると見ていいであろう。

徐南同は社会経済史研究を経て神の啓示の「下部構造」を明らかにしなければならないと主張した。

神が事件を通じて自らを啓示するとすれば、神の啓示はその事件に関する伝承を推測し分析することでその中心が明らかになるであろう。このような伝承の社会経済史、すなわち神の啓示の「下部構造」を明らかにしない限り、神の啓示が具体的に何を意味するのか理解することはできない。このような徐南同の洞察と聖書解釈方法は当時ドイツの聖書学界において発展し始めていた聖書解釈と脈を一つにしている。徐南同は社会史的聖書解釈の土台となる唯物論的歴史理解に対しても開かれた態度を示していた。[29]

4—4　徐南同は民衆の主体性を極限に至るまで強調する神学者であった。彼は伝統的に神学が強調してきた罪の概念が、民衆を排除差別し支配するために支配者たちが民衆に押し付けたレッテルではないかと再考を促した。徐南同は民衆が罪を犯したと言う前に民衆が「被った罪」を暴かなければならないと考えた。[30] それは罪に関する言説がともすれば民衆の主体性を抑圧する支配者たちの統治を支えるイデオロギーとして動員されかねないからである。

徐南同は金芝河が讃えたように民衆が奈落の極限を引っくり返して天を仰ぎ見る役割を発揮することができると考えた。そうした民衆の自己超越能力があることから民衆は積もり積もらせたハンを無軌道な破壊と復讐の武器として使うのではなく、ハンを終わらせるハンプリを通じて引き裂かれ壊された人々の関係を回復する主体として立つことができる。ハンプリの基礎は「ハンと断の弁証法」である。ハンプリは心理学的な過程にとどまってはならない。徐南同はハンプリが心理学的なカタルシスになることを警戒する。彼は巫堂〔訳注：ムーダン。朝鮮伝統の巫女、神が憑依して託宣を述べたり病気を癒すとされる〕の厄払いと甑山教（チュンサンギョ）の解冤公事（ヘウォンコンサ）〔訳注：「甑山教」は二〇世紀初頭に姜一淳（カン・イルスン）が創立した新宗教で東学、仏教、道教、民間信仰などの要素を持つと言われる。日本による植民地化の過程で解体されつつあった朝鮮独自の価値体系や民族意識の再興が重視される。「解冤公事」は神の力を宿した教祖などが行う儀式〕が「虐げられた者の渇望を非現実化、非政治化して解消させる…民衆の麻酔薬」として作用すると批判した。[31] ハンと断の弁証法は民衆がハンを否定的に表出するのではなく現実の変革にまで至ることを示している。ハンと断の弁証法を主導する民衆はハンを生み出す現実関係を解体することでハンを晴らす大同世界〔訳注：老子に遡ると言われる中国古来のユートピア、差別や搾取の無い自由で平等な平和な社会〕を開く主体となる。

徐南同は民衆がメシア的役割を果たすと考えた。それは徐南同が民衆メシアニズムを主張したということではない。それとは正反対である。彼は民衆がメシアだと主張はせず民衆がメシア的役割あるいは機能を担うと言ったのである。こうした徐南同のメシア言説は多くの誤解を招いたがゆえにその発言の脈絡を調べておく必要がある。彼は「善きサマリア人」の譬えを解釈する中で、ここで救いを媒介したのは誰かと問う。徐南同は善きサマリア人は強盗を受けた人を助けたのであってまさに彼がメシアだという既存のアレゴリー的解釈を拒否した。むしろ彼は強盗を受け傷ついて叫び声を上げるその人が彼に救いの手を差し伸べた人を救うメシアとなったと解釈した。このような物語解釈の焦点移動を通して徐南同は、今ここで苦難を受けて泣き叫ぶ民衆の声に応える人々に救いが訪れるのだとすれば、その民衆が救いを媒介する者、すなわちメシアの役割を行うと主張した。[32] このような徐南同の民衆メシア論は民衆を英雄視するとか民衆を理想化するためのものではなく、ましてやメシアを自称する民衆指導者のメシアニズムを擁護する詭弁ではない。

一九八〇年代に入り徐南同は民衆運動が進むべき方向について悩んでいた。彼は韓国教会が反独裁・民主化・人権運動において一歩更に進んで千年王国を現在化する道を開くべきだと考えた。彼は当時の現実が封建主義と植民地主義と新植民地主義の三重の桎梏のもとにあると分析し、韓国教会がこの桎梏を打ち破る実質的主体である民衆と共に朝鮮半島において「自由と平等と統一の参与と交わり」を同時に実現しなければならないと主張した。[33] 千年王国の現実化は徐南同にとって「メシア政治の実現」であった。メシア政治は現実の渦中に神の統治を実現させるという企画である。彼はメシア政治のための「プラクシス」においてイデオロギー的選択を敢行する問題を真摯に苦慮していた。[34] 徐南同はそうしたプラクシスが社会科学的現実分析と戦略的選択に基づくということを鋭く認識していた。

まさにこのテーマにおいて徐南同は「二つの物語の合流」モデルが示す理論的貧困を意識しそれを乗り越えようとしていたようである。彼は一九八三年に執筆した生涯最後の論文で民衆の現実を規定する貧困に関する社会学的分析に立ちながら従属理論と周辺部社会論の階級分析を展開した。[35] おそらく徐南同が一九八四年にこの世を去らず自らの民衆神学を更に発展させたとすれば、彼はメシア政治のためのキリスト者の実践に社会科学的現実分析とイデオロギー的選択を媒介する仕事を厭いはしなかったであろう。

5　金容福の民衆の社会伝記とメシア政治

第一段階民衆神学において重要な役割を果たしたもうひとりの神学者は金容福である。彼は「民衆の社会伝記」を民衆神学の方法論として取り入れ、メシア政治を民衆神学的言説の核心とした。

5―1

金容福は思想史を研究する過程で社会伝記という人類学的方法論を受容し、これを自身の方法論とした。社会伝記の原型は民族誌である。それは先住民の暮らしや文化をあるがままに観察し分析する方法だ。観察し分析する者は観察の対象となる人々に影響を与えてはならず、彼らの生活に介入してはならない。金容福は知識人が彼らの世界観と志向に従って民衆を規定するのではなく民衆が自らを表現することに焦点を当て民衆を知るには民衆の社会伝記に忠実であるべきだと考えた。それが民衆の主体性を保証する観点と方法論だという。民衆の社会伝記は本来民衆を絶対的意味において対象化する方法論だが、金容福は民衆の社会伝記を逆説的に民衆の主体性を活かす方法として捉えようとした。

金容福によれば聖書の物語は民衆の社会伝記である。聖書の民衆は神と契約を結んだ人々であるがゆえに、民衆の社会伝記は神の啓示が現れる歴史的枠組みである[36]。聖書の物語が神による救済史であるなら、神と民衆が具体的な状況において共に描き出した歴史の記録、すなわち民衆の社会伝記が救済史の具体的核をなす。金容福は救済史の核心はメシア政治だと考えた。民衆はメシア政治に参与することで歴史の主体となる。メシア政治に参与する民衆の社会伝記は民衆がもたらす栄光と勝利の記録ではなく、民衆の苦難と闘争の記録であり、絶望の中に民衆の渇望と希望を打ち立てる記録である[37]。

5―2　金容福はメシア政治と政治的メシア主義を厳格に区別した。彼は日本の天皇制、共産主義、現代的技術支配体制などが現代史において生み出した政治的メシア主義の典型であると指摘した。政治的メシア主義の特徴は支配イデオロギーの絶対性を標榜する閉鎖的完璧主義である。政治的メシア主義はエリート支配を頂点とする全体主義的で絶対主義的な体制形成に帰結する。そこでは民衆の主体性と民衆の権力形成が敵対視され抑圧される。[38]政治的メシア主義は支配者とメシアを同列とする。民衆の「ための」メシアを自称する支配者は民衆を操作と支配の対象となし民衆を全体主義的で絶対主義的な体制の構成要素として統合する。

金容福は政治的メシア主義の対局にイエスのメシア政治を設定した。イエスのメシア政治では民衆は脇役ではなく主人公である。そうであればメシア政治において民衆とメシアはいかなる関係にあるであろう。彼は徐南同同様民衆がメシアの機能を担うと主張した。この大胆かつ誤解を招きやすい命題を通じて金容福が言いたかったことは何であろう。

金容福のメシア論はメシアが苦しみを受けるしもべ（イザヤ五三：一～一三）であるという命題をその中心とする。イエスはそのようなメシアの典型であった。彼は自らをむなしくし（フィリピ二：五～一一）、権力の行使と暴力を放棄した。彼は世を支配する罪の権勢によって殺されたが、罪の最も大いなる権勢である死に勝って復活した。イエスの十字架刑と復活を通して罪の権勢が無力化され、民衆は罪の権勢から解放される世界を展望することが可能となった。

苦難を受けたイエスの姿は歴史の中で苦難を受けその苦難の中で新たな現実を渇望する民衆の姿にお

いて繰り返し現れた。民衆は生のあらゆる領域において権力を剥奪された。不義な支配者たちは民衆の考えと感情までも操作するとてつもない暴力を加え、民衆から生きる機会を奪い去った。しかしその暴力は決して民衆を永遠に葬り去ることはできなかった。民衆は苦難の中でも希望を失わず粘り強い生命力によって暴力による支配が最後の言葉ではないことを示した。民衆は暴力の支配を無力化しつつメシア政治の主体として立つ。メシア政治は、民衆が権力の自己中心性を解体し、自らを低くして他者と交わり他者に仕える交わりと奉仕の共同体を形成する過程なのである。[39]

5―3　金容福は、メシア政治は民衆の主体性を前提すると考えた。民衆の主体性の実現がメシア政治を可能とする条件である。したがってメシア政治の要諦は民衆の自律性と参与を保障する点にある。しかし、既得権を維持しようとする勢力がありとあらゆる障壁を擁して民衆の参与と決定を妨げようとするなら、どうすればいいであろう。メシア政治が権力の形成を止揚し権力の直接的な行使を放棄することを核心とするとはいえ、既得権の構造を固守する勢力を打ち負かさなければ民衆の参与と決断を妨げる既得権構造を解体することはできないのではないか。既得権勢力を無力化し既得権構造を解体しようと意を決するなら、何をどうすればいいであろう。

まさにこの問いに対し金容福が答えることはなかった。彼は自分がこのような問いに答える位置にいると考えたことはなかったであろう。それもそのはず、彼が民衆神学の方法論を提示した民衆の社会伝記は民衆と知識人の二元的分立を前提としていたからである。知識人がなすべきことは民衆の行うことに干渉せず彼らが繰り広げる社会伝記を読み解くことである。知識人がなすべきことと民衆がなすべきことは違う。知識人は民衆が苦難の中で新しい時代を渇望し闘争することを指導するとか民衆運動のプログラムを提示する位置に立つことができるという幻想を捨てなければならない。もちろんこうした主張は運動エリート主義を警戒する点においては一利がある。しかしこの主張が民衆運動において知識人と民衆が結合すべき不可避性と必要性を否定するところまで進んでしまう理由はあるだろうか。こうした過度な主張は金容福の民衆神学言説において実践理論の欠如という帰結をもたらした。

更に彼は民衆の社会伝記が種々の方法論的留保に直面せざるを得ないということをメタ水準において検討することはなかった。民衆の物語が権力装置の効果によって体系的に歪曲され、甚だしくは民衆の物語においてシニフィエ（記号内容）がシニフィアン（記号表現）に滑り込む現象が生じるならば、民衆の物語をどう読めばいいのであろう。金容福は民衆の社会伝記が民衆の現実に対する社会科学的分析の契機となるだけで民衆の現実に対する社会科学的分析を対置することはできないと考えていたのではない。こうした方法論的省察の欠如は金容福の民衆神学に現れた実践理論の欠如とあいまっていた。

3　第二段階民衆神学の発展

第二段階民衆神学は韓国現代史において本格的に展開し始めた民衆運動に対応する神学であった。一九八〇年代に入り民衆運動は一九七〇年代の反独裁・民主化・人権運動から一歩進み、韓国社会の重層的な矛盾を解決し民衆解放を追求する段階へと進んだ。こうした民衆運動の発展に対応しキリスト者たちの実践も変化を受け、彼らの実践を下支えする民衆神学的言説は第一段階民衆神学の限界を批判しつつ新たに構成されざるを得なかった。民衆神学は第二段階に至って急進化の道を歩み始めた。

1　一九八〇年代民衆運動の発展

一九八〇年代民衆運動は一九八〇年光州民衆抗争と新軍部の無慈悲な抗争鎮圧に立ち向かう抗争によって出発し、一九七〇年代民主化人権運動とは質的に区別される性格を持った。

一九七〇年代の民主化人権運動は朴正熙（パク・チョンヒ）の維新独裁に立ち向かい民主主義と人権を擁護する闘争の性格を帯びていた。運動の主体はおおよそ知識人と大学生であり、特に韓国基督教長老会を始めとする進歩的な教団とNCCKを中心とした宗教界人士が重要な役割を担っていた。彼らはアメリカが民主主義と人権のための闘争を支援するだろうと期待し、一九七七年一月人権を前面に打ち立てたカーター政権が登場するやその期待は更に大きくなった。一九七〇年代の民主化勢力は全泰壱焼身事件以来労働者運動と都市貧民運動と連帯したが、運動の焦点は反独裁人権擁護に置かれていた。

一九八〇年五月一七日、全斗煥（チョン・ドゥファン）を頂点とする新軍部が「ソウルの春」を弾圧するために戒厳令を全国に拡大するや、光州市民はこれに激烈に抵抗し五月一八日から二七日まで民衆抗争を行った。民衆抗争は軍部の鎮圧によってとてつもない犠牲者を残したまま終わったが、韓国において民主化はただ自主化を通じてのみ実現し得るという認識を拡散する契機となった。韓国軍が民衆抗争に投入されるためにはアメリカがこれを容認しなければならないとみなしたからである。こうした認識は最初の反米デモとして知られる一九八〇年十二月九日の光州アメリカ文化会館放火事件において明らかにされた。放火主導者たちは「光州事態の真相究明と責任者処罰、軍部ファッショ集団を支援・支持したアメリカの退陣」を要求した。軍部独裁とアメリカのつながりに対する認識は一九八二年三月一八日釜山アメリカ文化院放火事件において一層明確に現れていた。放火事件の主導者たちは声明を通じ、アメリカは「韓国民衆の念願である民主化、社会改革、統一を実質的に拒否するファッショ軍部政権を支援し民族分断を固定化した」と主張した。

一九八〇年代中盤に至ると韓国社会において民主化は民族自治と民族統一と共に考えざるを得ないという認識が公に位置を占め、民衆が民主化、自主化、民族統一を導く主体であるという認識が拡散した。すでに一九七〇年代初頭から民衆が歴史の主体であるという命題が提示されてはいたが、それはどこまでも宣言的性格が強かった。一九八〇年の光州民衆抗争は民衆が抗争の実質的主体として登場したことを明らかに示した。民衆は社会の底辺から自らを抗争の主体として組織化し、民衆の自治が実現した光州解放区は民衆が念願する世界を先取りする事例とみなされた。光州民衆抗争以降の民衆は韓国社会において抵抗と変革の力の源として認識された。一九八七年民衆抗争を経て一九八七年労働者大闘争に至ることで民衆は天地を揺るがす轟音のように現状の変化を要求する巨大な力を示した。

問題は軍部独裁、対米従属、民衆の生存権の危機、民族分断など民衆の生を縛り付ける重層的な桎梏をいかにして振り払うかであった。この問いに答えることは単純ではなかった。民衆がその桎梏を振り払う解放の主体であるなら、彼らを縛り付ける抑圧勢力は誰か。民衆を縛り付ける桎梏は相互にどのように結びついているのか。それらの桎梏に多様に結びつけられている階級と階層はどのように結合し抵抗と解放の主体として立ち上がるのか。一九八〇年代の民衆運動においてこれらの問いは不可避であり、これらに対する答えを巡る熾烈な論争が繰り広げられた。この論争の過程で暴力的な運動路線を提示していた民族民主革命論は民族解放民衆民主主義革命論と民衆民主主義革命論などに分かれていた。

2　一九八〇年代民衆運動の発展は当時の現実の変化をもたらしたキリスト者の運動にも影響を与えた。一九八〇年代中盤に韓国キリスト青年連合会（ＥＹＣ）、韓国キリスト学生会総連合（ＫＳＣＦ）、ＹＭＣＡなどの青年と学生は、キリスト者がどのような運動目標を立てどのような戦略に従って運動を展開すべきか論争を繰り広げた。彼らは、一九七〇年代の民主化人権運動を下支えしていた民衆神学が自分たちにはこれといった助けにならないと考えた。民衆が歴史の主体だと宣言する神学ではなく、民衆が歴史の実質的主体として立ち上がり展開する運動にキリスト者が参与する方式とその根拠を解明する神学が彼らには必要だった。

一九八〇年代中盤にキリスト者青年学生たちは民衆運動とキリスト者運動の関係をどう省察するかを巡って二つのグループに別れた。一つは、キリスト者は自らのアイデンティティに基づきキリスト者が主体となる運動を組織し現実の変化を導くべきだと考えた。他のグループは、キリスト者は一つの運動単位を形成するがそれは現実を変革しようとする民衆運動の必要不可欠な部門運動として展開されるべきだと主張した。

二つのグループは教会やキリスト者の運動団体が労働者、農民、都市貧民などを中心とした民衆運動の外皮にとどまってはならないという明らかな問題意識を共有していた。ところでキリスト教的なアイデンティティを強調し、あるいは民衆運動との戦略的同盟を強調しようとも、両者にはキリスト者が展開する運動の立場と課題に対する認識における偏りがあった。アイデンティティグループはキリスト者による独自の運動に関心を持つあまり民衆運動との連帯を選択事項と見なす傾向があり、戦略的同盟グループはキリスト教的アイデンティティを保ち得ず民衆運動に取り込まれる危険性があった。

こうした偏りを克服するためには何よりもまず軍部独裁、対米従属、民族分断などが互いに複雑に絡み合った現実を打破する運動の主体が民衆であるという認識を明らかにする必要があった。その民衆は民衆一般をひとまとめにした一般名詞でも、労働者、農民、都市貧民などを元素とする集合を指す記号でもない。その民衆は独裁、従属、分断の三重の桎梏を打ち破り民主化と自主化と民族統一を成し遂げるために動く具体的な人々の構成体を指していた。独裁と従属と分断は韓国社会に現れている主要矛盾であり、その矛盾は韓国資本主義の基本矛盾を媒介として発現したがゆえに、民衆運動は韓国資本主義の基本矛盾を解決しようとする総路線を堅持する中で自主化と民主化と統一のために多様な階級・階層による連帯を主軸として繰り広げられる連合戦線運動であるべきだと結論付けられた。それは民主化、自主化、民族統一のための主体として設定される民衆が多様な階級・階層の同盟体であることを意味している。このような階級同盟体は資本主義的桎梏から抜け出そうとする労働者と農民を主勢力とし、知識人、学生、宗教者、などを牽引して民主化、自治化、分断の克服と統一成就のための運動に合流させ、このような大義に応じることのない人々を警戒する形で構成されると考えられた。このように民衆が主体となり繰り広げられる運動は韓国社会の根本的な変革のための運動であり、それが現実から現れる全体運動なのである。労働者運動、農民運動、都市貧民運動、知識人運動、学生運動、女性運動、宗教者運動などはこうした全体運動の必須かつ不可避な一部、すなわち全体運動の部門運動を形成するのである。

　こうした運動理論から見れば、キリスト者たちの運動は民衆運動の一部門運動の立場を持つこととなる。それはキリスト者の運動が、民衆が主体となり繰り広げられる運動の目標と戦略を共に分かち合うことができるという意味である。キリスト者と非キリスト者の運動は反独裁民主化、民族自主化、分断の克服と統一の成就を目標として共に進む。しかし民衆運動の一部門に参与するとしても、民衆運動に参与するキリスト者の運動を下支えする思想的根拠は非キリスト者たちのそれとは異なるであろう。キリスト者が繰り広げる運動の思想的根拠はその運動の神学的根拠である。キリスト者が民衆運動に参与し民衆解放に献身する神学的根拠がキリスト者に明らかになるとき、初めてキリスト者の運動は確かなアイデンティティを持つことになる。キリスト者の運動においてキリスト教アイデンティティの形成と戦略的同盟とは別個の理由によるのではない。これらは一つとならねばならない。それでこそキリスト教的アイデンティティを持つキリスト者の運動が民衆運動の一部門運動としてその任務を果たすことになる。このようなキリスト者の運動を下支えする神学として登場したのが「運動の神学」である。[40]

3　運動の神学は大きく四段階による神学的作業であった。第一に現実の問題を正確に認識すること。第二に問題解決のための戦略を立てること。第三に全体運動と部門運動の関係を考慮しつつキリスト者の実践戦略を立てること。第四にキリスト者の実践を下支えする神学的根拠を提示すること。[41]これら四つの作業が円環運動を成して継続することで運動の神学はキリスト者の実践を下支えする豊かな内容を持つことになる。

3―1　運動の神学において第一の作業と第二の作業は互いに緊密なつながりを持つが、この作業の実際の内容は互いに異なっている。第一の作業はその中心が社会科学的現実分析であり、この作業において最も重要なことは現実分析の武器、すなわち最も適切な現実分析方法論を選択することにある。このような方法論を選択した後にはひたすら事実に基づいて現実を分析し現実を規定する矛盾と対立を究明しそれらの相互関係を体系的に明らかにする。第二の作業の中心は現実の桎梏を打ち破る主体の力量を評価しこれを考慮してその主体の運動目標と戦略を現実的に設定することにある。民衆運動を取り巻く力学関係において民衆運動の最大綱領と最小綱領を区別し民衆運動の力量を保ちながら陣地戦と機動戦など多様な実践戦略を選択することが重要となる。

運動の神学はキリスト者の運動が現実において繰り広げられる責任ある実践になるべきであるという点を強調し、そのような実践は社会科学的現実分析と戦略的思考に裏打ちされねばならないと主張した。そうでない実践は無謀であるか荒唐無稽なものとなる。キリスト者による責任ある実践を理論的に下支えするために、運動の神学は社会科学的現実分析と実践戦略の模索をその神学の必須かつ不可欠な部分として統合した。運動の神学はマルクスの政治経済学批判を方法論的モデルとし社会科学的現実分析と戦略選択を取り揃えようとした。こうした点で運動の神学は韓国神学史において政治経済学的現実分析と神学的省察の結合を模索した初めての試みであった。[42] 運動の神学が社会科学的現実分析と戦略的思考を神学理論の構成に取り入れた以上、現実分析方法の適切性と実践戦略の現実適合性に関するメタ次元の検討は運動の神学が抱え込むべき課題となった。運動の神学は政治経済学批判を社会科学的現実分析の方法論的モデルとして受け入れたが、それはマルクスが十九世紀資本主義を分析することで得た結論にとどまるということではなく、政治経済学批判の合理的核心を受容するという意味であった。政治経済学批判の合理的核心は、現実関係を緻密に分析しその関係の連関を把握し運動する全体としての現実を認識しようとする観点と方法にある。そうした政治経済学批判を現実分析のモデルとした運動の神学は現実を分析する最も正しい方法が何であるかを絶えず問わなければならない。

そのため運動の神学は現実を図式に合わせて裁断する図式主義を警戒した。運動の神学は一九八〇年代中盤に韓国社会を周辺部資本主義社会として規定するとか新植民地主義独裁資本主義社会と規定することを留保し、事実に基づく現実分析がさらに進展すべきであるという点を強調した。[43]

3―2　運動の神学の第三、第四の作業は互いに緊密につながっていた。まずキリスト者の実践戦略を明らかにし、続いてその戦略を下支えする神学的根拠を提示することが運動の神学を展開する論理的な順序であると考えた。実際には神学はすでにキリスト者の実践方式の中に含まれていると考えるべきであり、その神学を具体化するキリスト教的実践方式が特異性を帯びているという点を強調する必要がある。全体運動に部門運動として参与するキリスト者の運動は全体運動の目標と課題を共有するが、その目標と課達を達成するためのキリスト者の運動はそれにふさわしい特性を持つことになる。

まず何よりもキリスト者の運動はそれ自体が運動の主体を形成する過程である。保守的なキリスト教勢力のヘゲモニー下で現実の問題を無視して教会の囲いの中で論争するキリスト者たちを運動の主体として牽引するためには教会批判と神学批判が必要であり、ここからさらにキリスト教と教会のヘゲモニーを再構築する段階へと進まなければならない。[44] したがってキリスト者の運動において神学運動、教会改革運動、教会教育運動などを体系的に展開することが決定的に重要となる。またキリスト者の運動は公論化作業、示威、現実変革のための運動単位の組織などを通じ、それにふさわしい方式により民衆運動の力量を強化し民衆運動の目標と課題を実現する。ここでは、これらと関連した作業が膨大であることだけに言及しておこう。

3―3　運動の神学が遂行する第四の作業はキリスト者の運動を下支えする神学的根拠を明らかにすることである。キリスト者にとって最も重要なことは「わたしはこう信じる、ゆえにわたしはこう行動する」という明らかな自己理解を持つことである。それはキリスト者の運動においても同様である。キリスト者の運動は明らかなキリスト教的アイデンティティを持つべきであり、そのアイデンティティは神学的根拠を持つべきである。

民衆神学者は、第一段階民衆神学の確立時から常に出エジプト事件に関する伝承とイエス事件に関する伝承が今ここでキリスト者が民衆と共に展開する実践の中で解釈されその実践の神学的根拠となるよう努力してきた。こうした実践的解釈学は運動の神学においても決定的に重要であった。運動の神学もやはりキリスト者の実践を下支えする神学的根拠を聖書の民衆伝承に対する釈義を通じて提示しようとした[45]。当時韓国神学界で受容され始めていた社会史的聖書釈義と唯物論的聖書読解は運動の神学を解釈学的に強化した。しかし運動の神学はここからさらに一歩進まなければならなかった。

民衆運動の大義を受け止めたキリスト者の運動が直面した最も大きな困難は、キリスト教的アイデンティティに関する世間の疑いと批判であった。一九八〇年代民衆運動の色調を支配していたマルクス主義者は宗教を「人民のアヘン」あるいは「人民のためのアヘン」と規定する傾向があり、韓国の教会とキリスト教に対する強い批判的な態度を示していた。それもそのはず、韓国キリスト教の主流は政教分離を盾にしつつも保守的な政治勢力との同盟に近い関係を結ぶ宗教勢力であり、プロテスタントの絶対多数を支配する神学は根本主義だったからである。根本主義は、朝鮮半島の分断状況において独裁勢力が韓国社会を統制するために強固に構築した反共主義の牙城であり、共産主義の理論的基礎であるマルクス主義を拒否していた。ファンダメンタリストたちは、一九七〇年代末から八〇年代初頭に韓国神学界に紹介され始めた解放の神学はもちろんのこと、一九七〇年代の民衆神学も階級闘争を扇動する容共神学だとみなした。したがって民衆運動に参与するキリスト者はこのような根本主義的神学の影響から抜け出し彼らの信仰のアイデンティティを新たに立ち上げる必要があった。

運動の神学が重要視した課題は根本主義的な神学の影響史を総体的に批判し克服する神学的拠点を確保することであった。根本主義神学はキリスト教を有神論と規定し一切の無神論を排撃し、唯物論が無神論の哲学的根拠となるという理由から一切の唯物論を否定し、マルクス主義が無神論と唯物論で武装しているとみなし徹底的な反マルクス主義的態度を示した。根本主義神学は唯物論に反対する観念論を当然視し、全知、全能、遍在性、永遠性など神の属性に関する理解についてもいつの間にか形而上学的教条化を帯びるという特徴を示した。しかし事件を通して神の啓示に接近しその啓示を通して神を知ることができるのだとすれば、その神に関する認識が観念論と形而上学の言語によって叙述される理由はまったくないのではないか。このような問いに対する答えを求める過程において「物の神学」が誕生した。

物の神学はキリスト教信仰を観念論と形而上学によって捕縛することを断固拒否し、「実践と唯物論に堅く立つ神学」を追求した。[46] 物の神学が前提とする「実践」は言うまでもなく現実の桎梏に囚われた人々がその桎梏から抜け出そうとする解放の実践を指している。それは民衆の運動でもあり、民衆の運動に参与するキリスト者の運動でもある。ところで物の神学が唯物論に堅く立つということは民衆神学を行う人々もにわかには受け取り難い衝撃的な主張であった。それもそのはず、唯物論は多くの場合キリスト教と神学に敵対的であり神学と唯物論は互いに親和性を持っていないとみなされていたからである。もちろん素朴な唯物論や形而上学的偏向の強い唯物論に対しては言うまでもないであろう。しかし唯物論はその道筋も主張も多様である。では物の神学はどのような唯物論を前提とするのであろうか。

物の神学が重視するのは、第一に、唯物論が歴史的に既存体制に抵抗する勢力の理念的武器であったという点である。これを示す無数の例をここで示す必要はない。フランス革命の道を開いた啓蒙主義が唯物論的傾向を強く持っていたことを考えれば十分なはずである。フランス啓蒙主義者は王権神授説によって絶対主義王権を正当化し旧体制を強力に下支えしたカトリック教会を批判し、そうした宗教批判の武器を唯物論に求めた。第二に、物の神学は伝統的に唯物論が現実を仮想世界と捉えたり神秘化したりするのではなく現実の運動を事実に即して把握しようとする試みであると評価した。こうした思考方式は、かつてルクレティウスがプラトンのイデア論に反旗を翻し事実の表面に一時的に生じては消える事物の痕跡（シミュラクル）をきっかけに「事物の本性」を捉えようとした態度に現れている。認識論が発展した近代に入り唯物論は現実をひっくり返してイデオロギー的仮想に陥る一切の虚偽意識を打ち破り現実を直視する方法として整えられた。こうした唯物論的思考方式はマルクスが商品関係を商品と商品における物質的関係として示し、商品の物神性を虚偽意識として暴き、商品関係を商品生産を媒介として人と人との間に結ばれる関係として分析したことを一つの典型とする。第三に、物の神学は人間の実践を通じた意識と物質の総合を重視するマルクスの実践的唯物論を評価した。ここでは実践が唯物論的世界観の中心概念となる。こうした実践的唯物論は、物質が意識に先立つと主張することで終わる従来の素朴な唯物論や、物質の運動ですべてを説明できると主張する形而上学的唯物論を克服する観点である。実践的唯物論はマルクスの唯物論的歴史理解と緻密な現実分析によって具体化された。[47]このように、唯物論は既存体制に対する批判の理念的武器であり、イデオロギー的虚偽意識を暴露し現実関係を分析する観点であり、人間の実践が世界形成において持つ意義を重視する世界観である。運動の神学はこれら三つが唯物論の合理的核心であると考えていた。

物の神学は唯物論の合理的核心を神学理論の構成に取り入れようとした。それは一方ではすでに構成されていた神学理論を内在的に批判し、神学理論を覆っているイデオロギー的外皮を解体する作業であり、他方では神の歴史的啓示を認識し歴史の前で民衆と共にキリスト者が繰り広げる運動を下支えする言説を形成するために神学理論の構成を内的に規律する作業である。[48] 物の神学はあたかも神を物質の運動に解消できるなどと主張する神学ではない。むしろ物の神学は神の現実に関するすべてのイデオロギー的歪曲を取り除き神の現実性を忠実に表すための神学である。

物の神学は神の受肉に焦点を当てた。ヨハネ福音書一章はロゴス（logos）が肉体（sarx）となり世に来たと証言するが、この証言はギリシャ・ローマ世界において誰も想像することも受け入れることもできない主張であった。ギリシャ・ローマ世界においてロゴスは宇宙万物を主宰する神的存在と考えられており、サルクスは最も卑賤な事物を意味していた。無限なものが有限なもので捉えることができないように、神的なものが卑賤な物質の中に入るということはギリシャ・ローマ世界の観念論と形而上学では成立し得ない主張であった。しかし受肉は歴史の中で救いの事件を展開する神の現実性を他のいかなる表現や概念よりも遥かに明らかかつ具体的に示している。神の歴史を通じて展開される救いの経綸を一言で凝縮し表現したのが受肉の信仰告白である。神の現実性と世界の現実性を互いに分離すること無く二つを同時に相互関係の中で考えるための拠点が受肉である。この拠点が確保されているかぎり、創造から終末まで繰り広げられる神の救済史に関する考察が唯物論を媒介として精巧にまとめ上げられる必要がある。[49]

物の神学はキリスト教に対する唯物論的批判とマルクス主義的批判以降のキリスト教言説を形成しようとする企画であった。唯物論とマルクス主義の攻撃に打ち勝ち絶えずその合理的核心を神学理論の構成において具現化する神学が強い神学であり未来に向けた力のある神学なのである。

4

一九八〇年代の民衆運動は一九八七年民衆抗争を通じて大統領直接選挙制を骨子とする憲法改正の成果を生み出した。一九八七年労働者大闘争は民衆の力が強力に形成されていることを示していた。

しかし、一九八七年の憲政秩序は民衆が制度圏政治の中に入り社会的合意を政治的に貫徹する機会を与えはしなかった。それは改憲が民衆運動勢力の参与を排除したまま保守野党と執権与党の政治的妥協によって生じたからである。冷静に言えば、当時の民衆運動勢力は現実政治勢力を牽制し牽引しながら自らの政治的意思を主張する役割を未だ担うことができなかったと見ることもできる。そうした情勢の中で確立された一九八七年憲政秩序は軍部独裁とブルジョア独裁の残滓を精算し手続き的民主主義を確立させたが、この秩序の核心的装置である大統領直接選挙と国会議員小選挙区制は制度圏政治と民衆政治を分離する結果をもたらした。それは一九八七年憲政体制において民衆が制度圏の外側で制度圏を揺り動かす方式によって更に運動を展開する他はなかったという意味である。[50]手続き的民主主義が社会正義と経済的民主主義を自動的に保証することは無いという点を考慮すれば、韓国民衆が進むべき道のりは相変わらず遠いのであり、現状を変革し得る民衆の力量は一層強くなければならなかった。

一九八七年改定憲法によって実施された一九八八年大統領選挙において新軍部出身の盧泰愚（ノ・テウ）が当選した。民衆運動勢力は延長された軍部の統治に抵抗する運動を展開したが、すでに手続き的民主主義が確立された状況において過去の運動戦略が受け入れられることは難しかった。労働者たちは労働組合中心の労働運動を強化し、韓国資本主義の成果を分かち合うことにかなりの成果を得始めていた。労働者運動は事業所中心の労働組合運動形態へと凝り固まって行った。産業別労組中心の労働運動は政府と資本側の集中的な警戒対象であっただけでなく、労働者の関心を集めることもできずにいた。農民運動、都市貧民運動などの民衆運動の核心的部門運動も一九八七年憲政秩序の中でどのような運動をどう展開するかを巡って苦心する他はなかった。それは農民と都市貧民の意識を代弁する人士を国会に進出させることが運動の一つの課題として設定されたことにも現れている。

一九九〇年を前後して、現実社会主義国家が倒れた。ソ連は解体され、東欧諸国は資本主義体制へと移行する過程に入った。フランシス・フクヤマは「歴史の終末」を主張し、矛盾を媒介にして展開された弁証法は作用しなくなり、資本主義を内部から解体し撃破する運動の時代は終わったと宣言した。[51]

こうして韓国民衆運動はこれまで韓国社会の変革のために繰り広げてきた運動の目標と戦略を検討せざるを得ない大きな挑戦の前に立たされることとなった。運動の神学と物の神学もその挑戦に対応する必要があった。

4　第三段階民衆神学の展開

第三段階民衆神学は一九九〇年代初頭以来徐々に形成され今日に至るまで新たに生まれている。第三段階民衆神学は大変多様な流れを示している。それは一九九〇年代初頭以来韓国社会に対する認識と対応が民衆神学を要求する人々に対しそれぞれ異なった形で生じたことを意味している。

1　一九八七年憲政体制の確立と一九九〇年を前後した現実社会主義国家の分解は韓国社会における民衆運動のヘゲモニーを弱体化させた。一九八〇年代に民衆運動が活発に展開する間、韓国社会に対する認識、民衆運動の目標と方法、民衆運動の主体の形成などを巡って熾烈な論争が行われたが、韓国資本主義体制の矛盾を解決しなければならないという点において意見は一致していた。しかし現実社会主義国家が分解するや、資本主義が勝利したという主張が拡散した。「歴史の終末」テーゼがいつしか言説として定着し資本主義の体制を撃破し対案的な社会を構築しようとする主張は早くも説得力を失ったかに見えた。

こうした状況に最も敏感に対応したのはやはり知識人であった。一部の知識人は社会変革と歴史の発展に関するマクロ言説を放棄しその位置にミクロ言説を置くべきだと主張した。社会構成体理論、プロレタリアート革命論、民衆革命論、対案的社会の企画などマルクス主義に基づく諸理論は無視された。

ミクロ言説を形成しようとする人々は多様なポスト理論を取り入れ、ポストモダン文芸論を駆使してフーコー、ドゥルーズ、デリダ、バディウ、ラカン、バトラー、スピヴァク、ジジェクなどが次々とポスト理論の化身として紹介され、彼らの理論は一九九〇年代初頭以来今日に至るまで韓国知識人の言説形成に大きな影響を与えている。

民衆運動のヘゲモニーが弱まると、民衆の時代は過ぎ去り、市民の時代が到来したという声が力を得始めた。市民運動が民衆運動に取って代わると主張する人々は経済正義実践市民連合（略称「経実連」）を結成し、それを受けて「参与連帯」が登場した。「参与連帯」は民衆運動が市民運動へと移行することを示す一つの見本であると捉えられもした。一九八〇年代の民衆運動を理論的に下支えした人士が「参与連帯」形成を主導したからであった。市民運動は「市民社会」の下支えを受けた。市民社会は国家と市場の領域において独立した別個の領域であり、国家と市場を監視し牽制しつつ市民の普遍的要求を実現する役割を果たすと考えられた。さらに市民社会は政府が市民の要求を受容し執行権力を行使できるようガバナンスに立ち、立法府が立法に専念できるよう協力すべきだと考えられた。こうした理論によって武装した市民団体は民衆運動が市民の普遍的要求を実現しようとする運動ではなく民衆の党派的利益を貫徹する運動であるとして攻撃することもしばしばであった。

一九九〇年代に入り民衆運動のヘゲモニーが弱まったことは事実だが、民衆は独自の運動勢力として残り民衆運動を展開し続けた。それは一九八七年憲政体制の限界ゆえである。一九八七年憲政体制は制度圏政治において民衆部門を体系的に排除したゆえに民衆は彼らの要求を貫徹するために制度圏の外で動くほかはなかったのである。一九八七年憲政体制において制度圏政治が包括し得なかった市民の要求を公共性と普遍性の名によって貫徹するために市民運動が活性化したが、そうした市民運動は制度圏の外に押し出された民衆の要求を代弁することはできなかった。したがって、一九八七年憲政体制において市民運動と民衆運動の葛藤は不可避であり、二〇〇〇年代に入ってろうそく群衆集会が制度圏政治を揺るがしたときも、市民運動と民衆運動は群衆運動のヘゲモニーを掌握するために対立するほかはなかったのである。

一九九七年IMF経済信託下において新自由主義の体制が韓国社会に深く根を下ろし金融的収奪、社会的両極化、非正規労働と失業の拡散、気候変動危機などが深刻化した。社会正義と生態学的正義を同時に実現しなければ韓国社会の複合的危機を克服することは困難となったのである。それは金融資本の支配下において新自由主義の体制が策動するあらゆる場に生じる危機であった。こうした危機複合体を分析し解決する道を求める過程においてマクロ言説の形成が切実に求められたのであった。

2　一九九〇年代初頭以来、民衆神学は様々な姿を見せた。一九九〇年以降の民衆神学は多様な指向性を持つ神学と分派の言説をゆるやかに結びつけた学知の束につけられた名前である。ここではこうした民衆神学言説の束を指して第三段階民衆神学と呼ぶことにする。

第三段階民衆神学は一九九〇年代の状況において民衆神学が「歴史」と「民衆」の二重のアポリアに直面したことを鋭く意識するところから出発した。「歴史の終末」と「市民社会」言説の拡散は「歴史の前で民衆と共に」神学すると自称した民衆神学者に大きな挑戦となった。こうした挑戦に対する民衆神学者の対応は多様な形で現れた。第一の類型は民衆神学の誕生と発展を振り返り、民衆神学の核心的主題と主張を確認しその意義を評価しようとする試みである。第二の類型は民衆神学の神学的貧困を克服しようとする努力として現れた。第三は民衆神学の形而上学的根拠を設定しようとする類型である。第四の類型はポスト理論を通じて民衆神学のモティーフを再構成しようとする試みを網羅している。第五の類型は運動の神学と物の神学を発展させ社会的不平等と気候変動の危機を同時に解決する道筋を提示しようとする企画である。

次にこれらの言説類型を順次検討してみたい。

3　民衆神学の歴史を振り返りその意義を評価しようとする類型の民衆神学的言説は他の類型と分離し得るものではない。民衆神学の神学的側面を強化しようとするにしても、民衆神学の形而上学的基礎を設定するにしても、ポスト理論を通じて民衆神学を再構成するにしても、運動の神学と物の神学を徹底し展開するにしても、これらの企画は一九七〇年代と八〇年代の民衆神学が示した搾取と貧困を分析し評価することから出発しなければならないからである。しかし民衆神学の誕生と発展を本格的に振り返る研究が少なからず生じたことも事実である。

一九九〇年代初頭に一群の民衆神学者はこれまで民衆神学が提示してきた核心的主張を再構成しその主張が新しい状況においても意味があるという点を確認しようとした。こうした作業は民衆神学あるいは民衆神学者の思想に関する訓詁学［訳注：中国古典の字義について研究する学問］的解釈にとどまる場合が多かった。ときには民衆の主体性、民衆のメシア的役割などのような民衆神学特有の神学的主張に関してはその主張がどのような脈絡においてどのような意味で提示されたかを調べようとし、その主張をその脈絡と無関係に民衆神学の教理のようにみなしこれに対して批判したり擁護したりする論議も現れた。こうした論議は民衆神学を一種のスコラ神学として構築しようとする試みとなる危険性がある。スコラ主義は「歴史の前で民衆と共に」誠実に神学する民衆神学が最も警戒すべき神学理論構成方式である。

従来の民衆神学に関する研究に訓詁学的解釈やスコラ主義的教理化だけがあったのではない。安炳茂、徐南同などに関しては民衆神学者の生涯と思想を関連させた緻密な分析を行う注目すべき研究が次々と生じた。[52] 民衆神学者の思想を韓国知性史の地平において照明する研究も生じた。民衆神学者の民衆主体性理解が韓国史における民衆の誕生と発展を研究する民衆史研究や、民衆文化に関する人文学的研究、そして社会科学的民衆論と脈を通じることはすでに広く知られていた。安炳茂の民衆理解が、咸錫憲の「シアル」［訳注：原意は種子、「民衆」の意味］思想と柳永模（ユ・ヨンモ）の「オルナ」［訳注：「霊に満たされた人、霊的人間」の意味］思想にその根を置いているという見解は説得力がある。[53] 徐南同の「二つの物語の合流」は、聖書の民衆史と韓国の民衆史を樹立した咸錫憲の歴史理解にその原型があるという見解も提示された。[54]

4　民衆神学の神学的側面を強化しようとする第二類型の言説は、当初は民衆神学が神学である以上「脱神学」や「反神学」といった急進的プログラムであるより教会の言語を媒介に展開されるべきという消極的意見として生じたが、次第に民衆神学の神学的貧困を打破し民衆神学の組織神学的体系を構成しようという意図へと発展した。

こうした作業を最も活発に行なった神学者が権鎮官（クォン・ジングァン）である。彼は伝統的な意味における組織神学者ではない。彼は神学的省察において民衆解放のプラクシスが持つ意味を重視し、そのプラクシスに参与する知識人の慎重な戦略的判断を強調した。彼はアントニオ・グラムシが示した「有機的知識人」、「陣地戦」、「ヘゲモニー戦略」などの概念を受け取り、民衆神学者が高度に戦略的で慎重な政治的思惟をしなければならないと主張した。[55] 彼がアリストテレスの「慎重な判断力（phronesis）」を重視し、ハンナ・アレントの「実践（praxis）」概念を政治倫理の核心的概念として受容していたからであろう。[56] 彼はミシェル・フーコー、ジル・ドゥルーズ、ジャック・ラカン、スラヴォイ・ジジェク、アラン・バディウ、アントニオ・ネグリとマイケル・ハートなどを綿密に読み実践の可能性を理論的に拡張するために努力した。

彼は安炳茂と徐南同の民衆神学を継承しつつもこれを辛辣に批判した。彼による批判は二つの側面を持っていた。一つは、第一段階民衆神学者に現れていた実践理論の貧困に対する批判である。彼は特に安炳茂が事件を証言する神学にとどまっており、民衆を解放するプラクシスに戦略的に参与することに距離を置こうとしたと批判した。[57] もう一つは、第一段階民衆神学者の神学的貧困に対する批判である。

彼は安炳茂が歴史的—批評的方法にとらわれていたがゆえに歴史的—実証的思惟から抜け出せず、神学的実践に至らなかったと指摘した。安炳茂は復活を「民衆の立ち上がり」と説明しただけで復活の歴史性と終末性を神学的に究明できなかったという。[58] 徐南同に対しても彼は神学的省察の貧困を指摘した。特に晩年の徐南同が展開した「貧困の社会学と貧民の神学」において社会科学的現実分析と貧民に対する神学的省察が別々に行われており、それらが互いに媒介されずにいると指摘した。

彼は、神学者は現実を真っ直ぐに見ることから始めるべきではあるが、「神学は現実分析にとどまらない」と主張した。社会科学の観点からは現実の向こう側に向けた民衆の希望に客観的可能性が無いように見えたとしても、民衆神学は「希望が見出せないところにかすかな希望を見出しそれを拡大する」[59]、それが「神学の固有な機能」である。ゆえに彼は民衆神学が民衆の現実に対する社会科学的分析にとどまってはならず民衆の現実に対する神学的解釈にまで進むべきだと主張した。民衆の現実に対する神学的解釈は、民衆事件への参与へと導く信仰の神秘を置き去りにせず民衆解放のプラクシスに立脚させる極めて慎重かつ戦略的判断を可能とする。

権鎮官は聖霊論に集中した。彼は徐南同の「聖霊論的—共時的解釈」から一歩進んで聖霊と民衆運動を直接結びつけた。彼は相互内在（perichoresis）の概念を出発点に三位一体を解釈し、聖霊の内在と超越に関する神学的思惟をまとめた。[60] 聖霊は創造主の霊であり、生命の霊である。彼は霊の力とダイナミックな作用が社会運動においても識別できると信じた。[61] また、彼は聖霊の内在と超越の観念に基づき、神学は東学思想や東洋の「気」思想と生産的な対話をすることが可能だと考えた。[62]

彼は二〇〇九年以来自らの民衆神学を組織神学の枠組みによって構成しようと試みている。彼は民衆がメシアであるという強力な神学的宣言を前面に打ち立て民衆神学の問題意識を鋭利に分析した後に、象徴と啓示、三位一体、創造、罪、救い、贖罪、聖霊の働き、教会論と終末論など伝統的な神学的主題を民衆神学的観点から再構成しようとした。彼はこのような民衆神学の組織神学的体系において政治倫理、根本主義批判、帝国と民衆などの主題を合わせて論じた。それは彼の組織神学的作業が政治倫理の作業と互いに分離されないことを示している。[63]

5　民衆神学の形而上学的基礎を設定しようとする第三類型の言説は金熙献（キム・ヒホン）において顕著に現れている。彼はマルクス主義の核心をなす内在性の哲学と西欧神学の基本枠組みを作る神の超越性に関する実体論的思惟を批判的に乗り越えようとした。彼は西欧形而上学と神学のアポリアである内在性と超越性の分裂を克服する端緒をプロセス哲学の脱実体論的思惟と関係論的思椎に見出し、そうした思惟に基づくプロセス神学の万有在神論公理が神の超越性と内在性の統一を最も適切に表していると考えた。万有在神論が神学の哲学的基盤であり形而上学的根拠であるという金熙献の主張は、神がこの世を超越しつつも同時に世に内在するという神学的事実を前提してこそ、神による創造と救いと終末に関する説得力のある説明が可能となるという意味である。

金熙献は万有在神論の観点から民衆神学を検討した。彼は安炳茂が事件の概念を通して西欧神学のフレームである主客図式を破ろうとした点に注目する。彼は安炳茂が主客図式を打ち破ることで実体論的思考を捨て関係論的思惟に進みまさに万有在神論的思惟の地平を開いたと解釈した。彼はイエス事件が民衆事件を通じて再現されるという安炳茂の主張を、「万有在神論的事件とするの神の肉化」がその事件を通じて反復され生じるものとする独特な解釈を示した。[64] こうした金熙献の解釈は、安炳茂がイエス事件と民衆事件を政治的事件とみなし事件の神学を遂行しようとしたことを明らかにするよりも、事件を生じさせる神が事件の中にあるというプロセス神学の公理に忠実な解釈であるように見える。

彼は万有在神論が徐南同神学の思惟の特殊な表現であると主張した。彼は徐南同が民衆神学を展開する以前、プロセス神学と進化論的神学を研究し万有在神論に到達したと主張し、徐南同の「二つの物語の合流」とその方法である「聖霊論的―共時的解釈」は彼の神学が万有在神論をその土台に据えていることを示す証拠であると主張した。[65] このような金熙献の解釈は徐南同が自らの民衆神学において集中していた主題とその主題を展開する方法を正しく表すことはできない。[66] もし徐南同が一九八四年に亡くならず晩年に取り組もうとした貧困の問題と生態系の危機の問題を解決する道を更に緻密に見出そうとしていたならば、彼は社会的貧困と生態系の危機の有機的関係を思惟する民衆神学を展開したことであろう。

金熙献が万有在神論を神学一般の形而上学的基礎としたことは彼の自由な神学的決断である。問題は万有在神論が金融的収奪と資本主義的搾取、支配と排除、差別と嫌悪、生態系の危機と気候破壊の前にいかなる保護もなくさらされている民衆の現実を認識しその現実を打破する実践を理論的に下支えすることができるかでどうかある。金熙献の万有在神論を支えるプロセス哲学は有機体的関係を思惟の中心に置いており調和を重視するほかなく、金熙献が見事に要約しているように、そのような思惟は「秩序の無い変化」を想像することができず、「より大きな調和のための闘争」[67]に縛られている。そこでは生じた秩序と構造を根こそぎひっくり返す政治的実践が座を占めることはない。

万有在神論は民衆が生きていく現実関係の核心をなす矛盾と対立、葛藤と闘争を真摯に思惟する余地を無くしてしまう。それは金熙献と異なる経路で万有在神論に到達したユルゲン・モルトマンとレオナルド・ボフにおいて万有在神論に基礎を置く生態系の神学が政治神学とは相容れないことにおいても現れる理論の貧困である。自然現象は事件によって説明することができ解釈することができる。物質の自己超越を思惟することができないなら、事物の進化と生態系の関係を説明することができない。しかし自然事件［災害などの自然現象］と政治的事件が共通の分母を持つとか交差点を持つというような錯覚からは抜け出さなければならず、自然事件の説明フレームに政治的事件を当てはめることができるというようなこじつけは捨てなければならない。人となり世に現れて生きた神を打ち殺した政治的事件としての十字架事件を自然事件に関する思惟を通じて説明しようとする試みは、事件という一言でこの世のすべてを説明できると主張する無謀な方法論的一元主義へと帰着しかねないのである。

6　ポスト理論を通じて民衆神学のモチーフを再構成しようとする第四の類型の民衆神学的言説は

一九九〇年台の変化した状況に対する若き民衆神学者たちの対応に始まった。こうした言説形成の扉を開いた神学者は金鎮虎（キム・ジンホ）である。

金鎮虎は民衆神学者を三世代に区分した。第一世代民衆神学者は安炳茂、徐南同などであり、第二世代民衆神学者は姜元敦、朴聖焌（パク・ソンジュン）、崔亨黙（チェ・ヒョンムク）などであり、第三世代民衆神学者は新進民衆神学者である、という具合である。彼は第一世代民衆神学者の民衆論を疎外論的民衆論と呼び、それは小市民的特徴を持っていると断定した。第二世代民衆神学は階級論的民衆論を展開し、その民衆論は民衆を概念化せず階級へと還元する特徴を持つとした。第三世代民衆神学は形成論的民衆論を展開するという。彼は民衆構成と民衆形成を区別し、民衆を概念化して民衆が繰り広げる実践の理論を定立すると主張した[68]。

彼が民衆の概念化と民衆主体の実践理論のために参照した理論はルイ・アルチュセールの社会構成体論である。アルチュセールは社会構成体の様々な層位が相対的自律性を持ち互いに影響を与え合うと考え、社会構成体の構造化と変化は社会構成体の様々な層位において現れる矛盾の「接合」と「重層決定」[69]を通じて生じるという主張である。もちろんアルチュセールは社会構造体の構造化と変化が「最終審級において」経済によって決定されることを認める。問題はアルチュセールの社会構成体が構造に対する理論であり、構造分析において主体は前提とはされていない点である。それはアルチュセールが反人間的構造主義を理論の基本フレームとして設定しているからである。したがって彼はイデオロギー的実践の脈絡において主体を後日形成する理論的戦略をとるほかはなかった。構造主義者らしく彼は個人を主体と呼ぶことは人間主体の強調ではなく、イデオロギーであると主張した。彼によればイデオロギーは学校、教会、家族、組合、コミュニケーション（マスコミなど言論機関）などのイデオロギー的国家機構を通じて内面化され、空っぽの構造の中に個人を呼びその構造の中で役割と機能を行う主体として形成する。こうしたイデオロギー的実践は社会構成体の再生産、より正確には、生産条件の再生産に必須不可欠である。そうであれば、社会構成体の利害関係において階級闘争が集中する政治的実践の場において実践の主体はどう呼ばれるであろう。社会構成体の移行と変化のためにいかなるイデオロギーが提示されれば、そのイデオロギーが個人を主体として呼び革命的実践の主体として立てるであろう。この題目に至れば、誰もがそれは真の意味における質問にはならないと考えるであろう。

金鎮虎はアルチュセールのイデオロギー的「呼びかけ」概念に従って「民衆」形成の理論を樹立すると立ち上がった。彼は民衆を階級に還元するのではなく異なった主体として捉え、その主体を「形成」して「民衆の党派性」が貫徹される民衆主体の実践を理論的に下支えできると考えた。論理的に見れば、その民衆は未だ存在しないがゆえにその民衆はまずは主体として「呼びかけ」られなければならない。それはどのように可能であろうか。アルチュセールがイデオロギー的呼びかけの対象として考えていたのは個人であって集団ではない。またアルチュセールが社会構成体の移行と変化において注目していたのは曖昧な民衆闘争ではなく、階級闘争である。その階級闘争の主体がどのように形成されるかについて、構造主義者アルチュセールは正しく答えることはなかった。

金鎮虎が第一世代民衆神学の民衆論と第二世代民衆神学の民衆論に対して語った言葉は正確ではなく、公正でもない。第一世代民衆神学は民衆の現実に対する社会学的分析を正しく行えなかったが、そうした分析の欠如によって小市民的展望にとどまったということは公正な判断ではない。徐南同は、富める者と貧しい者の和解を語ることは「丸い三角形」を語ることと同じであると言ったではなかったか。社会構造の革命的変化無き貧富の問題解決を念頭に置くこの発言が小市民的展望といかなる関係にあるであろう。第二世代民衆神学が民衆をプロレタリアートのヘゲモニー下に結成される階級同盟体として設定したからといってそれを階級還元論として規定できるであろうか。民衆運動を連合戦線運動として設定することは民衆運動の部門運動として登場した労働者運動、農民運動、都市貧民運動、青年運動、学生運動、知識人運動、宗教者運動などの個別性と固有性を認めつつも全体運動の目標と課題を実現するための各種部門運動の協同と調整を計画する運動方式を選択するという意味である。そうした運動方式は多様な階級と階層を民衆運動の主体として立ち上げる過程を前提とする。そうした過程に対して「矛盾と変革の未分化」を語ることはできるであろうか。

金鎮虎が「民衆的党派性」を語りヘゲモニー概念を実践理論の核心として設定したことはエルネスト・ラクラウとシャンタル・ムフの理論的影響を受けたものと見受けられる。[70] 一九九〇年の状況においてラクラウとムフは市民社会理論を展開しようとする人々に深い霊感を与えた。彼らはアルチュセールの社会構成体理論の核心をなす「相対的自律性、接合、重層決定」などの概念を拡張し、社会的敵対の多元性と相互還元の不可能性を主張することでプロレタリアートのヘゲモニー下における運動の中心と周辺を設定する理論を拒否した。シャンタル・ムフはカール・シュミットの「政治的なもの」の概念に従い、社会的敵対が社会の規律性に乗じて多様な姿で現れ、そうした敵対は何か一つの敵対に還元できないゆえにその敵対を巡って生じる多様な運動は互いに対等であると強調した。[71] 仮に、ある一つの運動がそのネットワークを主導するとしても、そうしたヘゲモニーは一時的でありその強度は強くもなり弱くもなる。

民衆主体の実践理論は金鎮虎の理論的前提では必然的に市民社会運動の理論へと帰着する他はない。[72] この点が明らかになると彼は再びアルチュセールの構造主義的マルクス主義を参照することなくミシェル・フーコーの系譜学的思惟と言説理論を経て、欲望の政治を究明する「文化政治学的研究」へと移行する。彼はマクロ言説からミクロ言説へと議論の焦点を移した。[73] 彼が「市民K」の目を通して韓国教会の問題を振り返り宗教批判を展開した作業に大きな比重を置いたことは、ある意味では彼の理論的前提から必然的に導き出された研究テーマだと言えるであろう。[74]

金鎮虎の他にも若い民衆神学者たちは多様なポスト理論を導入して民衆を概念的に把握する努力を行った。彼らはフーコー、ドゥルーズ、バディウ、デリダ、スピヴァク、レビナス、アガンベン、ラカン、ジジェクなどの主体言説あるいは脱主体言説を導入し民衆を多様な角度から再照明した。彼らは彼らが受容したポスト理論の枠組みにおいて民衆を「非市民」、「犠牲者」、言説の「外部」[75]、「残余」[76]、「下位主体」[77]、「幽霊」[78] などそれぞれ概念的に説明し、ある場合には民衆の概念化を迂回して「民衆―に成る」ことを論じた。[79]

これらの多様な論議は民衆に関するミクロ言説を形成し多様な角度から民衆を概念的に把握するための土台を築いた。問題はこれらのポスト理論の観点において民衆の現実を正しく把握できるのかという点である。ポスト理論の観点から民衆を見るならば、その理論の枠組と焦点に捉えられた民衆は見えるのだが、その「民衆」がはたして現実関係の総和として現存する民衆であるのかを問わなければならない。また民衆に関するミクロ言説が民衆の生を規定する構造的な問題に関するマクロ言説と遊離すべき理由があるのか。これらの問いには、ポスト理論が民衆の現実を分析し説明する道具として適切かどうかをメタレベルから検討すべきだという要求が含まれている。

7　運動の神学と物の神学を発展させようとする第五の類型の民衆神学言説は、資本主義経済体制が支配的な制度として座を占め、民衆政治が制度圏政治の外部へと体系的に押し出される韓国社会のマクロ言説として相変わらず大きな声をあげている。

7―1　一九九〇年代初頭の社会において運動の神学を強力に展開した神学者は朴聖焌と崔亨默である[80]。朴聖焌は一九九四年に発表した論文において民衆神学の原則を示したのは徐南同であると評価している。彼が注目した徐南同の神学は「歴史的啓示の下部構造」に関する洞察である。徐南同は文化の物質的構造だけの研究では神学にならないが、歴史的啓示の物質構造から遊離した上部構造の研究にとどまる神学は虚構であり幽霊であると宣言した[81]。朴聖焌はまさにこの宣言こそ「〝民衆神学〟と自認する神学がはたして〝民衆〟神学かどうか判別する〝試金石〟である」と主張した[82]。彼は徐南同の神学に現れていたように民衆神学の三つの指針を文化的アイデンティティ、社会史的認識、抵抗性であるとみなした[83]。彼は神学が民衆の現実から出発すべきであると堅く信じていた。彼は民衆が「社会経済史的、政治経済学的、文化社会学的、宗教―芸術―神学的存在」であり、抑圧と収奪、搾取と隷属、差別と排除に立ち向かい抵抗する主体であるがゆえにその主体の実践を下支えする民衆神学は豊かな内容と形式を持つべきであると考えた。

崔亨黙は一九九〇年代の状況において社会変革運動の機能性を求めこれを下支えする神学を展開する努力をした。彼は運動の神学と物の神学を正確に理解した。[84] それもそのはず、彼は一九八〇年代中盤にキリスト教青年学生運動の先鋒として運動の神学と物の神学のような神学が成立すべきであると最も強く要求した張本人であったからである。彼はポスト理論の枠組みから民衆論を再構成しようとする試みには批判的であり、民衆論は「既存の社会的関係を変化させ真の意味における歴史の主体として役割を果たす民衆」、「今の社会の基本的敵対関係を克服し得る中心勢力」に焦点を置くべきであると主張した。[85] 彼はすべての敵対関係が「基本的敵対関係」に還元されるのではないが、基本的敵対関係を媒介とし発現する側面を置き去りにはできないという点を明言している。まさにこれが運動の神学が堅持しようとした論点の一つであった。

崔亨黙は一九八七年憲政体制における欠如、すなわち制度圏政治から民衆政治を排除することで生じた欠如により手続き的民主主義が限界に直面すると認識していた。彼は手続き的民主主義を超えて民が主体となる民主主義の実現を民衆神学の課題とすべきであると考え、「民衆神学的政治経済倫理」を打ち立てようとした。[86] 彼は晩年の安炳茂が強調した「公」の概念に注目し「公」の政治経済を実現する道筋を見出すことに関心を寄せた。[87] こうした政治経済倫理に対する関心から、彼は後にグラムシのへゲモニー理論の観点から韓国の経済開発が抑圧と同意の緊張の中で推進される過程を分析しようとする経済倫理研究へと至っている。[88]

7―2　姜元敦は一九九〇年末から運動の神学を再び本格的に展開した。彼は政治経済学的現実分析を拡張し生態学的経済学へと移り、社会的で生態学的な経済民主主義の実現をこの時代の最も大きな課題として設定した。[89] 生態学的経済学は生態系と経済系間のエネルギー―物質循環の枠組みにおいて生態学と政治経済学批判を統合する理論であり、資本の蓄積と膨張システムが社会的貧困と生態系の危機をコインの裏表のように結合すると分析する。生態学的経済学の観点からは貧しい人々の解放と生態系の保存は別個の課題として設定されず、同時に解決すべき課題とされる。社会正義と生態学的正義を同時に具現化する方法は、労働と資本の権力均衡をもたらし自然の権利を認めることを核心とする社会的で生態学的経済民主主義を制度化することである。[90]

彼は運動の神学が設定した方法論と世界観が一九九〇年代を前後して大きく変化した状況においても妥当であると考えた。運動の神学は①民衆の現実に対する社会科学的分析、②民衆の生を縛り付ける桎梏を解体するための運動戦略の樹立、③その運動を展開するキリスト者の実践戦略の樹立、④そうしたキリスト者の実践を下支えする神学的根拠の確立、といった段階で展開される。それは問題志向的かつ実践志向的な神学構想の理論であり最も徹底した意味における社会倫理学を志向する神学理論である。

一九九〇年代に入り民衆運動は従来の運動の形式と内容を維持することが困難となった。民衆運動の目標とされていた民主化、自治化、民族統一に対する認識が変わり、民衆運動のヘゲモニーが弱まったからである。現実認識の変化は様々な側面において生じた。民衆政治を制度圏政治から体系的に排除した一九八七年憲政体制において民衆運動は、反独裁民主化ではなく民衆が主人となる実質的民主主義を追求すべきであるとみなされた[91]。社会的敵対と葛藤を媒介する韓国資本主義は国家主導的発展主義体制から次第に新自由主義体制へと転換し、ＩＭＦ経済信託以降には新自由主義体制が韓国社会に確固たる地位を占めた。グローバリズムと金融化の過程に深く編入された韓国資本主義は経済成長と対外的拡大の機会を得たが、社会的両極化と生態系の危機を加速化した。そうした状況において自主化が相変わらず生きた主題だとしても、自主化は一九八〇年代の認識とは異なる内容を持つ他はない。韓国社会の新自由主義的再編と危機の中で民主主義は急速に退潮し、分断の克服と統一の成就に関する熱望は冷めていった。そして北朝鮮の核武装は南北関係と東北アジアの平和を一層現実主義的に考えさせる要因となった。

一九九〇年代を経て今日に至るまで民主化、自主化、民族統一に対する概念的理解だけが変わったのではなく、そうした韓国社会の課題を解決する運動の形式においても重大な変化が生じた。一九八〇年代に民主化、自主化、民族統一の有機的関係を出発点として運動の目標を設定しこれを実現するために構築された連合戦線形式の民衆運動はもはや作用しなくなった。一九八七年憲政体制における民衆運動と市民運動の分化は明らかとなった。民衆運動は既存体制の枠組みを撃破し民衆の要求を最大限実現する方式の運動路線を固守した。一方、市民社会運動は既存体制の枠組みの中でどちらかに中心を置かないまま運動の多様性と水平的ネットワーク形成を重視した。まさにこの点において民衆運動と市民運動はどちらか一方を他方に解消することはできず、制度圏政治の外側で運動の主導権を巡って争うほかはなかったのである。それは民衆運動のヘゲモニーが弱まり、市民運動の影響力が大きくなったことを意味している。民衆団体は互いに強く結合する傾向を示したが、その力量は次第に弱まった。民衆運動の核心とみなされてきた労働者運動は事業者中心の労働組合運動を主軸とし、ＩＭＦ経済信託下において外部から進められた労働市場の構造調整を通じて壊滅的打撃を受けた。その間市民運動は活性化した。市民運動は市民のいない市民団体の運動だという指摘を受けはしたが、市民団体は国家と市場を監督し警戒する役割を通じて市民の普遍的要求と公共性を実現する運動の重要性を確認することに一定の成功を収めた。民衆運動と市民運動のヘゲモニーを巡る確執は、二〇〇〇年代に入り頻発したろうそく群衆集会において繰り返し現れていた。民衆運動勢力は韓国社会の構造的矛盾と積年の弊害を見抜いたが、一貫性のある構造のもとに市民運動を牽引する力量はなかった。[92]

ある社会を革命的に変化させる力量が機動戦として組織されず、既存体制が強固に維持される状況において運動の神学は陣地線を重視する。こうした陣地線において最も重要なことは次の三点である。第一は、韓国社会の核心問題を把握しその問題の根底にある矛盾の相互関係と形成形態を明らかにすることである。第二は、イエス・キリストを主と告白する人々の集いである教会と合議体の名によって公論の場に参与し社会的、文化的、政治的、宗教的懸案に対して積極的に見解を明らかにしその懸案を解決する現実的道筋を示すことである。第三は、そうした問題解決のために韓国教会が実践に立ち上がるよう教役者と信徒を教育することである。[93]

運動の神学は韓国社会の最大課題として登場した社会的不平等と気候破局に対応するため、貧しい人々の解放と生態系保存をコインの裏表のように結合させる生態学的反資本主義プログラムを提示した。資本主義の真っ只中で資本主義に対抗する階級闘争と、自然に属する森羅万象が正しく現存する権利を保存するための生態系保存闘争は共に展開される。そうした生態学的反資本主義プログラムは生態学と政治経済学の結合、科学—技術に対するメタ分析、人間中心主義テクストの解体を互いに有機的に結合する統全—融合的学問理論の下支えを受ける。生命神学はそうした学問理論の一つの地平である。生命神学は貧しい人々と小さな生命体の観点から物の神学を徹底化させようという試みでもある。民衆と小さな生命体の名によって人類文明を資本世（capitalecene）から解放し生命世（biocene）へと進ませるには唯物論的神学は一層鋭さを増す必要があるであろう。[94]

5　おわりに

民衆神学の胎動と発展は歴史の前に民衆と共に熾烈に実践し神学を行ってきた人々の記録である。民衆神学を正しく読み解くためには、韓国現代史における独裁と抑圧、収奪と搾取、疎外と排除、差別と嫌悪の桎梏の中で苦難を受けてきた民衆の現実を見通し、その桎梏から解放しようとする民衆の闘争と彼らと連帯した知識人たちの生と思想をその有機的関係の中で把握しなければならない。

以上、詳細に分析したように、民衆神学は三つの段階を経て今日に至った。民衆神学が胎動しその輪郭を捉え始めた第一段階において、民衆神学は本来歴史の主人でありその主人の座から押し出された民衆が主体性を確保することが歴史の方向性であると宣言した。民衆神学は苦難を受け死に絶えたような民衆が再び立ち上がって抵抗する事件の中でイエス事件が再現されると証言し、民衆の現場において彼らの受難と闘争を共にするキリスト者の実践を下支えする神学的言語を提示しようと努力した。そこで安炳茂の「事件の神学」と徐南同の「二つの物語の合流」神学が誕生し、その神学的発想が神学する観点と方法の革命的転換を導き出した。事件と事件の伝承母体に関する民衆神学の議論はケリュグマ的神学の限界を超えてイエス事件の真相と神の統治に関する実質的理解に至る道を開き、「啓示の下部構造」に忠実な神学を形成するために「脱神学」と「反神学」のプログラムを通じて既存神学とは大いに異なる神学を形成する可能性を開いた。第一段階民衆神学者たちは歴史の前で民衆と共にキリスト者が繰り広げる実践を重視した。しかし彼らは実践に必要な現実分析と実践戦略に関する議論を民衆神学の枠組みの中で緻密に展開し得る方法論を発展させることはできなかった。

第二段階民衆神学者たちは、民衆が一九八〇年光州抗争を通じて現実変革の実質的主体として登場したと認識し、独裁、隷属、分断などの構造的に絡み合う韓国社会の桎梏を解体し自ら主人となる世界を作り上げようとする民衆と連帯するキリスト者の運動を神学的に下支えしようとした。民主化、自主化、民族統一のために様々な階級と階層が運動の主体として結合する連合戦線運動の論理に従い、全体運動に忠実でありながらも部門運動として固有な実践課題を遂行するキリスト者の運動を下支えする神学理論は運動の神学と物の神学という名前で提示された。運動の神学は社会科学的現実分析と神学的省察の結合を軸に神学的解釈学一般理論に基づき、一方でキリスト教運動の世界観的基盤を確立しようとする物の神学は唯物論とキリスト教信仰の融合を試みた。それは社会科学的現実分析、実践戦略の樹立、神学思想の精緻化を統合する神学理論であった。

第三段階民衆神学は一九八七年憲政体制の樹立、一九九〇年を前後する現実社会主義社会の分解と「歴史の終末」言説の拡散、一九九〇年代に入り本格化した市民運動と民衆運動の分化と民衆運動のヘゲモニー弱化、ポスト言説の影響、金融化とグローバリズムの過程で悪化した社会的両極化と気候の破局など、変化する状況に対応しようとする民衆神学者たちの神学的試みを網羅している。第三段階民衆神学者たちは民衆神学の主題と方法を多様に選択し、様々な類型の民衆神学的言説を形成した。その中で注目すべき言説類型として、①安炳茂、徐南同など民衆神学開拓者の神学を韓国知性史の脈絡において評価しようとする言説類型、②民衆神学の神学的貧困を克服し民衆神学の神学的体系を構築しようとする言説類型、③万有在神論として民衆神学の形而上学的根拠を設定しようとする言説類型、④ポスト理論を通じて民衆に対する概念的理解を緻密に展開することに土台を置く民衆に関するミクロ言説類型、⑤運動の神学と物の神学をさらに先鋭的に発展させ生態学と政治経済学の結合に根拠を置く生態学的経済学の観点から生態学的反資本主義の道筋を提示しこれを下支えする唯物論的生命神学を展開しようとする言説類型などである。

民衆神学は民衆を主題とする神学として韓国神学史と世界神学史における唯一の事例として記録され

た。歴史的に形成された具体的現実関係の総和として現存する民衆を神学の焦点と定めることで、民衆神学は既存の神学において神学的言説の外側へと捨てられていた事柄を抱き寄せ、これまでの神学とはまったく異なる方法によって神学するモデルを作り上げた。それが民衆神学の特異点である。民衆の現実に目を閉ざさず、歴史の前で民衆と共に神学しようとする情熱と努力が続くかぎり、民衆神学はその内容と方法を変化させ発展し続けるであろう。

参考文献

姜元敦『物の神学：実践と唯物論に堅く立つ神学の模索』（ハヌル、一九九二年）

――「韓国社会の民主化とキリスト教の実践戦略」《神学思想》五八（韓国神学研究所、一九八七年）

――「物の神学：物質的世界観と信仰の一つの総合」《神学思想》六二（韓国神学研究所、一九八八年）

――「社会的で生態学的な経済民主主義に向けて」《神学思想》一〇五（韓国神学研究所、一九九九年）

――「〝八七年体制〟の精算と民衆政治：民衆神学的観点において第二十代国会議員総選挙から得た一つの帰結」《神学と社会》三〇／四（二十一世紀キリスト教社会文化アカデミー、二〇一六年）

――「ろうそく集会と民衆政治」《キリスト教社会倫理》三八（韓国キリスト教社会倫理学会、二〇一七年）

――「教会の公共性委任に関して」《神学研究》六五（韓神大学韓神神学研究所、二〇一四年）

――「民衆が参与する正義フォーラム構成問題」《神学研究》六七（韓神大学韓神神学研究所、二〇一五年）

――「世俗国家の憲政秩序と教会の公論作業：ルターの律法教説に対する解釈に基づいて」《キリスト教社会

倫理》四〇（韓国キリスト教社会倫理学会、二〇一八年）
――「ポストコロナ時代の社会的グリーンニューディールに対するキリスト教倫理的構想」《神学と教会》一四（恵岩神学研究所、二〇二〇年）
――「統全―融合的生命神学の構想、人類世の危機を克服し生命世を開く総合的学問の模索」《神学と哲学》四〇（西江大学神学研究所、二〇二二年）
権鎮官「グラムシのヘゲモニー思想と韓国教会」《世界の神学》一二（韓国キリスト教研究所、一九九一年）
――「民衆の存在様式と歴史の救い」《基督教思想》三七／七（大韓基督教書会、一九九三年）
――『聖霊と民衆：実践的神学と神学的実践』（韓国神学研究所、一九九三年）
――『イエス、民衆の象徴　民衆、イエスの象徴』（ドンヨン、二〇一〇年）
グラムシ、アントニオ『獄中手稿　二、哲学―歴史―文化編』（イ・サンフン訳、コルム、一九九九年）＊邦訳：『獄中ノート』著作集　3（松田博編訳、明石書店、二〇一三年）同一ではないが内容が該当するもの
金南一『民衆神学者安炳茂評伝：城門の外でイエスを語る』（サゲチョル、二〇〇七年）＊邦訳：『安炳茂著作選集別巻　評伝―城門の外でイエスを語る―』（金忠一訳、かんよう出版、二〇一六年）
金明洙『安炳茂の神学思想』（ハヌルアカデミー、二〇一一年）
金容福「民衆の社会伝記と神学」『韓国民衆とキリスト教』（ヒョンアム社、一九八四年）
――「神の政治経済：経済的正義の新たな概念のために」『イエス、民族、民衆。安炳茂博士古稀記念論文集』（韓国神学研究所、一九九二年）
金鎮虎「歴史の主体としての民衆、民衆神学民衆論の再検討」《神学思想》八〇（韓国神学研究所、一九九三年）
――「民衆神学の系譜学的理解：文化政治学的民衆神学を展望しつつ」《時代と民衆神学》四（第三時代キリ

スト教研究所、一九九七年）
――――『市民K、教会を出る。韓国プロテスタントの成功と失敗、その欲望の社会学』（ヒョンアム社、二〇一二年）＊邦訳：『市民K、教会を出る』（香山洋人訳、新教出版社、二〇一五年）
金昌洛編『新しい聖書解釈、何が新しいのか』（韓国神学研究所、一九八七年）
金熙献「万有在神論と事件の神学：安炳茂の事件の神学に対するプロセス神学的解釈」《韓国キリスト教神学論叢》八三／一（韓国キリスト教学会、二〇一二年）
――――『徐南同の哲学：民衆神学に至る』（梨花女子大学出版部、二〇一三年）
――――『民衆神学と万有在神論』（ノエオウォル、二〇一四年）
――――「柳永模と民衆神学：韓国的万有在神論と実践的行動の宗教」《神学研究》六七（韓国神学研究所、二〇一五年）
ラクラウ、ムフ『社会変革とヘゲモニー』（ト、一九九〇年）＊邦訳：『民主主義の革命―ヘゲモニーとポスト・マルクス主義』（西永亮・千葉眞訳、ちくま学芸文庫、二〇一二年）
ムフ『政治的なものの帰還』（フマニタス、二〇〇七年）＊邦訳：『政治的なるものの再興』（千葉眞他訳、日本経済評論社、一九九八年）
朴炅美「姜元敦教授の『民衆神学の意義と新たな時代的展望』に対する論評」『資料集：二〇二二恵岩神学研究所秋季神学セミナー。韓国キリスト教の歴史的遺産としての民衆神学、第二セミナー』（恵岩神学研究所、二〇二二年）
パク・サンフン「韓国の〝八七年体制〟：民主化以降韓国政党体制の構造と変化」《アジア研究》四九（京北大学アジア研究所、二〇〇六年）

朴聖焌「韓国キリスト教の変革とキリスト教運動の課題」『転換：六月抗争と民主化の進路』（サゲチョル、一九八七年）
――「民衆神学における韓国的とは：民衆神学の民衆神学としての成立のために」《時代と民衆神学》一（第三時代キリスト教研究所、一九九五年）
朴在淳『民衆神学からシアル思想へ』（ハヌル、二〇一三年）
徐南同『民衆神学の探究』（ハンギル社、一九八三年）＊邦訳：『民衆神学の探究』（金忠一訳、新教出版社、一九八九年）
――『転換時代の神学』（韓国神学研究所、一九七六年）
シン・ヨンボク、チョ・ヘヨン『民主化―世界化以降の韓国民主主義の対案モデルを求めて』（ともに読む本、二〇〇六年）
シン・イクサン「根本主義と貧しさの問題：民衆神学の〝民衆〟とアガンペンの〝残余〟の関連」《神学研究》六八（韓神大学韓神神学研究所、二〇一六年）
安炳茂「今日のキリスト」（一九七六年）心園安炳茂先生記念事業委員会編『聖書の脈　二：我らと共にあるイエス』（韓国神学研究所、一九九七年）
――「復活のキリストとその現場」（一九七六年）同編『聖書の脈　三：命を活かす信仰』（韓国神学研究所、一九九七年）
――「新しい歴史の主人」『現存』九一（一九七八年）
――「マルコ福音書における歴史の主体」韓国キリスト教教会協議会神学委員会編『民衆と韓国神学』（韓国神学研究所、一九八二年）

――「イエスと民衆」『歴史の前で民衆と共に』（ハンギル社、一九八六年）

――『民衆神学を語る』（韓国神学研究所、一九八七年）＊邦訳：『民衆神学を語る』（桂川潤、趙容来訳、新教出版社、一九九二年）、（金忠一訳、かんよう出版、二〇一六年）

――「イエス事件の伝承母体」韓国神学研究所編『一九八〇年代韓国民衆神学の展開』（韓国神学研究所、一九九〇年）

――「エルサレム神殿体制とイエスの対決」『一九八〇年代民衆神学の展開』（韓国神学研究所、一九九〇年）

――『ガリラヤのイエス』（韓国神学研究所、一九九〇年）＊邦訳：『安炳茂著作選集二　ガリラヤのイエス』（金忠一訳、かんよう出版、二〇二一年）

――「韓国キリスト教の自己革命」心園安炳茂先生記念事業委員会編『神学評論：キリスト教改革のための神学』（韓国神学研究所、一九九九年）

李基白『韓国史新論』（一潮閣、一九六七年）＊邦訳：『韓国史新論』（武田幸男他訳、学生社、一九七九年）

チェ・スンヤン「スピヴァクのサヴァルタン（下位主体）の観点から見たアジア女性神学と民衆神学的言説に対する問題提起」《神学論壇》七二（延世大学連合神学大学院、二〇一三年）

チェ・チャンジプ『民主化以降の民主主義：韓国民主主義の保守的起源と危機』（フマニタス、二〇〇二年）

崔亨黙『社会変革運動とキリスト教神学』（ナダン、一九九二年）

――「一九九〇年代民衆神学論議のいくつかの争点」《時代と民衆神学》五（第三時代キリスト教研究所、一九九八年）

――『見えない手が見えないのはその手が無いからだ：民衆神学と政治経済』（タサンクルパン、一九九九年）

――『韓国近代化に対するキリスト教倫理的評価：産業化と民主化の矛盾関係に注目して』（ハヌルアカデミ

ー、二〇一五年）
ハン・ジョンホン「ドゥルーズ思想の民衆神学的理解：〝今日の民衆神学〟としての少数者神学に向けて」《韓国キリスト教神学論叢》一〇〇（韓国キリスト教学会、二〇一六年）
咸錫憲『意味から見た韓国の歴史』（イルウ社、一九六一年）＊邦訳：『苦難の韓国民衆史：意味から見た韓国歴史』（金学鉉訳、新教出版社、一九八〇年）
玄永學「韓国仮面劇の神学的理解」『民衆と韓国神学』（韓国神学研究所、一九八二年）
黄庸淵「〝生者〟を語り〝幽霊〟を感じる：韓国民主主義と民衆神学」《時代と民衆神学》八（第三時代キリスト教研究所、二〇〇四年）
フランシス・フクヤマ『歴史の終末：歴史の終点に立つ最後の人間』（イ・サンフン訳、ハンマウム社、二〇〇三年）＊邦訳：『歴史の終わり　上・下』（渡部昇一訳、三笠書房、一九九二年）

Belo, F., *A Materialist Reading of the Gospel of Mark.*（New York, Orbis Book, 1981）
H. Gollwizer,「歴史的唯物論と神学：唯物論的釈義の問題に対して」《神学思想》五四（韓国神学研究所、一九八六年）
Kim, Yong Bock. 'Messiah and Minjung : Discerning Messianic Politics over against Political Messianism', Minjung theology : people as the subjects of history, edited by Kim Yong Bock（A CTC-CCA publication, 1981）

注

1 咸錫憲の『意味から見た韓国の歴史』は一九三五年に初稿が書かれた。その初稿は一九五〇年に『聖書的立場から見た朝鮮の歴史』として出版され、一九六五年に『意味から見た韓国の歴史』として出版された。
2 この著作は一九六七年に一潮閣から『韓国史新論』として増補出版され今日に至るまで版を重ねている。
3 安炳茂「今日のキリスト」(一九七六年)、二三二頁。同「復活のキリストとその現場」、三六頁。
4 同『民衆神学を語る』、一三六頁。〔邦訳:二〇七頁〕
5 同「マルコ福音書における歴史の主体」、一八〇頁。「それをひっくるめた民衆とそれを主―客と見てそのどちらかに民衆を見出そうとするのではなく関係の中に民衆を見出そう」。
6 同「イエス事件の伝承母体」、二三二頁。
7 同前、二四頁。同「イエスと民衆」、九〇頁。
8 同「エルサレム神殿体制とイエスの対決」、三七四~三七九頁。
9 同「神の国」、一〇四頁以下。
10 同『民衆神学を語る』、二三八頁。〔邦訳:三四六頁〕
11 同『ガリラヤのイエス』、一一一頁。〔同:一二五頁〕
12 同「韓国キリスト教の自己革命」、四二四頁。
13 同「ガリラヤのイエス」、一二一頁以下。〔邦訳:一三九頁〕
14 同「今日の救いの正体」、三三四頁。
15 同「新しい歴史の主人」、一二頁。

16　同『ガリラヤのイエス』、二〇六頁。〔邦訳：二四一頁〕
17　同「韓国的キリスト者像の模索」、二九頁。
18　同『民衆神学を語る』、二〇二頁以下。〔邦訳：七五頁他〕同「韓国的キリスト者像の模索」、二九頁。
19　アントニオ・グラムシ『獄中手稿　二、哲学―歴史―文化編』、二五～二六頁。
20　玄永學「韓国仮面劇の神学的理解」、三六〇頁以下。
21　徐南同「イエス―教会史―韓国教会」『民衆神学の探究』、一一頁。〔邦訳：一三～一四頁〕。〔訳注：以下、特記しないかぎり徐南同の論文は『民衆神学の探究』所収〕。
22　同、一二～一三頁。〔邦訳：一五頁〕
23　同「民衆神学に対して」、三三頁。〔同：四三頁〕
24　同「二つの物語の合流」、七八頁。〔同：一〇九頁〕
25　もちろん徐南同は手放しでこう問いただしたのではない。しかしアイデンティティの異なる教会がどのような神観を表出するのかを問うことは当然である。ローマ帝国におけるキリスト教迫害が反映した「ヨハネ黙示録」の神表象とローマ帝国のキリスト教となった教会の神表象は同じであろうか。
26　同「恨（ハン）の表象化とその神学的省察」、八六頁。〔邦訳：一二〇頁〕
27　「聖霊的―共時的解釈」については、同「二つの物語の合流」七八～七九頁〔同：一〇九～一一〇頁〕、同「民衆神学を語る」一六五～一六六頁〔同：二三三～二三四頁〕を見よ。「聖霊論的解釈」は「二千年前に書かれた本文を今解釈するのではなく」、「わたしが選択すべき今の事件の前で、例えばある独裁体制に抵抗すべきかすべきでないかといった問題を前に」聖書を参考書として神の意志に従って決断することと関連している。
28　同「民譚の神学」、三〇五頁。〔未邦訳〕

29 同「民衆神学の聖書的根拠」、二二八頁。〔邦訳：三二二頁〕「民衆神学の方法においても経済（史観）や唯物史観の方法によって社会問題を分析することを参考にしてはいる」。

30 同「民衆神学の聖書的根拠」、二四四頁。〔同：三四三頁〕

31 同「恨の現象化とその神学的省察」、九八頁。〔同：一三八頁〕

32 同、一〇七頁以下。〔同：一五三頁〕

33 同「新しい時代の門前に立って」、一五四〜一五五頁、一五八頁。〔同：二〇八〜二〇九頁〕

34 同「世の命とキリスト」、三五七頁。〔未邦訳〕

35 同「貧困の社会学と貧民の神学」、三九〇頁以下。〔邦訳：四一八頁以下〕

36 金容福「民衆の社会伝記と神学」、九〇頁、九六頁以下。同「神の政治経済：経済的正義の新たな概念のために」、三二二頁。

37 Yong Bock Kim, "Messiah and Minjung: Discerning Messianic Politics over against Political Messianism.", p.188.

38 Ibid., p.192.

39 Ibid., p.188.

40 「運動の神学」が前提とする運動理論は韓国神学研究所で共に働いた姜元敦と朴聖焌による学術的な討論から生み出された。朴聖焌は革命運動の歴史に精通し、一九八〇年代民衆運動を全体運動と部門運動の弁証法として捉える卓越した視点を持っていた。これについては、朴聖焌「韓国キリスト教の変革とキリスト教運動の課題」、三六七頁。

41 これら四つの課題は一九九〇年に執筆された姜元敦「神学形成における唯物論と解釈学」二〇九頁に次のよう

にまとめられている。「①韓国社会構成体に対する分析と運動戦略の設定→②全体と部分の弁証法的関係を展開する限りにおけるキリスト教運動の戦略的課題→③まさにこのキリスト教運動の信仰的根拠を確保するための聖書の特定主題の通時的概観→④キリスト教運動の信仰的根拠の定立」（番号は筆者が追加した）。引用で言及された課題①を現実分析部分と運動戦略樹立部分とに分け、課題③と④を一つにまとめてキリスト者の実践を下支えする神学的根拠の確保として整理すれば言及した四つの課題として再構成される。

42 姜元敦『物の神学』、五七～六七頁。

43 同、六四頁、一六七頁など。

44 同、三二一～三二九頁、二四三～二五三頁。

45 これをよく示した論考は姜元敦「韓国社会の民主化とキリスト教の実践戦略」、六三九～六四七頁。

46 同「物の神学：物質的世界観と信仰の一つの総合」、五八〇～六〇四頁。

47 物の神学が強調する唯物論の三つの特徴は、物の神学がいかなる唯物論を受け入れ、いかなる唯物論を拒否するか明らかに示している。物の神学は特にソ連でスターリン主義の核心をなした弁証法的唯物論（DIAMAT）とこれを歴史に適用した歴史的唯物論（HISTOMAT）を唯物論の形而上学的形態として批判する。同、六〇三頁。

48 同、二二六頁。「政治経済学的現実分析は神学形成が扱う現実に対するイデオロギー的抽象を排除しその現実の科学的抽象を神学的省察と結合させようとする点において神学形成に対し規定的である。…政治経済学的現実分析は現実の科学的抽象を通じて現実の矛盾関係および現象形態を認識することで階級社会における対立物の闘争を歴史の進歩的方向へと一貫して反映する神学理論を形成させるという点において神学形成に対して構成的である。」

49 社会史的聖書釈義と唯物論的聖書読解は神の救済事件を証言する聖書を唯物論的観点から研究する著しい実例と言える。社会史的聖書釈義に関しては金昌洛編『新しい聖書解釈、何が新しいのか』に収められたトン・フェアカンプ、フランツ・クリューゼマン、ウィリー・ショットロフ、ルイゼ・ショットロフ、ウォルフガング・シュテーゲマンなど。唯物論的聖書読解の好例としてはFernado Belo, A Materialist Reading of the Gospel of Mark, "Part 1: The Concept of Mode of Production" (An Essay in Formal Theory.) をあげることができる。教義学者ヘルムート・ゴルビッツァーは社会史的聖書釈義を擁護して「歴史的唯物論」が神学形成にもたらす意味を評価する。これについてはH. Gollwizer,「歴史的唯物論と神学：唯物論的釈義の問題に対して」、六五八頁を見よ。教会史と教理史において今後唯物論的考察が脚光を浴びる分野となるであろう。

50 パク・サンフン「韓国の〝八七年体制〟：民主化以降韓国政党体制の構造と変化」、二二一～二二三頁。

51 フランシス・フクヤマ『歴史の終末：歴史の終点に立つ最後の人間』、一七三頁。

52 代表的な研究事例として、金明洙『安炳茂の神学思想』、金南一『民衆神学者安炳茂評伝：城門の外でイエスを語る』、金熙献『徐南同の哲学：民衆神学に至る』などがある。

53 これに関する深みのある分析として、金熙献「柳永模と民衆神学：韓国的万有在神論と実践的行動の宗教」(一五七～一五八頁)、朴在淳『民衆神学からシアル思想へ』を見よ。

54 朴炅美「姜元敦教授の『民衆神学の意義と新たな時代的展望』に対する論評」、二一一頁。

55 権鎮官「グラムシのヘゲモニー思想と韓国教会」、三〇～三一頁。

56 同『聖霊と民衆』、七九～八〇頁。

57 同「民衆の存在様式と歴史の救い」、一〇七頁。

58 同、一〇一頁。

59 同『イエス、民衆の象徴　民衆、イエスの象徴』、四四頁。

60 同、一一九頁。

61 同、一五六頁。

62 同、三〇四～三〇五頁、三一七頁。

63 同。

64 金熙献「万有在神論と事件の神学：安炳茂の事件の神学に対するプロセス神学的解釈」、二一九～二二〇頁。

65 同『徐南同の哲学』、七三～七四頁。

66 徐南同の民衆神学が万有在神論の特殊な具現化であるという金熙献の解釈に無理があるとみなす理由は多々ある。まず何より金熙献は徐南同の民衆神学的転回がそれ以前の神学的発想を括弧内に置く作業を伴っていたことを無視している。民衆神学に展回する以前の徐南同が関心を寄せたプロセス神学と進化論的神学は彼の民衆神学においてもはや直接言及されてはいない。また民衆神学以前の徐南同はテイヤール・ド・シャルダンの進化論神学に基づきキリストの宇宙的現存を強調したが、その時徐南同が集中していたキリストの三重の現存におけるキリストの宇宙的現存はキリストのケリュグマ的現存とキリストの世俗的現存と論理的に並行構造をなしていた。それは万有在神論がキリストの三重的現存をまとめる神学的枠組みではなかったという意味である（これについては徐南同「現在的キリスト」『転換時代の神学』、六六・八三～八四頁を見よ）。徐南同は一九八三年バンクーバーで開かれた第六回ＷＣＣ総会を契機に書いた論文「世の命とキリスト」において生態系の危機の政治経済学を見通して、生態系の危機と貧困の問題が有機的関係を結んでいるという認識を示している。それが徐南同が民衆神学者として生態学的問題を扱った唯一の作品に現れた生態系の危機に対する認識である。こうした認識には万有在神論的思惟がまったく現れていない（これについては徐南同「世の命とキリスト」

『民衆神学の探究』特に三四九頁を見よ）。「われわれはこの地における公害の実体をある程度調査したが、殺人的な公害も、発展した国から発展途上の国へと大量に転嫁されており、発展していると言われる国の中でも豊かで安全に暮らす人々の居住地域よりも貧しく労働する人々の生活地域が一層深刻に公害により汚染され弱く貧しい者が強く富んだ者の犠牲（の供え物）となるのを見る」。最後に「二つの物語の合流」において徐南同が言及した「聖霊の介入」は「韓国教会の神の宣教の活動」に関連したものであり、その言及は千年王国と聖霊運動を直接結びつけたヨアキム・フローリスの聖霊理解に基づいたものであると言える。それは剥製化した神の国観念を捨てて、千年王国的メシア運動の現在化に集中した徐南同の神学的関心にも符合する表現である。

67 金熙献『民衆神学と万有在神論』、一七五頁。

68 金鎮虎「歴史の主体としての民衆、民衆神学民衆論の再検討」、二一一〜二一七頁。

69 金鎮虎はアルチュセールが精神分析学から採用したsurdéterminationという言葉を「重層決定」の代わりに「過剰決定」という訳語を当てている。こうした訳語は、ある状況を生じさせるよう作用する要因や原因が一つではなく多様でありそれらの要因と原因が複合的に作用することを説明するためにアルチュセールが採用した「重層決定」概念の意味を正しく表現できない。

70 エルネスト・ラクラウ&シャルタン・ムフ『社会変革とヘゲモニー』。

71 シャルタン・ムフ『政治的なものの帰還』、一一六、一七六頁。

72 それはアルチュセール流の構造主義的マルクス主義を解放の神学の現実分析の方法論として採用したクロドビス・ボフが解放の神学を捨てて市民社会神学に向かったことと類似した軌道である。

73 金鎮虎「民衆神学の系譜学的理解：文化政治学的民衆神学を展望しつつ」、一四頁以下、二六〜二七頁。

74　同『市民K、教会を出る。韓国プロテスタントの成功と失敗、その欲望の社会学』。
75　同「民衆神学の系譜学的理解」、一七～一八頁。
76　シン・イクサン「根本主義と貧しさの問題：民衆神学の〝民衆〟とアガンペンの〝残余〟の関連」、二四二～二四七頁。
77　チェ・スンヤン「スピヴァクのサヴァルタン（下位主体）の観点から見たアジア女性神学と民衆神学的言説に対する問題提起」、二五一～二五七頁。
78　黄庸淵「〝生者〟を語り〝幽霊〟を感じる：韓国民主主義と民衆神学」、二〇五～二〇六頁。黄庸淵（ファン・ヨンギョン）は抑圧の対象であると同時に抵抗の主体として設定された伝統的民衆論によっては捕捉不可能な民衆の領域があると考え、その領域の民衆を〝幽霊〟と呼んだ。彼は抵抗の中にすでに支配が入り込んでいる状況を鋭く指摘しつつそうした状況では「現在発現している主体性としての民衆」を捉えることは困難であり、「隠蔽された主体性としての民衆」を捉えることはさらに困難であると分析する。
79　ハン・ジョンホン「ドゥルーズ思想の民衆神学的理解：〝今日の民衆神学〟としての少数者神学に向けて」、二六八～二六九頁。
80　姜元敦は当時ドイツに滞在していたために一九九〇年代初頭の民衆神学論議に直接参与していなかった。
81　徐南同「文化神学、政治神学、民衆神学」『民衆神学の探究』、三七九頁。
82　朴聖焌「民衆神学における韓国的とは：民衆神学の民衆神学としての成立のために」、一七六～一七七頁。
83　同、一八一、一八三頁。
84　崔亨黙『社会変革運動とキリスト教神学』、九五～九六、一一七～一二三頁。
85　同「一九九〇年代民衆神学論議のいくつかの争点」、三五二頁。

86　同「民衆神学的政治経済倫理の模索　一」、一五七〜一八一頁。
87　同『見えない手が見えないのはその手がないからだ：民衆神学と政治経済』、三二九頁以下。
88　同『韓国近代化に対するキリスト教倫理的評価：産業化と民主化の矛盾関係に注目して』。
89　姜元敦「社会的で生態学的な経済民主主義に向けて」、六五〜九二頁。
90　こうした主張は姜元敦の様々な著述において一貫して提示されている。これを強く定式化した論文として「ポストコロナ時代の社会的グリーンニューディールに対するキリスト教倫理的構想」、二九三〜二九八頁を見よ。
91　それが「民主化以降の民主主義」言説の核心である。これについてはチェ・チャンジプ『民主化以降の民主主義：韓国民主主義の保守的起源と危機』、シン・ヨンボク、チョ・ヘヨン『民主化―世界化以降の韓国民主主義の対案モデルを求めて』、姜元敦「〝八七年体制〟の精算と民衆政治：民衆神学的観点において第二十代国会議員総選挙から得た一つの帰結」を見よ。
92　ろうそく群衆集会の力学とその限界に関する民衆神学的分析として、姜元敦「ろうそく集会と民衆政治」を見よ。
93　姜元敦はこれら三つの課題が「教会の公論作業」の核心をなすと見ている。これについては、姜元敦「教会の公共性委任に関して」、同「民衆が参与する正義フォーラム構成問題」、同「世俗国家の憲政秩序と教会の公論作業：ルターの律法教説に対する解釈に基づいて」、を見よ。
94　同「統全―融合的生命神学の構想、人類世の危機を克服し生命世を開く総合的学問の模索」。［訳注：同論文の英題は“Toward a Holistic and Integral Concept of Theology of Life.”である］

韓国キリスト教の歴史的遺産としての民衆神学

――新しい時代の新しい課題とともに

金均鎮

1 はじめに

民衆神学は一九七〇年代を前後して登場した神学思想として、韓国神学界においてはもちろん社会政治的に大きな波紋を呼んだ神学運動である。当時韓国は朝鮮戦争（一九五〇～五三年）の惨禍を抜け出せずにいる状態であり、今日のフィリピンやエチオピアよりもさらに貧しい世界で最も貧しい国の一つであり、大多数の国民が飢えを凌ぐことのできない状況にあった。こうした状況において朴正煕（パク・チョンヒ）大統領は経済発展、民族中興を国家の至上命題と考えるあまり、企業家による労働者収奪、社会的不義と腐敗を黙認し、個人の自由は制限されるべきであるという論理の中で維新独裁体制を維持しようとした。労働者と大学生の抵抗とデモは絶えることがなかった。こうした状況の中で登場した民衆神学は抑圧と搾取と不自由からの民衆の解放、社会正義と政治的民主化を要求した。

その主唱者は安炳茂（アン・ビョンム）、徐南同（ソ・ナムドン）、文東煥（ムン・ドンファン）、金燦國（キム・チャングク）、徐洸善（ソ・グァンソン）、玄永學（ヒョン・ヨンハク）、金容福（キム・ヨンボク）などの教授たち、そして朴炯圭（パク・ヒョンギュ）牧師などであった。彼らは教授職の罷免、投獄と拷問、情報機関による絶えることのない監視といった苦難を受けた。彼らはそのほとんどが一九二〇年前後の日帝植民地治下で生まれた人々であり、「国を取り返し民族を救おうとする独立運動家の高潔な自己犠牲と献身の精神を継承」していた。[1]

民衆神学の理論的代表者は韓国神学大学の安炳茂教授と延世大学の徐南同教授であった。韓神大の多くの教授とその弟子たちは当時維新政権を拒否した基督教長老会の全幅の支持のもとで直接間接的に民衆神学を支持していた。しかし保守系の神学者たちをはじめとして多くの神学教授たちが民衆神学を拒否した。進歩系統としてはバルト神学を絶対視する韓神大の全景淵（チョン・ギョンヨン）、朴鳳琅（パク・ボンラン）、梨花女子大の朴淳敬（パク・スンギョン）がその代表であった。彼らの反対にもかかわらず民衆神学は世界神学界に広く知られ大きな関心の対象となったのである。

一九七〇年代以降、韓国が経験した奇跡的経済発展と政治の民主化の中、今や民衆神学は闘うべき目的を喪失したかのように見える。世界の神学界は経済的、社会的問題よりも世界を強打する気候変動、生態系の危機の問題に広い関心を寄せている。今や韓国の民衆神学はほぼ忘れ去られたかのように見える。少数の神学者と牧会者のグループがこれに関心を示すだけで、公共領域においては消えてしまったかのようである。本論文は民衆神学の問題点を指摘すると同時にそれが寄与した点を明らかにすることで、韓国キリスト教史において忘れられてはならない尊い歴史的、精神的遺産として民衆神学を位置づけようと思う。それとともに、今の新しい時代状況の中で民衆神学が担うべき課題は何であるかを見出したいと思う。

2 民衆神学の本質および目的と聖書的根拠

1 民衆神学とは何か

民衆神学とは何か。これまでこの問いに対する多くの討議があったが、民衆神学とは一言で民衆解放の神学と言えるであろう。ここで解放とは経済的搾取と貧困、政治的抑圧と独裁、社会的疎外からの解放を意味している。この解放は男性支配からの女性解放、社会的疎外からの障がい者の解放も含んでおり、人間の基本的生の権利の回復と民主化を含む包括的な概念である。[2] もちろん民衆神学者たちは罪からの解放というキリスト教の伝統的救済観を否定しないが、社会政治的、経済的解放と韓国社会の民主化が彼らの主要な関心と目的であった。要約すれば、民衆神学とは政治的抑圧、経済的搾取と貧困、社会的疎外からの民衆解放、社会正義と民主主義の回復を主要目的とした神学だと言える。それは「一九七二年に確立した維新体制［訳注：大統領に権力を集中させる憲法改定によって確立された朴正煕独裁体制」に対する抵抗において本格化した韓国プロテスタントの民主化―人権運動」と、「韓国教会を歴史と社会の現実に目を向けさせ教会自体の中に安住させる根本主義神学に対する批判」をその背景としていた。[3]

民衆神学の神学的立場と方向性は南米の解放の神学と同一である。特に社会分析と歴史解釈において解放の神学との一致点を見出すことができる。ある神学教授は民衆神学を指して「解放の神学の亜流」と評価した。しかし民衆神学者は解放の神学と民衆神学を区別する。徐南同教授によれば、南米の解放の神学は「アメリカの経済的準植民地化の桎梏から抜け出すべきという自覚」の中、アメリカの準植民地からの解放、経済的搾取の不平等と貧困からの解放に「主眼点」を置いている。これに対し民衆神学は「それよりもさらに大きな問題」を扱う。それは「経済問題」にのみ執着せず、韓国の巨大な文化的伝統をなす民衆の「ハン（恨）」と「抑圧」を解決しようとするより包括的な地平を持っている。

「ハン」はただ経済的貧困と不平等から生じるものではなく、生のあらゆる領域において「虐げられた者や弱い者が不義によってその権利を失い心から悔しいと思っても、その叫びを聞いてくれる者も解き放そうとする者もいない場合に生じる感情状態」を意味している。[4] 聖職者は「支配階級、富裕層の横暴を祝福し、虐げられた者の自己生存のための抵抗を麻痺させ去勢する司祭職ではなく、真に彼ら（生活のあらゆる領域における民衆）の傷を包み、卑屈になっている人々の主体性を共に取り戻し、彼らの歴史的渇望に呼応し、彼らの胸の奥に積もったハンを解き放ち慰める〝ハンの司祭〟に」ならねばならない。[5] 南米の解放の神学は韓国民衆の「ハン」を理解できない。このような点で民衆神学は解放の神学とは区別されると民衆神学者たちは語る。では解放の神学は民衆のハンを理解できないのか。この点についての議論はここでは触れないでおこう。

いずれにせよ、民衆神学は韓国の独特な歴史的、社会的状況と文化的伝統の中で生成されたという点において解放の神学と区別される。それは目の前の経済問題、政治問題にのみ集中するものではない。それは民衆のハンという更に深い精神性、心理的問題の解決を目指し、すべての社会階層と人種と民族が兄弟姉妹となる世界史の目的を志向している。民衆神学の究極的な目的はこの地におけるメシア的王国、すなわち神の国建設にある。徐南同教授によれば、民衆神学の究極的目的は、地上のあらゆる被造物が神を知る知識と神の正義と平和の中でともに生きる「メシアの王国」「メシア的祝宴」あるいは「シャローム」にある。「メシア的祝宴（イザヤ二五章、ルカ一四章など）をシャローム（平和）と言うが、それが民衆の神学の究極的ビジョンである。そこではメシアの祝宴が催されその食卓には貧しい者、虐げられた者、病める者、障がい者などすべてが招かれて座に着く。…おそらくそこには黒人と白人が共に座り、ノーベル賞受賞者と無学な農夫が共に座り、ヨーロッパ人とアフリカ人が、ユダヤ人とアラブ人が、韓国人と日本人が共にくつろぎ座に着くことだろう[6]」。すなわちすべての人が平等な世界、すべての人の価値と尊厳が尊重される世界、誰もが自由な世界をもたらすのが民衆神学の究極的な目的なのである。こうして民衆神学は聖書のメシア的伝統に従う世界史的ビジョンを持つこととなる。

世界史的目的に対するビジョンの中で民衆神学は韓国社会の特別な現実的問題に集中する。貧困と社会的疎外と政治的抑圧からの解放、正義溢れる社会の実現、民衆が主体となる民主的社会の回復を追求する。まさにここに民衆神学の本質と目的があると言えるであろう。その究極的目的は神のメシア的統治のビジョンにおける正義溢れる神の国をこの地に建設することにある。こうした点において民衆神学は神の国のメシア的伝統に属している。

2　だれが民衆なのか

民衆神学に関する討議において「だれが民衆なのか」を巡って熱い議論がかわされてきた。ある学者は、民衆は定義できず社会の特定階層に限定できない概念だと言った。第一世代民衆神学自身も民衆概念の定義を拒否した。「そのような概念的な規定は民衆を対象化し結局は民衆の主体性を破壊することである」[7]。

しかし「民衆」が誰か規定しないまま「民衆神学」を行うことは常識的に不可能であろう。実際、第一世代民衆神学者自身も民衆とは誰かすでに前提があったことを彼らの作品から知ることができる。安炳茂教授の論考において民衆は「虐げられた者、貧しい者、受難者」、「疎外され非人間的待遇を受けた階層の総称」、「捨てられた階層」として捉えられている。[8] 徐南同教授によれば民衆とは史的イエスが関係した人々、すなわち「身体障がい者、寡婦、貧者、孤児、奴隷」、「冷遇され奴隷のような生活をする人々」、「貧しく虐げられた人々」を意味している。咸錫憲（ハム・ソッコン）先生の「シアル」がまさに民衆である。[9] 徐洸善教授によれば民衆とは「一言で〝虐げられ疎外された階層〟の人々」を意味している。[10]

要約すれば、民衆神学が語る民衆とは、富裕層と権力層によって搾取された貧しく飢えた人々、政治的抑圧、社会的疎外と蔑視と冷遇の中で人間としての生の権利を失った人々を指している。ここでは男性からの抑圧と疎外を受ける女性、健常者からの疎外を受ける障がい者など、多様な形態の搾取と抑圧と疎外を受けるすべての人々が含まれている。第一世代民衆神学者が彼らの神学的根拠とした「ハビル」「アム・ハアレッ」「オクロス」はまさにこのような人々を意味している。それは、共観福音書が伝える史的イエスが関係した「取税人と罪人」、「小さき兄弟姉妹」、そしてガリラヤ地域の人々のことである。

しかし民衆神学は民衆を単純な苦難を受ける受動的な存在とは把握せず、既存の不義なる社会体制を変革し得る潜在力を持つ社会的「集団」あるいは「社会勢力」と捉えた。さらに民衆は「歴史の主人」「歴史の主体」と捉えられる。[11]「民」が支配者に「服従し従順な」存在を指すとすれば、「民衆」は既存の不義なる体制に対して抵抗し闘争すべき「社会勢力」ないしは「主体勢力」を指している。民衆は歴史の主人、歴史の主体となり得る底力を持っている。民衆神学は民衆を単にハンを抱えたまま政治的抑圧、経済的収奪、社会的疎外に頭を押さえつけられた存在ではなく、不義の勢力に抵抗し得る力を持った集団的勢力として把握し、それを民衆に意識化させることで、不義なる社会の変革を実現しようとした。

第一世代民衆神学者によれば、時代を問わず歴史は不義なる勢力に対抗する民衆勢力が存在したことを示している。壬辰倭乱［訳注：文禄・慶長の役］の時、王は義州に逃げたが、郭再祐（クァク・ジェウ、義兵の大将）を始めとして国の至る所で義兵が祖国を守った。倭軍に対する李舜臣（イ・スンシン）将軍の連戦連勝も民衆の協力によって可能であった。東学農民革命（一八八四〜九五年）に参加した民衆は不義なる封建支配階層に抵抗すると同時に、外勢に抵抗し祖国を守ろうとした。しかし王は日本軍を投入し東学運動を切り捨て、ついには国を日本に明け渡す結果となった。これに民衆神学は民衆の中に隠れている抵抗意識を呼び覚ますことで、彼らを新たな変革の主体、歴史の主体として立てようとした。

ここでわれわれは民衆神学に対するマルクスの影響を認めずにはいられない。マルクスは歴史を支配階層に対する民衆の闘争の歴史、すなわち「階級闘争の歴史 Geschichte von Klassenkämpfen」と捉えた。[12] これまでの歴史は抑圧者に対する民衆の対立と抵抗の歴史であった。したがって民衆とは単純な苦難を受ける人々の単純な受動的集合体を意味するのではなく、不義なる支配階層に対する抵抗意識の中でより正義に溢れる社会を実現させようとする意志が潜在する人々を指している。

これを徐南同教授は次のように説明する。民衆という概念は人間、百姓（ペクソン・民）、市民とは区別される。「人間」は「個人的で単独な存在で内面志向的」である反面、「民衆」は「集団的で」「社会勢力として」、「歴史の主体」とみなし得る「社会の基本単位」を意味している。[13]「百姓（ペクソン・民）」は支配者と被支配者の社会階級的序列を前提に「ひとりだけが王であり主人であり、それ以外はすべて百姓（ペクソン・民）」とみなす。これは「支配者の言語」として「支配者がそう呼んだ」ものである。これに反し「民衆」は「自分自身が主人」である。[14]「市民」は「西洋の近代社会」に由来し、第三世界には存在しない。「強大国の占領下で植民統治」されてきた第三世界は「近代の市民を形成することも新しい歴史を担う市民を形成することもできず、資本制社会を導けるほど自ら歴史を切り開くことができませんでした。そのために市民社会、資本主義社会が正しく形成されることはなかったのです」。それにもかかわらず第三世界では「外勢の干渉下で抵抗しつつ民族の主体性を求めて闘争し、抵抗する勢力」があったが、その勢力がまさに民衆なのである。「第三世界において（外的には）外勢に対し、内的には封建支配勢力に対し民族的な主体や独立や自主をそれでも守ろうとし、抑圧勢力に対しては抵抗を試みてきたその勢力が確かにいたのです。その勢力をわれわれは〝民衆勢力〟と考えています[15]」。

徐南同教授によれば、厳密な意味における民衆は近代資本主義の時代に登場する。世界史は「古代奴隷制社会、中世封建社会、近世資本制社会、そして社会主義の方向に…進展する[16]」。世界史のこのような発展過程の中で「民衆」は資本主義の時代を終わらせ、新たな社会、すなわち社会主義社会の実現のために歴史の主体として既存の支配勢力に抵抗する「民衆勢力」を指している。韓国においては「四・一九以降十年を経た一九七〇年に入り民衆という社会勢力が形成されました。維新体制の矛盾の中で、この産みの苦しみを経験しながら民衆という社会勢力が形成されました。…それが新しい歴史を担う民衆の主体勢力です[17]」。民衆は古代奴隷制社会、中世封建社会、近代資本主義社会を経て社会主義に発展する他はない「歴史の必然性」を具体的に実現する歴史の主体として規定される。

ここで徐南同教授はこれまでの歴史を三段階に分けるマルクスの歴史的解釈を受容する。「これまでのすべての社会は…抑圧する階級と抑圧を受ける階級の対立に基づいている[18]」というマルクスの歴史解釈の基本的立場に彼は同意する。マルクスによれば、これまでの歴史は「階級闘争の歴史」であり、貴族、騎士、平民、奴隷の古代、封建領主、家臣、職業組合市民 Zunftbürger、農奴の中世、企業家と労働者、有産階級と無産階級 Bourgeoisie und Proletariat の社会階級によって構成された近代資本主義に区別される。[19] こうして資本主義社会は自らの内的矛盾によってプロレタリアすなわち民衆階級の革命を通じて社会主義へと進む他はない歴史の必然を徐南同教授は認めている。マルクスの「プロレタリア」に代わり「民衆」が「歴史の主体」、「歴史の主人」として登場した。後期資本主義社会の「市民に続く歴史の主体勢力は民衆である。…市民が歴史の主人であった時代が過ぎ、民衆が歴史の主人として登場しなければならない」[20]。このような歴史解釈によって民衆神学はマルクス主義の再現であるという評価を避けることはできない。金英漢（キム・ヨンハン）教授は民衆神学はマルクスの「社会経済史的分析を受容する」と批判した。[21]

しかしマルクス主義に対する民衆神学の立場は統一していない点にわれわれは留意する必要がある。徐南同教授は、世界史は近代資本主義から社会主義へと進む他はないという必然性を持つというマルクスの歴史解釈を受容する反面、安炳茂教授はマルクスの解釈を認めてはいない。彼は社会主義を拒否する。彼によればマルクス主義は神を除去することで世界を「一元的世界」にしてしまい、「プロレタリアの手に絶対権を付与」する。その結果「権力のための血なまぐさい争いが生じる他はなかった」。なぜなら「仲裁者」が無く「自己告発の可能性」が無いからである。社会主義的「ユートピアは人間の設計図として、それを実現守護するために次第に硬直化する必然性を内包」している。「ユートピアを掲げる社会主義」は自らの体制を「絶対化し人間をそのための道具として扱うことに躊躇することはない。人間のために革命を行い新たな体系を立ち上げたのだが、結果は人間がその体系のために存在することで奴隷化する他はないのである。」[22]

ここでわれわれは民衆神学内の多様性を見出すことができる。徐南同教授は社会主義実現を歴史の必然とみなしそれを民衆運動の目的として設定する反面、安炳茂教授は社会主義に反対する。こうして彼は社会主義実現が民衆運動の目的ではなく、歴史の目的にもなり得ないことを示唆している。徐南同教授はマルクスの歴史解釈に大きく依存しつつそれを聖書の伝統とつなげる反面、安炳茂教授はマルコ福音書に記録された史的イエスのオクロス運動を自らの神学的根拠とした。マルコ福音書のオクロスをマルクスのプロレタリアと同一視する立場は安炳茂教授の作品から見出すことはできない。

3　民衆神学の聖書的根拠

民衆神学は自らの神学的根拠を旧約聖書の「ハビル」と「アム・ハアレッツ」、新約聖書の「オクロス」に見いだしている。旧約聖書においてイスラエルの民は本来「ハビル」と呼ばれてきた。カナンの地に移住したアブラハム、エジプトに売られたヨセフは「ヘブライ人」と呼ばれて来た（創世記一四：一三、三九：一四）。使徒パウロも自分がヘブライ人だと言い（コリ後一一：二二）、「（私は）ヘブライ人の中のヘブライ人」とも言っている（フィリピ三：五）。

古代中東地域においてハビルは「どこか一定の国籍があるわけでもなく、いかなる血縁集団でもなく、いかなる文化共同体でもない。それはある言語を共に用いる言語共同体ではなく、さらにはあちこちに散らばり、あらゆる社会や国家において最も下層に置かれた奴隷、農奴、流れ者、傭兵、工事現場の労働者」を指している。[23] 出エジプトにおいてイスラエルの民は明らかにこうしたハビル、すなわち民衆であった。バビロン捕囚時代にイスラエルの民は「アム・ハアレッ」と呼ばれてもいた。イスラエルの上流層がバビロンに連れて行かれた後、パレスティナの地に残され連れ去られた上流層の土地を分配された「下流階層を蔑視する意味として〝アム・ハアレツ〟と」呼ばれた。[24] ハビル、アム・ハアレッにおいて民衆神学は自らの聖書的根拠を見出した。

安炳茂教授は民衆神学の根拠をマルコ福音書が記述する「オクロス」に見出した。マルコ福音書は「イエスをとりまく悲惨な名もなき群れ」を指して「オクロス」と呼んだ。[25] イエスの譬え話の中である人物が宴会を開く際、最後に招待された目の見えない者、口の聞けない者、身体が不自由な者、路上の人々、また人間らしい扱いを受けられない「娼婦」、社会的に疎外された女性、徴税人と罪人、病者などを指している。ここで「罪人」とはオクロス、すなわち民衆のことを指している。イエス当時のイスラエル社会において「罪人」とは法に従って罰せられる人ではなく、「無知で貧しく律法を学べず、律法の定め通りに生きられず、そして日々の仕事に忙しいために律法を守れず、罪ばかり重ね、安息日も破り、十分の一献金も出せず、それゆえ当時の支配文化、支配階級、すなわち神殿体制、律法体制がそのような貧しい人々、卑しい人々に罪人というレッテルを貼った」、そのような人々を指していた。[26] 病にかかった人々、障がい者も罪人と呼ばれた。病や障がいは罪の帰結であると信じられていたからである。

第二世代民衆神学者として知られる金明洙（キム・ミョンス）教授はオクロスを次のように整理する。

「オクロスの範疇には経済的疎外階層（貧民層）と宗教的疎外階層（罪人）そして社会的疎外階層（病者、徴税人、罪人、こども）が属していた。…政治、宗教、経済、民族主義、社会の中心から周辺へと追いやられた群れ、これ以上この世ではいかなる希望も持つことができない限界状況に置かれている群れ、神の超越的で終末論的介入を唯一の希望として生きてきたアム・ハアレツ、彼らが他でもないマルコ福音書のオクロスである。[27]」

聖書が語る民衆、すなわちハビルとオクロスの代表的事件を民衆神学は旧約聖書の出エジプト事件と共観福音書のイエス事件に見出した。「旧約の出発点としての事件」である出エジプトは「当時の大帝国エジプトの暴政に苦しむ最下層のヘブライ人たちがこらえきれずに反乱を起こし脱出した歴史的事件」であり、「奴隷の強制労働と抑圧の体制に対する反乱・脱出事件」であった。旧約聖書が語る神は「本来、社会において抑圧を受け粗末にされてきた無念の人々の人権を保護し彼らを歴史の最前線へと導く存在だった」。彼らにとって神は「奴隷の人権を保護する奴隷の神」であり、「奴隷の無念の思いを晴らし人権を守る正義の神であった[28]」。出エジプトにおいて「神の救いは虐げられた者の解放であり、特に政治的自由を意味している[29]」。

新約聖書におけるオクロスの代表的事件は共観福音書が報道する「イエス事件」あるいは「イエスのガリラヤ宣教活動」である。この問題に関して民衆神学はブルトマンが力説した「史的イエス」あるいは「地上のイエス」と「信仰のキリスト」とを区別する。徐南同教授によれば、「二千年の間キリスト教神学を支配してきたものは使徒パウロの神学」であった。パウロは史的イエスに会ったことはない。

したがってパウロにとって重要なことは史的イエスではなく、すべての人の罪を赦す信仰のキリストであった。彼にとって重要なことは「人間の霊的救いであり内面に関する問題」であった。出エジプト事件に見られる救いの政治的、経済的、社会的次元は消え去り、罪からの内面的、霊的解放が神の救いとして理解された。ローマ帝国の「市民権も持たない卑しい者であるにも関わらず政治活動を」行い、「法によって十字架刑」を受けた「政治犯」として史的イエスは消え、「人間の罪を赦す神の偉大な愛をあらわす宗教的で偉大かつ永遠の象徴として十字架のみが空中に」掛けられた[30]。

民衆神学によれば、共観福音書の原本として知られるマルコ福音書において史的イエスの活動の第一の特色は「民衆を相手」とする「民衆宣教」であった。史的イエスあるいは地上のイエスは「民衆を相手に…宣教活動を行った。そして第二の特色は宣教活動の場がエルサレムではなくガリラヤだったという点である。エルサレムは首都であり支配者と地主が住んでいた。そしてガリラヤは肥沃な地でありながらも地主ではない農民と漁民が暮らす土地であった。すなわちガリラヤとは今日における民衆の故郷であり、それは民衆の地であった」。民衆の地で民衆を相手にイエスが「実際に行った宣教活動とは、貧しく虐げられ疎外された人々とともに彼らの病を癒すことであった」。彼の宣教活動の要点は「神の国」であった。「神の国は明らかに政治的な概念である」。それは「政権の差異よりも遥かに高く深い意味を持った…神の直接政治であった[31]」。

安炳茂教授によれば、イエスが世に来た目的は「貧しい人、囚われの人、目の見えない人、虐げられた人々に解放をそして〝恵みの年〟を宣布するため」である、とマルコ福音書は伝えている。「ここに列挙された人々も捨てられた社会階層の総称であり恵みの年とはまさに捕虜、奴隷、債務者など貧しく虐げられた人々を解放する年として究極的な神の国の影でもあった」。イエスは「祝福の対象として貧しい人、今飢えている人、今悲しみ泣いている人に神の国が彼らのものであると宣言する。…それは純粋に社会的階層に対する関心であると言わざるを得ない」[32]。このようなオクロスに対するイエスのガリラヤ宣教活動あるいは「イエス事件」において民衆神学は自らの根拠を見出している。徐南同教授はこれをプロレタリア革命運動とつなげようとした反面、安炳茂教授は聖書の伝統に留まった。北朝鮮で共産主義を経験した安炳茂教授は共産主義を認めることができなかったからである。

安炳茂教授は、初期キリスト教は「イエス事件」をイエスに対する「ケリュグマ」に、「史的イエス」を「信仰のキリスト」へとひっくり返してしまったと主張する。「世の罪を除く神の子羊」（agnus Dei qui tollis peccata mundi）、すなわち初期キリスト教の「信仰のキリスト」は、共観福音書が証言する「史的イエス」を歪曲したものだと捉えたのである。これはキリスト教に対するニーチェの批判と同一である。ニーチェによれば、史的イエスが死んだ後に登場したキリスト教の救済信仰は史的イエスを歪曲し、したがってキリスト教は史的イエスに対し失敗したことになる。

ここでわれわれは次のように問うことができるであろう。はたして初期キリスト教共同体の「信仰のキリスト」は「史的イエス」の歪曲あるいは誤解だろうか。ケリュグマのキリストとイエス事件はまったく関連性のない別物だろうか。史的イエスの「神の国」あるいは「天の国」運動は、「世の罪を除く神の子羊」のケリュグマと無関係だろうか。ニーチェが語ったように、宗教的制度としてのキリスト教はたしてイエスを誤解した結果だろうか。史的イエスの失敗であろうか。

この問いはさらに次の問いを生むであろう。旧約の出エジプトは明らかな政治的、社会的、経済的解放事件であった。それはエジプトの抑圧と搾取からの「脱出事件」であった。しかし、共観福音書の「イエス事件」、「ガリラヤ宣教活動」も出エジプトと同じ政治的、社会的、経済的解放事件あるいは脱出事件だろうか。史的イエスははたしてローマ帝国からの政治的、社会的、経済的解放あるいは脱出を追求しただろうか。イエスの救いは政治的、社会的、経済的解放事件に置き換えることができるだろうか。イエスよりも革命家や政治的解放運動家が救いを遥かにより確実に可視的にもたらしたのではないか。これらの問題も続けて議論されるべき民衆神学に対する批判的問題として残しておくことにしよう。

韓神大学のチュ・ジェヨン教授は民衆神学の根拠を韓国のキリスト教史に現れた民衆伝統に見出した。彼によれば、韓国のキリスト教は民衆によって受容された。「地主や貴族階層は先祖に対する祭祀のためにキリスト教を受容することができなかった。…民衆の民権運動と生存権運動が生じる歴史の中でキリスト教は接ぎ木され受容された。初期キリスト教に入信した動機において民衆は苛斂誅求と官吏の汚職から逃れる手段、また国の独立のために入信した場合が多かった。彼らにとってキリスト教入信は彼らの圧迫された生活と深く関連していた」。つまり「キリスト教は韓国において弱小民族、苦しむ民、虐げられた者、貧しい民に新しい希望と力の宗教として受容された」。…それは「民衆のキリスト教として形成された。…韓国キリスト教の主体は民衆であった」[33]。

3　民衆神学の問題点に対する討議

1　民衆は悔い改める必要がないのか

真の民衆はどこにいるのか。安炳茂教授は真の民衆とは何か監獄でようやく理解できたと語る。「監獄でわたしは性犯罪者、強盗や窃盗犯、暴力輩に出会いました。彼らは皆若者たちでした。わたしは彼らの罪状を報道で聞いていたときこのような人々は恥知らずで人間ではないと考えていました。けれども監獄でわたしはこうした自分の考えを修正するほかありませんでした。わたしは彼らのまったく異なる人間的な側面を見たからです。それはわたしにとって一つの衝撃でした。わたしは彼らに一般人よりもむしろ純粋な一面、教育を受けた人々よりもむしろ真実な一面を見たのです。彼らはとても開放的でした。言葉や行動に人為的な飾りはありませんでした。そして卑怯さはまったくありませんでした。彼らは何が正しくまたそうでないかをすぐに理解しました。それは教養ある人々の耳には聞き取り難い言語によって生そのものを表現するダイナミックな何かをあるがままに表出する真実な言語であることを見出しました。いわゆる道徳的な面から見ればもちろん彼らは非道徳的な人々でしょう。けれども人間として見るなら本当の人間でした。…この人々はいわゆる犯罪者です。けれども彼らは本当の人間です。この人々が権力によって傷つけられ踏みにじられました。わたしは彼らを犯罪者とみなす前に現在の矛盾した体制の一人の犠牲者として見るようになりました。こうした意味においてわたしはそこで民衆を新たに見出したのです」[34]。

安炳茂教授のこれらの言葉に、筆者は一面の同意を示したい。監獄にいる囚人たちには純粋な面があるからである。彼らは自らを巧みに飾ることができず、自らの考えと感情をそのままに露出する。これに反し監獄の外にいて学のある人々は自分を飾ることに長けている。教養人のふりをしながら中身は古狸だという場合が多いのである。

しかし監獄にいるすべての囚人を理想化することに対し筆者は同意することができない。監獄のすべての犯罪者が本当に「本当の人間」、純粋で偽りのない人間だろうか。仮にそうであれば、彼らに対しイエスを信ぜよと伝道する必要は無い。彼らは悔い改めを必要としないのであり、神の戒めに従って生きる必要もないであろう。教会に通う必要もなく、神のみ言葉を聞き学ぶ必要もない。彼らは彼らが考える通りに生きればそれでよい。彼らがすでに「本当の人間、純粋な人間、人間らしい人間」だからである。

これは民衆神学の独特の人間観を反映している。民衆神学は民衆の罪に対し沈黙する。民衆は不義なる社会体制の犠牲に他ならない。もし民衆に罪があるなら、それは不義なる社会体制によってそうなったに過ぎない。ゆえに民衆は自らの罪を神に対して告白するとか、懺悔するとか、悔い改める必要はない。すべては不義なる社会体制に還元される。民衆に要求されるのは罪に対する懺悔や悔い改めではなく、正義溢れる社会体制を建設する「歴史の主体」になるべきだということのみである。

このような民衆神学は韓国神学界の激烈な批判を受けることになる。保守系の神学者たちはもちろん、韓国神学大学の神学的リーダーの役割を担っていた全景淵教授、朴鳳琅教授、梨花女子大の朴淳敬教授も民衆神学を拒否した。すべての人間は神の前で悔い改めねばならない罪人であるというバルトの基本的立場は民衆神学の人間観を到底受け入れることができなかった。また、生涯に渡って西欧神学を紹介し「西欧神学のアンテナ」と呼ばれていた方が、突然既存のすべての神学に対し「反神学」、「脱神学」を主張し世界神学界の多様で豊かな土壌を無視し、[35]ひたすら民衆神学だけが真の神学であるかのように語る一方的な姿に多くの神学者は同意することができなかった。

また当時の民衆神学はその意図とは無関係に特定の政党を指示する姿にも多くの人々に拒否感を生じさせた。特定政党が政権を取ったとき、民衆神学の支持者の中には政界の要職を得て大臣待遇を得た者もおり、キリスト教機関の長の座を得た者もいた。すっかり有名人になり呼ばれるままにあちこちへと赴く「渡り鳥」もいた。「民衆神学で出世した人々」、「民衆でもないのに民衆神学で食べている人々」という言葉が人口に膾炙した。これに対し朴炅美（パク・ギョンミ）教授は「実存的で告白的な生と精神、真摯さと純粋さが前提」されてこそ民衆神学の理論には意味があると語った。[36]

しかし「実存的で告白的な生と精神、真摯さと純粋さ」を持つ民衆神学、あるいは支持者もいた。筆者の韓神大の二年先輩にあたる許炳燮（ホ・ビョンソプ）牧師、とイ・ギュサン牧師、そして基督教長老会の朴炯圭（パク・ヒョンギュ）、イエス教長老会統合派のキム・ジンフン牧師がその代表的人物である。彼らは民衆を語りながら「いい場所」を得ることに目ざとい切れ者（?）ではなかった。許炳燮牧師は民衆教会運動を行う中で病に倒れ早逝し、イ・ギュサン牧師は大学卒業後にその資格を隠して仁川のデソン木材に労働者として就職しながら労働運動を行い今は体を壊して療養している。彼らは本当に人間的で純粋な人々である。その他にも多くの先輩後輩たち、卒業生たちが純粋な生の道を歩んでいることはわが民族の希望と言わざるを得ない。

　本題に戻ろう。民衆神学は人間の罪ある本性の問題を真剣な討論の対象とはしなかった。独裁体制に対する闘争の中で個人の罪に対して論じる余裕がなかったことも原因だが、真の原因は罪に対する民衆神学ならではの洞察にある。それは民衆神学によれば、人間の悪しき本性によって生じるのではなく、不義なる社会体制、政治体制によって生じる。キリスト教が問題とすべき根本的な罪は個人のささやかな私的罪ではなく、力のないものを抑圧し搾取する公共的、体制的な罪である。個人の罪や悔い改めは「支配階層が被支配階層を押さえつけるイデオロギーの口実」とみなされる。[37] したがって民衆は罪を告白するとか悔い改める必要はない。悔い改めを通して「新たな被造物」、「新しい人間」として生まれ変わる必要もない。個人の罪は間違った社会体制に還元される。

　罪に対する民衆神学のこのような考えは史的イエスの言葉に背いている。地上のイエスは「神の国」を宣言しながら「悔い改めよ」（マルコ一：一五）と要求した。悔い改めは罪を前提とする。罪があるがゆえに悔い改めねばならない。「悔い改めよ」というイエスの要求は、民衆も利己的な罪ある存在であり、それゆえ民衆も悔い改めねばならないことを示している。この世に罪のまったくない存在、完全な人間は一人もいないからである。われわれはこのことをイエスの山上の説教に見ることができる。みだらな思いを持つだけですでに姦淫したというイエスの言葉は（マタイ五：二八）、人間はすでにその本性において罪人であることを示している。この世界にはみだらな思いを一度も持ったことのない男性はいないからである。

民衆神学はイエスが民衆の病を癒したという事実を強調する。しかしわれわれの福音書には次のような事実がある。すなわちイエスの治癒にはイエス自身に対する信仰が存在しているという事実である。すなわちイエスを神の子メシアと信じ彼に自らを完全に委ねるとき治癒の奇跡は生じる。福音書に明らかに記録されてはいないが、信仰はいきなり生じるのではなく罪の告白と悔い改めを前提とする。それを見過ごし史的イエスがただ病を癒したことだけを語るのは適切ではない。イエスは病を癒す自動機械のような存在ではなかった。

もちろん正当な賃金と正義溢れる社会のために戦闘警察と闘う中で民衆の罪と悔い改めを語ることは不可能であろう。だからといって民衆の罪と悔い改めに対し沈黙し、歴史の主体となる資質を備えていない人々、すなわち民衆をいきなり「歴史の主体」として純化するのは正しいことではない。

一九七〇年代、韓国では民衆教会運動がかなり活発に生じていた。けれどもこの運動はいつの間にか消えてしまった。その原因は何であろう。その原因は情報機関による監視の影響だったかもしれないが、韓国社会の経済発展と民主化にある。いわゆる「漢江の奇跡」を通じて民衆の経済的状況が大幅に上昇し、社会の民主化に伴い、かつてのように経済的に悲惨な抑圧された民衆が大幅に消えることにより、民衆教会は存在理由を失ったのである。しかし民衆教会がいつの間にか消えてしまった根本原因は民衆神学の人間観にある。すなわち、民衆はすでに「真の人間」であるがゆえに、悔い改めの必要もなく救われる必要もないという人間観により民衆教会は弱体化する他はなかったのである。

それゆえ民衆はクリスチャンになる必要がない。安炳茂教授は「クリスチャンを作ろうという意図はありません」という。[38] 安炳茂教授は語る。「民衆はすでに自分が行くべき道を知っておりその道を歩んでいるので、われわれがなすべきことはその道に従って行くこと」である。[39]「民衆は牧会の対象ではなく」自分が行くべき道をすでに知る「歴史の主人」であるがゆえに、[40] 彼らは救いを受ける必要がない。救いを受ける必要がないゆえに、クリスチャンになる必要もなく、教会に通う必要もない。民衆教会運動が消えていった内的原因はここにある。

2　堕落した人間が理想的世界をもたらすことができるのか

民衆が歴史の主体にならねばならない、メシア王国・神のシャロームをもたらす主役であらねばならないという言葉は大変魅力的に聞こえる。マルクスもこう語っている。すなわち無産階級、労働者が歴史の主体とならねばならないと。しかしこの言葉は深刻な問題を持っている。労働者も人間である以上、利己的欲望から抜け出ることはできない。組合運動をする労働者たちも袖の下を受け取るし、非正規労働者の正規採用に反対する。こうした民衆がはたして「歴史の主体」として「メシア的役割」を行えるだろうか。神のシャローム、神の国を実現することができるだろうか。彼らが引き起こす事件がはたして「神が介入した聖霊事件」と言えるだろうか。[41]
これらの問題をオ・ソンジョンジ教授は次のように指摘する。新約聖書を見れば「オクロス」という単語で示された人々の多くはイエスをメシアと信じることもなく弟子として従うこともない人々であることは明らかである。そうであれば「オクロス」が「メシア的役割」を行い神の救済史において能動的で積極的な役割を担いうるというのは矛盾した言葉になるであろう。[42]

罪ある本性を抜け出すことのできない人間が「歴史の主体」として純化されるとき何が生じるだろうか。変革されていない人間が社会を変革しようと立ち上がる。罪の渦中にある人間が罪のない社会を実現してみせると豪語する。罪の本性を抜け出すことのできない人間が権力を持つとき、権力欲に陥り恐ろしい独裁者へと変質するかもしれない。民衆出身の社会主義革命家たちが恐ろしい独裁者に変質した例をわれわれは世界の随所で見た。新たな独裁者の下で民衆は相変わらず被支配者、被搾取者の身分にとどまることが繰り返されてきた。

これはマルクスが語る共産主義理論の問題点でもある。マルクスによれば、プロレタリアすなわち民衆が世界史の主体となって資本主義体制を転覆させ、すべての人間が自由で、所有を分かち合い、誰もが平等な「階級のない社会」を実現しなければならない。完全なる共産主義社会が実現するまでプロレタリアが独裁しなければならない。しかし現実的にプロレタリアは統治能力を持っていないので、知識層が政権を掌握する。けれども知識層も罪ある本性を抜け出すことのできない人間であるがゆえに、彼らの臨時独裁は恒久的独裁へと変貌する。

マルクスの歴史解釈に従って徐南同教授は民衆が近代資本主義社会に続く社会主義社会を実現する世界史の主体になるべきだと語った。金容福教授は「民衆が主体」となり「メシア政治」を行うべきだと語った[43]。ここで金容福教授が語る「メシア政治」は民衆が「しもべの姿で互いに仕え交わり分かち合う共同体を形成する」ことを意味していた。

これら二人の民衆神学者の言葉はもっともらしく聞こえる。しかしこれは現実性を持たないロマン主義的な夢だと言えるだろう。「しもべの姿で互いに仕え交わり分かち合う」ことで国家を統治することができるだろうか。国家の経営と行政に対する訓練を受けることなく、行政経験のない日雇い労働者、農民、漁民、負債者、ルンペンや組織暴力団員が「メシア政治」を行い、メシア的統治を行うことができるだろうか。彼らが「世界史の主体」となることができるだろうか。彼らが国家を率いるとき、何が起こるだろう。国家の行政に関する知識と経験がまったくない人々が国家を統治するとき、無数の試行錯誤と失敗と非効率性が生じることになるであろう。

根本的な問題は堕落した人間が理想的な社会をもたらすことができるのかという問題である。筆者は、堕落した人間は決してそうした能力を持つことができない。少しはましな社会をもたらすことはできても理想的社会、理想的世界をもたらすことは不可能である。学があっても理想的社会をもたらすことはできないが、学んだ経験のない民衆にとってもそれはできない、と考えざるを得ない。その理由は、学があってもなくてもすべての人間は利己的本性を持つ存在だからである。堕落した人間の本性が変わらない限り誰であれこの地に理想的世界をもたらすことはできないであろう。民衆が選んだ民衆の代表が政権に就いても歴史の悪循環を抜け出すことはできないであろう。より良い世界を実現するという人々自身が腐敗と堕落に陥り、権力欲と所有欲の奴隷となってしまう姿をわれわれはしばしば見てきた。

これをわれわれは二〇世紀の共産主義、社会主義国家において如実に見ることができた。革命を通して国家権力に就いた新たな支配者も人間であるがゆえに、腐敗と独裁に陥るのが常であった。すべての人間の平等と基本権を約束した共産主義、社会主義国家が例外なく恐ろしい独裁体制、賄賂社会、腐敗社会へと転落した。すべての人間が平等な社会、すなわち「階級のない社会（Klassenlose Gesellschaft）」ではなく共産党という特定政党が民衆を抑圧し自由を剥奪する恐ろしい階級社会となり、「私有財産のない社会」ではなく、共産党員が国家財政を詐取し海外に資産を逃避させる不義なる社会となった。国家全体が情報機関の監視の中にある監獄となった。共産主義国家の中で最も道徳性が強いという東ドイツ社会も同じであったという。北朝鮮も例外ではない。

そうであれば、より正義に基づく人間的な社会をもたらすという民衆運動は不必要なのだろうか。そうではない。民衆は彼らの正当な権益と社会正義のために闘争し得るし闘争すべきである。正義溢れる社会を実現するためにすべての人々が不義に対立すべきである。しかし民衆が「世界史の主体」となり理想的社会が実現することが不可能なことはこれまでの世界史が示している。韓国も民衆の力によって経済発展と民主化をもたらしたが、世界でも自殺率が最も高い国、社会的葛藤が最も深刻な国となった。ほぼ毎週末ごとに抗議集会とそれに対抗する集会がソウル中心部で起こっている。資本主義が理想的社会をもたらすことはできないことをわれわれは目にしている。世界で最も豊かな国であるアメリカでも富裕層と貧民層の格差、ホームレス問題、人種間の葛藤、社会的暴力の問題を解決できずにいる。

理想的な社会、すべての人が平等で人間らしく暮らすことのできる世界は人間自らの能力によって実現不可能なユートピア（no place）のように思われる。その原因は何であろう。それは誰も「完全な」人間になることはできないという点にある。人間はその本性において利己的存在であるという点にある。利己的人間、不完全な人間が完全な社会を実現することは不可能である。ではわれわれにとっての究極的救いの道は無いのか。人類は絶えず利己心と罪と不平等と競争と葛藤と闘争の中で生きなければならないのか。絶え間ない核兵器の不安の中で生きなければならないのか。世界史はいかなる目的もない絶えざる苦難の連続なのか。民衆神学はこうした問題を省察し得る契機をわれわれに提供している。

3　個人の救い、人間革命は不必要なのか

聖書が示す神の救いを指してわれわれはそれを解放と呼ぶことができる。ここで解放とは大変包括的な意味を持っている。それは、（1）人間の利己的欲望と情欲からの解放、（2）罪と非人間性からの解放、（3）政治的抑圧、経済的搾取、社会的疎外と差別を始めとするあらゆる形態の不義からの解放、（4）これらすべてを生じさせる悪しき権力構造、社会体制からの解放、（5）飢えと絶対的貧困からの解放、（6）多様な形態の死の勢力と生命の危機からの解放、（7）各種の迷信と偽りの因習および伝統と無知からの解放、（8）人間の支配と征服と破壊からの自然世界の解放、（9）男性の横暴からの女性の解放、反対に女性の横暴からの男性の解放、これらすべての解放を通して神がもたらす「神の国」が実現することである。すなわち、すべての人間が神の統治の中で兄弟姉妹となりすべてをともに分かち合って生きることである。

民衆神学もやはり神の救いを解放として理解する。「われわれの目標はまさに解放である」[44]。しかし民衆神学が語る解放すなわち神の救いは主に政治的抑圧と暴力、経済的搾取、社会的疎外をもたらす悪しき権力構造からの解放、飢えと絶対貧困と政治的、経済的、社会的不義、悪しき構造からの解放に限定されている。「われわれは悪しき権力像を取り除かねばならずわれわれをそこから解放しなければなりません。…究極的目標は悪しき構造の除去にあります。われわれの目標はやはり解放なのです」[45]。

以上の引用からわれわれは、人間の悪しき本性、利己的欲望と情欲からの解放、罪の非人間性からの解放、つまり「人間革命」は民衆神学において真摯に考慮されないという事実を見ることができる。もちろん民衆神学が各自の変化、すなわち人間革命の必要性を完全に否定しているわけではない。しかし彼らはこれに対して沈黙し、社会的、経済的、政治的解放と民主主義回復を叫ぶ他はない当時の切迫した状況にあった。同時に、彼らの沈黙の原因は個人と社会に対する民衆神学者たちの基本的洞察にある。マルクスが主張したように、人間は生まれてから社会体制、特に経済的、物質的条件によって決定される「社会的存在」なのであり、社会体制の革命無き人間革命は不可能であると考えるからである。

民衆神学によれば、「社会を離れた個人は存在することができない」。「旧約には厳密には個人は存在せず部族だけがあった。（イスラエルの歴史は）言うまでもなくある部族の歴史であって個人の歴史ではなく、出エジプトが救いと関係があるとすれば、それはもちろん民族的救いであって個人のものではない」。「預言者は例外なく…その民族全体の運命を問題として呼びかけと絶叫によって闘った」[46]。ひたすら社会の中に人間が存在するだけである。もちろん人間革命が必要であることを民衆神学は認めている。

「社会革命において必要なことは人間革命である。しかし問題は人間革命は不可能だという事実である。いかに一人で宗教的そして倫理的で内的な決断をしてもこの世界の組織の中に巻き込まれ」個人の決断は無力であると民衆神学は考えている。[47]

個人と社会の関係に対するこのような考えにおいて民衆神学はいわゆる「社会救済」に集中する。魂の救い、個人の信仰的道徳的変化、死後の救いに主要な関心を示す保守系キリスト教に反し、民衆神学は現世的、社会的、物質的救いに関心を持っている。生の価値の問題を始めとする個人的、霊的、精神的問題に対しては沈黙し、政治的、経済的、社会的状況の変革に関心を寄せる。このような民衆神学の立場はマルクス思想の立場と一致点を持っている。やはりマルクスも社会、政治的、経済的解放を中心課題としたからである。ゆえにある民衆神学者は「唯物論的神学」あるいは「物の神学」を主張する。[48]さらに民衆神学は個人的救済を否定する。「旧約には…個人はなく部族だけがあった」。したがって旧約における救いは「民族的救い」であり「個人の救い」ではないと安炳茂教授は語る。

救いに関する民衆神学の集団論的理解は妥当ではない。聖書によれば、それは神と各人の人格的関係を通じて決定される。信仰とは神と各人の人格的関係である。人格的関係は人格と人格間にのみ存在する。わたしの代わりにある集団がわたしと神の関係を代行することはできない。悔い改めはわたし自身がすべきであって、他の誰かが代わりに悔い改めることはできない。神の救いもわたし自身が信仰の決断の中で得ることができるのであり、ある集団や国家がわたしに与えてくれるものではない。「人は自分の過ちのゆえに死ぬのだ。酸っぱいぶどうを食べる人は、誰でも自分の歯が浮く」(エレミヤ三一・

三〇）という言葉は、救いは各自の問題であることを示している。キェルケゴールが強調したように、信仰と救いの問題において集団主義は存在し得ない。集団的救いは存在し得ない。教会が国家教会になるとしても、すべての国民が一夜にして集団的に救いを受けることはない。宗教改革時代の再洗礼派と霊性主義者が殉教しながらも国家教会制度に反対した理由がここにある。各自の悔い改めと信仰的決断の無い社会的救い、民族的救い、集団的救いは存在しない。

4　イエスと民衆、イエス事件と民衆事件の同一視、同一化

この間指摘されてきた民衆神学の最も大きな問題点はイエスと民衆の同一視と同一化にあった。すなわち「イエスは民衆である」、「民衆はイエスである」、「民衆がメシアである」という陳述である。十字架の苦難を受けたイエスはただ二千年前の過去の存在ではなく、苦難を受ける民衆の中に現在的に現存するということである。これに基づき民衆神学はイエスがすなわち民衆であり、民衆がイエスあるいはメシアであると両者を同一視する。これに対する代表的根拠として民衆神学はイエスの「最後の審判」の譬えを示す（マタイ二五章）。「小さな兄弟たち」すなわち民衆に行ったことはイエス自身に対して行ったことであり、小さな兄弟に行わなかったことはイエス自身に対して行わなかったことである。これに基づき民衆神学はイエスと民衆を同一視する。

安炳茂教授はこれに対する根拠をイエスの生と苦難に見出している。彼によれば、イエスは民衆出身であり、彼の言語は民衆の言語である。彼は「民衆の友」であると同時に民衆の「家族」であった。イ

エスの十字架の苦難は民衆の苦難であり、民衆の苦難はイエス自身の苦難であった。「苦難を受けるものは誰一人個人ではなくまさに自分たち民衆の苦難」であった。「イエスの事件は今教会の中ではなく城門の外で、それも神もイエスの名も呼ぶことのない現場において起こっているのです[49]」。

ここで安炳茂教授はブルトマン神学の影響の中で主客図式を拒否する。彼によればイエスの存在を過去におけるある客観的存在として、「超自然的存在」と考えることはイエスを殺すことである。そのようなイエスは「神—人」として「信仰の対象」となるだけであって、「歴史的現実の中で苦闘する生とはいかなる関係もなく単なる逃避の場として意味があるだけである[50]」。つまり彼は今のわれわれの生の現実とは無関係な存在になってしまう。イエスが聖霊において今も生きている方であるのなら、彼は現在的にすなわち現存する存在として理解されなければならない。イエスは「ある一個人ではなく、まさに自分たち、すなわち民衆の苦難」なのである。「苦難を受けるイエスはそれを伝承する名もなき民衆の姿そのものなのです[51]」。こうして「イエスの人格は私的人格ではなく民衆の」集団的人格として理解される[52]。すなわちイエスは民衆の中に、民衆として現存し、民衆はすなわち苦難を受けるイエスとして理解される。

こうした理解を台湾の神学者ソン（C. S. Song）は次のように語っている。「拷問され殺害された民衆の中に、われわれは拷問を受け十字架にかけられたイエスを見る。…簡単に言ってイエスとは十字架にかけられた民衆のことだ[53]」。これを指してモルトマンは「民衆メシアニズム（Volksmesianismus）」と呼び、東学農民革命にその由来を見出している[54]。

徐南同教授は次のようにイエスと民衆を同一視、同一化する。「イエスは民衆と自分を同一化」した。[55]「メシアは苦難を受ける隣人として化身しわれわれに接近します。そうした意味で民衆がメシアなのです。…そうした意味でいま苦難を受ける人（民衆）が新しい歴史、新しい社会を建設する主役となる、そういう話です[56]」。さらに徐南同教授はイエスを指して「民衆の人格化、民衆の象徴」と語る。[57] イエスと民衆の同一化は神と自然の同一化へと拡大されもする。「自然を神といっても、歴史を神といってもいいのです[58]」。

イエスと民衆の同一化はイエス事件と民衆事件の同一化へと拡大される。イエスが民衆であり、民衆がイエスであれば、民衆事件はイエス事件である他はない。神の救いがその中に生じる「イエスの事件」は社会構造的変革を追求する「民衆事件」あるいは「民衆運動」の中で現在化される。イエスはただ教会の礼拝の中でのみ現在的に経験されるのではなく、民衆事件の中で現在的に経験される。われわれは「民衆事件を通してキリストを現在的に経験」する。[59] イエスの事件は単なる過去の事件ではなく、民衆の政治的、社会的事件において「今ここで」生じている。イエス事件は「今日の民衆事件を通じて再現される[60]」。イエスの「復活事件の現場」をわれわれは単に二千年前の復活事件に見るのではなく、「物理的力を最上のものとし、死によって脅し絶えず抑圧する現場」に赴かねばならない。三・一運動（一九一九年）と四・一九革命（一九六〇年）は「不法者の手にかかって死に再びよみがえったキリストの復活事件の具現化と言える[61]」。安炳茂教授が彼の師であるブルトマンから学んだ実存論的同一化の構造がここに用いられている。

徐南同教授はこれを「聖霊論的─共時的解釈（pneumatological-synchronic interpritation）と伝統的キリスト論的─通時的解釈（christological-diachronic interpritation）」を対比させつつ説明する。キリスト論的、通時的解釈とは過去の人物や事件が現在と過去の時間的間隔の中にある過去のものとして経験されることを意味するなら、聖霊論的─共時的解釈とは過去の人物や事件が聖霊の現存を通じて時間の間隔を克服し現在的に経験されることを意味している。後者の解釈方法によれば過去に起こったイエス事件が「今…再び発生するものと」考えられる。[62]

民衆神学のこのような考えはこの間激烈な批判の対象となった。保守系列の神学者たちはもちろん進歩系列の神学者までもが深刻な憂慮を示しながら、民衆神学に対し距離を置いた。史的イエスは苦難を受けた民衆として廃棄されてしまい、苦難を受けた民衆がイエスに取って代わるからである。極言すれば、イエスは消え、世界史の主体である民衆だけが存在することになる。民衆がイエスであれば、キリスト教はイエスではなく民衆を信仰の対象としなければならないであろう。イエスではなく民衆を礼拝しなければならず、民衆に向けて祈らなければならない。

もちろんわれわれはイエスと民衆、イエス事件と民衆事件の同一視、同一化に対する民衆神学の本来の意図に十分同意することができる。しかし「イエスは民衆だ」という言葉には同意できても、「民衆がイエスだ」という言葉には同意できない。「イエス事件は民衆事件だ」という言葉に同意できても、「民衆事件がイエス事件だ」という言葉には同意できない。隣人と民族のためわが身を火に引き渡しても、「わたしがイエスだ」ということはできない。民衆解放運動がすなわちイエス事件であれば、世界のすべての革命と解放運動もイエス事件であろうか。一九一八年帝政ロシアで起こった共産主義革命、韓国の東学運動、ラテンアメリカの社会主義革命も、暴力と血を伴うこれらすべての事件もイエス事件であろうか。少なくともイエスの事件は神の子の事件であり、イエス以降のすべての解放運動あるいは革命は人間の運動だという点において両者は区別されるべきではないのか。

もちろんわれわれはイエスと民衆、イエス事件と民衆事件の同一視、同一化の本来の意図に同意することができる。しかしその意図がいかに良いものであっても、誤解を受ける過激な言葉で自らの考えを表現するのは知恵のあるやり方ではない。「われわれが今日キリスト教を信じるとは奴隷の反乱事件を信じることであり、ヤハウェの神に仕えるとはまさのその奴隷の反乱の神に仕えることです」[63]という言葉も民衆神学に対する拒否感を招きかねない。

深い愛の瞬間にあなたとわたしは一つとなる。あなたはわたしと、わたしはあなたと感じられる。二つでありながらも一つに結び合わされているがゆえに、すべてを語り合い、すべてを分かち合う。しかし深い愛の瞬間にもあなたとわたしは区別される。区別の中の一つであり、一つでありながらも区別される（Einheit in Unterschiendenheit, Untercshiendenheit in Einheit）弁証法的過程があるのみである。主客図式をわれわれがいかに克服すると言っても、主体と対象は区別する他はないのが人間実存の限界状況である。したがってイエスと民衆、イエス事件と民衆事件も一致の中で区別されねばならない。

4　教会と神学に対する民衆神学の貢献

先にわれわれは民衆神学のいくつかの問題点を考察した。こうした問題ゆえに民衆神学は大部分の神学者とキリスト教指導者に拒否された。「民衆ではないくせに民衆神学をする」という皮肉も聞かれた。これは正しい学問的批判ではなく、単なる皮肉に過ぎないと筆者は考えている。神学者が民衆神学をしなければ誰が民衆神学をするのだろう。労働者が神学をするだろうか。人にはそれぞれの役割と機能が与えられているということに留意する必要がある。

先述のように、民衆神学に深刻な問題点があることは事実である。しかしキリスト教の歴史に登場した多くの神学の中で問題点のない神学は一つもない。[64]有名なルター、カルヴァン、シュライアーマッハ、バルトの神学にも時代的、状況的限界と問題点がある。それと同時にその中にはわれわれが捨てることのできない貴重な宝も含まれている。それらの宝を学ぶためにわれわれは神学の歴史を学ぶ。韓国の民衆神学も同じである。民衆神学の中にもキリスト教が決して失ってはならない貴重な宝がある。また民衆神学はすべてのキリスト教神学者が真摯に省察すべき重要な方法論的諸問題を提起している。韓国のキリスト教はそれを突き放すのではなく自らの遺産として保存すべきであろう。その中のいくつかを以下のように示してみよう。

1 真の意味の状況神学、現場神学

徐南同教授が語ったように民衆神学は一つの状況神学であり現場の神学である。[65] それは民衆の現実的、具体的問題に対し「応答する神学」である。朴炅美教授によれば、民衆神学は「神学者の書斎で構想された神学ではなく、キリスト者が韓国民衆の苦難と叫びに耳を傾け民衆とともに軍部独裁と収奪搾取体制に抵抗する現場で誕生した神学である。こうした点で民衆神学は現場の神学であり、抵抗の神学であり運動の神学である」。「玄永學は清渓川スラムの民衆の生活を全身で体験しながら民衆の言語に目を開き、…このような民衆の現実に対する深い洞察が玄永學をして民衆神学を構成させしめるよう刺激した」[66]。

民衆神学の状況的性格は神学がどこに根を下ろすべきかを提示する。本来状況神学という言葉は二十世紀にパウル・ティリッヒが初めて用いたと言われている。『組織神学第一巻』で彼は、根本主義神学あるいは伝統主義神学は神の永遠の真理、すなわちドグマから出発し人間世界の状況に対する応答を示すと語る。この応答は天から石ころが落ちてくるように「上から」生じるために状況に対する妥当性を持つことができず空回りしてしまう。その代表的神学がバルトの新正統主義神学だとティリッヒは言う。

これに反しティリッヒは神の「永遠の真理と状況の相関性」を追求すると主張した。すなわち状況において生じる問題が何であるかを分析し、その問題に対する応答を神の永遠の真理から示そうとした。このような点においてティリッヒの神学は神の永遠の「真理と状況（Botschaft und Situation）」、「相関関係の方法（Methode der Korrealation）」を用いる「状況神学」であり、状況からの問いに対する「応答神学」だと言えるであろう。[67]

このようにティリッヒが分析する人間の実存的状況の「問題」は何であろうか。理性の領域においてこれは「自律と他律（Autonomie und Heteronomie）」、「相対主義と絶対主義（Relativismus und Absolutismus）」、「形式主義と感情主義（Formalismus und Emotionalismus）」が互いに「葛藤」を生じさせる問題であり、[68]存在の領域においてそれは「客体化と参与（Individualisation und Partizipation）」、「力動性と形式（Dynamik und Form）」、「自由と運命（Freiheit und Schicksal）」が互いに葛藤を生じさせる問題である。[69]これらの問題に対する「応答」を神の永遠の真理から提示することで、神の永遠の真理と人間の実存的状況の相関関係を回復することが神学の課題であり、このような点において彼の神学はバルトの「教義学的神学（dogmathische Theologie）」に対置される「状況神学、応答神学」だと言えるであろう。

ティリッヒが語る状況の問題は具体的な生の状況からは遊離している。人間にとって最も一次的な問題、真に実存的な問題は飢えを解決し自らの生命を維持することにある。飢えを解消すること、すなわち食こそがすべての人間にとって最も実存的な問題なのである。食べられなければ死ぬ。この切実な実存の問題から照らすとき、ティリッヒが語る「自律と他律」「相対主義と絶対主義」などの葛藤の問題はあまりに抽象的である。こうした意味でティリッヒの神学は抽象性を抜け出ておらず、厳密な意味における「状況神学」ではないと言うべきであろう。

これに反し民衆神学は最も実存的な問題、すなわち貧困と飢えと疾病と抑圧と搾取の問題から始められた。これらの問題は抽象的ではなく、人間の体と胃袋と直結した最も現実的で実存的な問題から始まり、それらに対し神の言葉からの応答を試みたのである。民衆神学のこうした意図を示す代表的な論文としてわれわれは徐南同教授の「貧困の社会学と貧民の神学」をあげることができる。[70] この論文において彼は無許可で居住する人々の貧困と人権に関する具体的資料を提示し「貧困の社会学」と貧困の問題を神学的に論ずる「貧民の福音」を結合させている。ティリッヒの状況神学がまったく論ずることのない生活と社会に関する具体的な内容がここでは論じられている。

こうした問題に対する応答として民衆神学はティリッヒのように対立する両者の「均衡(Gleichgewicht)」ではなく「解放」を提示する。韓国人のハンを解くための道は不義なる体制の抑圧と搾取と疎外からの解放にある。こうした意味で民衆神学は南米の解放の神学とともに人間の切実な現実的、実存的問題から出発する、真の意味における「状況神学」、「現場神学」だと言えるであろう。

聖書の言葉も特定の歴史的状況に生じたものであることをわれわれは留意する必要がある。例えば使徒パウロの書簡はパウロが生きていた当時彼が立てた教会共同体の状況に対して宛てられている。預言者たちの言葉とイエスの言葉も同じである。したがってキリスト教神学は聖書の言葉と現在の状況、これら二つをつなげなければならない。保守系列神学のオ・ソンジョン教授もこれを認めている。「神学が具体的な特殊状況の中で生成され発展する属性があることは周知の事実である。福音のメッセージは普遍的本質的内容を持つが、また常に新しい時代、新しい状況にしたがって的確な神学的解釈と作用を生じさせねばならない実践的側面があることも事実である[71]」。

民衆神学はまさにこれを試みたのである。神学はいわば聖書の「永遠に変わらない絶対的な何か」、「正統的な何か」をオウムのように繰り返すものではなく、今日われわれの具体的な状況と問題に対し神が何を語るのかを聖書に求め、それを証言すべきであることを民衆神学は示している。安炳茂教授を始めとする第一世代民衆神学者たちはこれを理論的にはもちろんのこと、彼ら自身の身体によって証言した。彼らは「思弁的な理論体系を樹立しようとした〝机上〟の神学者ではなく、民衆の声を代弁するためにガリラヤ教会を立て民主化と人権運動の前線に立ち幾度も拘束され獄苦を舐めた〝現場〟の神学者である。こうした意味で彼らはイエスが示した十字架の苦難の道に従ったイエスの真の弟子であると言える[72]」。

2 イエス事件の公共的、啓示史的意味

民衆神学はイエスの存在と事件をただ過去に生じた過去の事件と見るのではなく、今日の歴史的現実の中で生じる現在的事件として捉えようとする。イエスと民衆、イエス事件と民衆事件を同一視するほどにイエスと彼の事件を現在的に捉えようとしている。

イエスとイエス事件の現在化はまずすべてのキリスト者の霊性において生じる。愛の霊性は主客図式を克服するのはもちろん、時間と空間の隔てを克服する。遠く離れた対象、過去にあった対象が今自分の傍らに、自分の中にあるものとして認められる。愛の霊の中で主体と客体は一つとなる。愛の霊、すなわち聖霊においてイエスとイエス事件の現在化が生じる。二人または三人が集まるところにはわたし

はあなた方とともにいるとイエス自ら語っている。二千年前に生じた十字架の死と罪の赦しが聖霊において今日われわれの実存の中で現在的に生じる。二千年前のイエスは過去の人物にとどまらず、今日「われわれの中に」いる現在的な存在として経験される。

ここで民衆神学の重要な貢献はイエスとイエス事件の現在性を今日の政治的、社会—経済的領域において発見する点にある。イエスの存在と事件の現在性が個人的霊性の領域を超え政治、経済、社会の領域にも生じていると民衆神学は主張する。イエス・キリストは個人の主、教会の主 Kyrios であるのみならず、人間の生のあらゆる領域における主でなければならない。彼はキリスト者の心と教会共同体の中だけに現存し活動する存在ではなく、生のあらゆる領域の中に現存し活動する存在だということを民衆神学は明らかにしようとする。このことがもっとも先鋭的に現れる現場を民衆神学は民衆運動に見出している。民衆運動の中に「今イエス事件が再び発生」しているのだ[73]。

神が語る神の救いは個人と社会を包括する「全体的救済」あるいは「統合的救済」であるという事実にわれわれは留意する必要がある。出エジプト事件はイスラエルの民が「神の民」として再び生まれた霊的救いであると同時に、エジプトの経済的収奪、政治的弾圧、社会的疎外から解放されたいわゆる社会的救済であったことをわれわれは否定できない。旧約聖書が語る神のメシア的統治、イエスが宣べ伝えた「神の国」は単なる霊的なもの、個人的なものではなく、個人の霊と肉、社会と生態系と歴史を含んだ包括的なものである。

いうならば個人的救済と社会的救済は対立的なものではなく、同時に生じるべき統合的なものである。

これらは神の総体的な救いの諸側面である。人間と社会が相関的関係にあるように、人間改革と社会改革、個人的救済と社会的救済も相関的関係にある。相関的関係にあるこれら二つの側面の中に民衆神学は社会改革と社会的救済を強調した。こうして民衆神学は教会が等閑視する部分を補完する。われわれが日帝に対する三・一万歳運動に教会が積極的に参与したことを誇らしく考えるのであれば、韓国社会の正義の回復と民主化に寄与した民衆神学も誇らしく考えるべきではなかろうか。

個人的救済に対するオ・ソンジョン教授の考えは妥当であろう。「罪の赦しと義認のために死に復活したキリストの恵みによって生まれ変わった信者が、その十字架の死と復活につらなる者、また〝新しい人間〟、またキリストに従う弟子として、内在する聖霊の働きに力を得ることで欲心と情欲を制御し、〝キリストの香り〟、〝キリストの手紙〟、〝キリスト・イエスの人〟となり、〝地の塩、世の光〟として自らとこの世を変革することができる」[74]というオ・ソンジョン教授の言葉は、民衆神学者はもちろんすべてのキリスト者が深く肝に命ずべき言葉である。しかし個人が社会を形成すると同時に社会が個人を決定するという点もわれわれは否定することはできない。正義溢れる社会を実現するには、個人が正義溢れる存在へと変革されねばならず、個人が正義溢れる存在となるためには、社会構造が正義に従って変革されねばならない。こうしていわゆる個人的救済と社会的救済は一つの硬貨の両面と同じであると言えるであろう。

民衆神学に個人的救済が弱い点は否定できない。しかし多くの労働者が非人間的労働環境の中で賃金を搾取され、病にかかっても病院に行くこともできず、言論は統制され、「労働者と学生が焼身自殺し、情報機関に連行されて拷問を受けた末に殺され、デモに参加した女子学生が警察に連行され拷問担当刑事たちに性的暴行まで受ける一九七〇年代当時の状況において」、「民衆神学は個人の悔い改めと救い、人間の普遍的罪深さの代わりに、不義なる体制の罪悪を指摘し社会的救済を強調せざるを得なかった[75]」。実に教会がなすべきことを民衆神学が代行したと言えるであろう。

しかしここで重要な方法論的問題が提起される。はたして地上のイエスが社会的救済を追求したのかという問題である。「神のもの」と「皇帝のもの」は区別されるというイエスの言葉は、いわゆる社会的救済の運動を拒否しないであろうか。史的イエスによる代表的働き、すなわち病気の治癒と悪霊追放は、イエスがこの問題に集中したことを示さないであろうか。ここでわれわれは次の事実に留意する必要がある。

（1）本来聖書においては神のものと皇帝のものとは厳密に区別されてはいないという事実である。地上のすべてのものが神のものだと聖書は始めから語る（例えば詩二四編一節）。すべてのものが神のものであれば皇帝のものも神のものである。

（2）イエス当時のイスラエル社会は宗教と政治が結合した社会であった。イスラエル民族の最高統治機構であったサンヘドリンの最高議長は大祭司であった[76]。すなわち宗教指導者は政治指導者でもあった。「宗教的実在は本質的に政治的であり、社会的であり、経済的であった[77]」。

こうした社会においてイエスのすべての行為は宗教的な意味を持つと同時に政治的、社会的意味を持たざるを得ないという事実にわれわれは留意しなければならない。「神の祈りの家」が「強盗の巣となった」というエルサレム神殿に対するイエスの批判は（マタイ二一：一三）、宗教批判であると同時に神殿と結託する政治勢力に対する批判でもあった。時代を問わず、真の強盗は金集めに忙しい政治権力者たちである。したがって病気の治癒、悪霊追放、神の国の宣布、神殿批判などのイエス事件は単なる宗教的事件ではなく、「社会経済的―政治的正義に対する関心」[78]から出た、社会経済的、政治的事件でもあった。それは当時の体制全般に対する否定の意味を含んでいる。イエスが十字架による死を遂げる他なかった現実的理由がここにある。そうであれば不義に対するすべての抵抗運動はイエス事件の「再現」とは言えなくとも、最小限それとの関連性を持つと言えるであろう。

ここで重要な問題は、われわれはイエス事件を個人の霊的救済にのみ関係した私的、宗教的出来事として捉えるのか、社会と歴史全般に対する意味を持つ公共的、世界史的出来事として捉えるのかの問題である。仮に前者の立場をとるならば、イエス事件は個人には意味があっても今日われわれの政治的、経済的、社会的現実とは無関係で無意味なものとなるであろう。

しかし、神はご自身が創造した世界の中から不義が取り除かれ、正義が実現することを望むであろう。全世界が神の被造物だからである。ゆえに旧約の預言者も全力を尽くして神の正義を要求した。預言者が伝えた神のメシアは地上に正義をもたらすものとして期待された。メシアとして到来したイエスはオクロス、すなわち民衆とともに生きた。彼は「小さな兄弟たち」の中で現存しつつ、律法が要求する神の正義を実現しようとした。これに関する多くの証拠をわれわれは福音書に見出すことができる。大祭司とファリサイ派よりも罪ある女性が先に神の国に入るであろうというイエスの言葉（マタイ二一：

三二）は、当時ローマ帝国の政治権力と結託していた社会支配層の偽善と嘘を暴露し、神の正義を実現する働きだと考えられる。それは嘘と偽善と不義に満ちた当時の社会体制に対する否定である。イエスが宣布した「神の国」も不義なるこの世に対する否定である。それは暗闇の世界に対立する光の世界である（「光は闇の中で輝いている。闇は光に勝たなかった」ヨハネ一：五、「闇の中に住む民は大いなる光を見た」マタイ四：一六）。イエスの存在自体が悪しく不義なる世界に対する否定である。彼は暗闇の世界に対立する光だからである（「私は世の光である」ヨハネ八：一二）。これらの点からイエス事件は世界史において「もっとも偉大なる革命」（Hegel）であった。

イエス当時の社会的状況から見るならば、権力者によって殺されたイエスが再び生き返ったということ、すなわちイエスの復活は何を意味するであろう。それはローマ帝国において最も悲惨な刑罰である「十字架による死」が「もっとも高いもの」となったことを意味している。ヘーゲルは次のように語っている。「もっとも恥辱に満ちたもの」が「もっとも高貴なもの」になったのであれば、権力者が行使する世俗の秩序、すなわち「人間の共同生活における頼るべきもののすべてが事実上攻撃を受けて動揺し、解体された」。「帝王たちを玉座から引きずり下ろす基礎が与えられた」。ここに「革命的要素」がある。[79] イエスの十字架にかけられた「ナザレのイエス、ユダヤ人の王」ＪＮＲＩという言葉は、イエスが政治犯として処刑されたことを証明する。このイエスが再び生き返ったということは、罪と不義と死の世界が倒され、神の義に溢れる真の命の世界が始まったことを表している。こうした点から復活はメシア的意味を持つ事件であった。

復活したイエスが「小さな兄弟たち」、すなわち民衆の中にいるのだとすれば、「イエス事件」はこの地上に正義を実現しようとする、宗教を超越したすべての民衆運動の「初穂」（コリ前一五：二〇）、あるいは「初めの者」（コロ一：一八）、あるいは「基」と言えるであろう。民衆神学が主張するように正義溢れる世界を実現しようとしたすべての民衆運動は、初めのものあるいは基、初穂となったイエス事件の現在化、具体化（Vergegenwärtigung, Konkrertisierung）とみなすことができるであろう。無限の愛と正義の霊である聖霊を通じてイエスは信者たちの共同体はもちろん、この世の「小さな兄弟たち」の中におられるからである。

しかし人間のあらゆる組織と運動の中には「否定的なもの」（das Negative, Hegel）が存在する。すべての人間の中に罪性があるからである。したがって民衆事件の中にも否定的なものは存在し得る。人間的な動機と不義な要素が潜み得るのである。したがって「民衆事件がイエス事件だ」と両者を同一なものとみなすことは妥当ではない。両者はつながっていると同時に区別される。イエスは神の子であり、民衆は有限な人間だからである。有限な人間の事件が神の子イエスの事件に置き換えられることはない。前者が後者に置き換えられる場合、利己的本性を抜け出すことのできない人間の事件だけが残る。悪循環は反復される。

3　宗教の偽りの霊魂主義と隠蔽された物質主義の修正

以上の内容と関連し民衆神学の貴重な貢献は、神の救いが個人の魂の中はもちろん政治的、社会―経済的領域、金と物質の領域においても生じるべきことを強調する点にある。これによって民衆神学は救済論の霊魂主義的偏向を修正しようとした。一般的にキリスト教信仰において神は人間の魂と関係する存在として考えられ、神の救いは魂の救いとして考えられる。ゆえに教会は「救霊」すなわち魂の救いに集中する。このことは妥当性を持ってはいる。邪悪な人間の本性が変化しなければならないからである。

しかし安炳茂教授によれば、魂の救いあるいは「霊魂の救済」は「旧約の伝統ではなく、キリスト教の状況的産物である。初代教会がヘレニズム文化圏、中でも霊知主義という神秘思想が大流行する場に浸透する中でキリスト教を弁論するために彼らの用語を借りたのである」。パウロが語る霊あるいは魂とは人間の一部あるいは「ある実体」を指すのではなく「生の方向」を指している。パウロがしばしば使う「体」（soma）の概念は「わたし」という人格全体を指している。したがってパウロが語る救いは人間の一部分としての霊の救いあるいは霊魂の救いではなく、人間の「人格全体」の救い、すなわち全人的救いを指している。もしパウロが「救霊運動」だけに専念したのだとすれば、ローマに連行されそこで殺される必要はなかったであろう[80]。

結論的に聖書が語る神の救いは全人的救いであり、神の統治、神の国がこの地上に実現する総体的救いである。「神の国は救いの究極的現実である[81]」。神の国には、人間はもちろんのこと物質の領域も含まれる。物質も本来神に属する神のものである。これに民衆神学は物質の領域、経済の領域においても神の正義と神の国が実現すべきであると主張する。教会は金銭に関心を持つが、民衆神学は飢えた人々の「貧困問題」に関心を持つ。「現代の貧困問題は生存の基本的必要を充足できないことでありそれは絶対的貧困であり、またそれは剥奪の結果」である。それは「生活の権利・生存の権利を剥奪されることであり…まさに人権の侵害」となるからである[82]。

これと関連し、筆者は韓国教会のもう一つの矛盾した姿を見出している。多く牧会者が魂は聖なるものであり物質はいずれは消える儚いもの、俗なる無価値なものだと教えている。こうして物質は無価値であると教えながら教会自身は物質を追求している。聖なるものだと教えている魂は失われ俗なる無価値なはずの物質、すなわち金銭が教会を支配しているかのようである。金さえあれば長老になれる。こうして教会は「富める者の教会」となる。これを指してわれわれは「唯物化[83]」、物質主義化と呼ぼう。筆者がある親戚に「イエスを信じて教会に通いなさい」と誘ったところ、「教会でも問題となるのは金だ」という答えが返ってきた。また小学校時代の友人を教会に誘ったところ「カトリックなら千ウォン札で済むが、プロテスタントは万ウォン札が必要だ」と言う。ある宗教では「小切手が必要だ」という声もある。その宗教が発行する千万ウォンのお守りもそれほど高い部類ではないのだとも。そうして集めた金で牧師は美しい霊性を備えてBMWを乗り回すのだと。

これらの言葉は世俗と世俗の物質主義を超越するという宗教一般の偽りの霊魂主義、隠蔽された物質主義、マンモニズムを表している。「大切なのは魂だ。物質は偽りだ」と教えながら内部では物質を追求する宗教の偽善を表している。「金銭に執着するな」と教えながら教会は金銭を追求する。「上部構造」(Überbau)を高尚なものとみなしながら「下部構造」に属するものを追求する。「十分の一献金をしないと神のものを盗むことになる」と言って十分の一献金をさせ、さらに宣教献金、建築献金、奨学献金、各種定期献金、主日献金など無数の献金をしなければならない。これに応じなければ教会の中で無視される。こうして入った献金が「牧師・長老とその二世」の「遊興、密輸、高利貸し、横領、飲酒、娯楽」に流用される。[84] 一部の献金は「牧師の功績を称えるために、写真を撮るために」教会の外的成長と牧会の成功を可視化するために使われる。もちろんそうではない教会が多いことも忘れてはならないが。

一般的に多くの牧会者はマルクスの物質論（唯物論）を異端視して批判する。しかし彼らの教会はマルクスが語る唯物論とは比較にならない幼稚で浅薄な唯物論にとらわれた姿を示している。血のにじむような献金で教団内政治を行い、教会は自分の所有物であるかのように子どもに教会を世襲する。牧会者の偽りの姿に失望した多くの人々が「カナアン信徒」［訳注：「教会に行かない信徒」、韓国語の「行かない（アンナガ）」をもとにした言葉遊び］となって教会を離れる。オク・ソンドゥク教授によれば「貧しい信徒、非正期職の信徒」がカナアン信徒の第一第二の範疇に属するという。[85] 名目を列挙することもできない多様な献金の要請のせいで信仰のない人々に「教会に行きましょう」と声をかけることが困難になっている。ところで、石炭関連の社長だった高校の同級生が数年前から教会に通い始めた。会うと彼は重たい口を開いていわく、「教会は金がかかるな」であった。教会の物質化あるいは唯物化、それは「韓国教会衰退の四大要因」の二番目に該当する。[86] こうして物質を追求しながら教会は社会の腐敗した不義なる物質的状況に対しては沈黙する。

民衆神学は、「物質は儚いものだ」と教えながらも物質を追求し、堕落し腐敗した物質的、経済的状況を傍観する態度を拒否する。そして物質的、経済的領域においても神の正義が実現すべきだと主張し、上部構造においてはもちろん「物質構造」においても神の正義を要求する。こうして民衆神学は教会の偽りと偽善を克服して教会らしい教会になるべきことを示唆している[87]。保守系列の金英漢教授もこれに同意する。彼によれば、民衆神学は「韓国の保守神学が社会的課題に無関心で魂の救い一辺倒の立場を反省しキリスト教本来の姿を回復するための刺激剤の役割を果たした[88]」。

4　この世の無力で弱い人々に対する関心

文字通り民衆神学は「民衆」、すなわちわれわれの社会における無力で貧しい人々に対し関心を持つ。「われわれが救われようとすれば、それはこの時代の〝貧しい人々〟との連帯においてのみ可能となる。貧しい人々との連帯なくして福音をわれわれのものとして受け取るすべはない[89]」。この世の貧しく無力な人々に対する関心は民衆神学の貴重な貢献だと言えるであろう。

しかしこれは多くの神学者の批判の対象となった。すなわち民衆神学はマルクスのように富裕層と貧困層の棲み分けをし、貧困層の側に立って富裕層に対する憎悪心を醸成し、富裕層に対する闘争を教えるものだ。民衆神学は富裕層を罪人扱いし、神の救いから除外されたかのように教えている。マルクス主義のように社会を富裕層と貧困層の二つの階級に分けることで社会を分裂させると批判した。

しかしこの世の弱い人々を憐れみその側に立つことは実に聖書的である。なぜか。聖書の神もそうだったからである。豊かな人々に対しわれわれは関心を持つ必要がない。彼らは生存の危険なく豊かに暮らしているからである。経済危機が訪れても彼らは海外ゴルフ旅行を楽しんだ。それに反して多くの人々が重たい銀行の利子に苦しみ、それに絶えられず極端な選択をする人々すらいた。

聖書によれば神は慈悲深い方だ。それは愛である（ヨハネI四：八、一六）。神はまず弱い人々の側に立つほかはない。イスラエルの民の神は本来出エジプトの神である。出エジプトの神はこの世の無力なもの、奴隷生活をしていたハビルをご自身の民として選んだ。これは神が彼らだけを愛するからではなく、彼らがエジプトで四〇〇年もの抑圧と苦痛と生存の危機を受けたからである。「主は言われた。『私は、エジプトにおける私の民の苦しみをつぶさに見、追い使う者の前で叫ぶ声を聞いて、その痛みを確かに知った』」（出エジプト三：七）。

神はイスラエルの民をエジプトの抑圧から解放し、彼らに律法を与えた。旧約の律法は「弱者保護法」とも言うべき弱い人々の保護を基本精神としている。「あなたが隣人に何かを貸すときは、担保を取るためにその家に入ってはならない。外に立ち、あなたが貸そうとするその人があなたのところに担保を持って出て来るのを待たなければならない。もしその人が貧しい場合、担保を取ったままで寝てはならない。日没にはその担保を必ず返さなければならない。そうすれば、彼はその上着にくるまって寝ることができ、あなたを祝福するであろう。それはあなたの神、主の前にあなたの義となる」（申命記二四：一〇～一三）。十戒の安息日法も弱者保護法である。「しかし、七日目はあなたの神、主の安息日であるから、どのような仕事もしてはならない。あなたも、息子も娘も、男女の奴隷も、家畜も、町の中にいるあなたの寄留者も同様である」（出エジプト二〇：一〇）[90]。

新約聖書において神の子イエスは主に社会的弱者、すなわちオクロスと関わったという民衆神学の主張は疑いようがない。「徴税人と罪人の仲間」というイエスの別称は、社会的弱者、すなわちオクロスとイエスの深い交わりを要約している。「イエスの行いの中でもっとも重要なものは疎外された民衆である徴税人や罪人たちとの交際である。…当時の社会において疎外され宗教指導者による呪詛の対象であった、失われた群れを探し神の愛の宴を開いたことはイエスにとって中心的課題であった[91]」。

聖書の神は愛の神、慈悲深い神であると同時に正義の神である。神はこの世の弱い人々に公平と正義を行い、彼らの生命を保護せよと命ずる。「ダビデの家よ、主はこう言われる。朝ごとに公正な裁きを行い、搾取されている者を虐げる者の手から救い出せ」（エレミヤ二一：一二）。「公正と正義を行い、搾取されている者を虐げる者の手から救いなさい。寄留者、孤児、寡婦を抑圧したり虐待したりしてはならない。また無実の人の血をこの場所で流してはならない」（同二二：三）。これらの神の命令に民衆神学は具体的に服従しようとした。このことは韓国のキリスト教が心に刻むべき重要な神学的遺産だと言えるであろう。このように社会的に力があり富める人々はどうなるであろう。彼らは神の救いから除外されるのだろうか。この問題もやはり民衆神学の課題として残しておくことにしよう。

5　「十字架にかかったイエス」の前に集った「小さな兄弟の共同体」

この世のほぼすべての教会は十字架を礼拝堂の正面中央に掲げる。尖塔を立てその上に十字架を掲げ

「ここに教会がある」と示している。教会建築の随所に十字架がある。「教会＝十字架」と思えるほどだ。これは「十字架にかけられたイエス」（Crucifixus）がキリスト教の中心であることを表している。韓国のほぼすべての教会は木やプラスティックで作られた十字架だけを掲げるが、これでは足りないのではなかろうか。十字架にかけられたイエスの体の像を十字架上に掲げることがふさわしいと筆者は考えている。「十字架にかけられたイエス」こそ誰も否定することのできない「歴史的事件」だからである。本来ユダヤの祭司長であったがローマに脱出しローマ帝国の歴史家として出世したヨセフスもその歴史書「ユダヤ戦記」においてイエスの十字架事件に言及している。

一般的に十字架にかけられたイエスは「世の罪を担う神の子羊」、すなわち全人類の罪を償うための犠牲の捧げ物あるいは和解の捧げ物と考えられている。使徒パウロの神義論もこれを前提とする（ローマ三：二五）。そしてローマ・カトリック教会はイエスの犠牲を神に捧げること、すなわちミサを礼拝の中心としている。バッハも彼のミサ曲において十字架にかけられたイエスを「世の罪を担う神の子羊」と描いている（Messe in h-moll、第三部）。

キリスト教のこうした伝統に反して民衆神学は十字架にかけられたイエスを民衆の代表者、すなわちこの世の貧しく力のない人々を代表して苦難を受ける存在として捉えている。十字架にかけられたイエスの中に民衆神学は「世の罪を担う神の子羊」ではなく苦難を受ける民衆を見る。イエスの中に犠牲の捧げ物、贖罪の捧げ物による代理行為を見るのではなく、この世の貧しく力のない人々の受難の代理行為を見る。

長年討議されてきた問題がここで再び提起される。史的イエスは神の国を宣べ伝え民衆解放運動を行い十字架刑を受けた解放運動家あるいは政治犯なのか、そうではなく「世の罪を担う神の子羊」なのか。民衆神学はイエスを「世の罪を担う神の子羊」という救済論的理解を史的イエスに対する歪曲だと考える。すなわち「信仰のキリスト、ケリュグマのキリスト」は「史的イエス」の変質だと考えている。それは歴史的イエス事件を「実存的に捉えることで」「生み出された」ものである。信仰のキリスト、ケリュグマのキリストは「客観化された叙述でもなく、また主観的信仰の産物でもない。それは出会いによる第三のものだ[92]」。それが初期キリスト教において「ドグマ（教理）」となった。民衆解放家イエス、すなわち史的イエスは消え去り、「世の罪を除く神の子羊」がキリスト教を支配した。史的イエスが宣べ伝えた「神の国」は「霊的救い」に置き換えられた。これに反し民衆神学は史的イエスをその根拠とし、イエスを民衆解放者、解放運動を行い殺害された「政治犯」として考えている。「世の罪を除く神の子羊」という救済論的理解は民衆神学においては背後に退けられてしまった。

これに対しわれわれはケーゼマン教授とともにもう一度問いかけたい。「世の罪を除く神の子羊」、すなわちイエスに対する救済論的理解は史的イエスと無関係であろうか。イエスに対する救済論的理解の根拠をわれわれは史的イエスに見出すことはできないのか。もし見出だせないのならイエスは民衆解放運動を行い十字架刑を受けた政治犯に過ぎなくなる。この問題に対する答えをわれわれは民衆神学の課題として残しておくことにしよう。

いずれにせよ民衆神学は史的イエスを自らの根拠とし、このイエスを民衆と同一視、同一化する。イエス事件と民衆事件を同一視、同一化する。この言葉がいかなる危険性を含むかについてわれわれはすでに考察した。しかしここでわれわれはこの言葉の真の意図が何であるか省察することができる。民衆神学者はイエスを民衆として、イエス事件を民衆事件として捨て去ろうとしたのだろうか。もしそうであれば彼らはキリスト教神学者ではないことになる。イエスが民衆として廃棄されるなら、それでイエスはいなくなり民衆だけが残るのなら、キリスト教はこれ以上存在することはない。

民衆神学者たちの深い意図は、イエスとイエス事件を過去のものとして固定するのではなく、民衆と民衆事件の中に現在化することにある。この世の無力でか弱い人々とイエスとの分離できない内的結合性を表し、イエス事件は単なる過去の事件ではなく今日の民衆事件として起こっていることを表すことにある。「マルコ福音書が示す内容に従い民衆神学者はイエスと民衆を内的にかなり近い関係にあると考えている」。ゆえにイエスが民衆として捉えられ、民衆がイエスと捉えられるほどであり、「両者の属性が交換可能なほどである。…捨てられ、傷つけられ、病んだ民衆の目にイエスは教会の〝金色に塗られたキリスト〟ではない。それは彼らを理解する、苦痛の中にある兄弟に見える。イエスは彼らの運命を自らの身体で経験したからである」[93]。

キリスト教神学の歴史において民衆神学ほどイエスと民衆の内密な関係を主張した神学はないであろう。この間多くの神学者が指摘してきたように、史的イエスと信仰のキリストは分離することができないが、それを区別することは正しい。それが区別されないとき、「徴税人と罪人の友」であった史的イエスは消え去り、「世の罪を除く神の子羊」だけが残る。共観福音書によれば史的イエスは明らかに民衆の友、すなわち「徴税人と罪人の友」であった。その出生を祝福しに来た最初の来訪者からして羊飼い、すなわち民衆であった。マタイ福音書二五章の最後の審判物語においてイエスはこの世の無力で弱い人々、すなわち民衆の中におり、彼らと結びついていることを示している。彼らの苦難はイエス自身の苦難であり、彼らの喜びはイエス自身の喜びなのである。

教会は二人また三人が集まるところ、すなわち教会の中にイエスがおられると教えている。しかしこの世の無力で貧しい人々、疎外された人々の中におられるイエスの現存に対しては沈黙する。世の罪を代わりに担う犠牲の捧げ物としてのイエスに対しては口を酸っぱくして語るが、「徴税人と罪人の友」であったイエスに対しては沈黙する。多くの神学者もこれに口を合わせている。教団から追い出される危険があるからであろう。これに反して民衆神学は「徴税人と罪人の友」であったイエスの歴史的な姿に基づき、民衆の中におられるイエスの現存を強調する。

このことは重要な教会論的意味を持っている。イエスは教会の中だけに現存するのではなく、この世の弱く小さな兄弟たちの中に現存するのだとすれば、教会は彼らと連帯しなければならない。彼らが気楽に来ることのできる教会、彼らの世話をする「小さな兄弟たちの教会」にならねばならない。今日の韓国教会が社会的信頼を失い信徒数が急激に減少する原因は何か。それは教会がこの世の小さな兄弟たちとともに生きたイエスの精神を忘却し、この世的栄光を求める「金持ち教会」になったからである。苦難を受ける小さな兄弟たちとともに生きたイエスの心は見えず、金銭欲、権力欲に陥って教会の世襲、教会売買などの不義を行っているからである。イエス教長老会統合派の諸教会は金サムファン牧師の教会世襲を正当化する法規を教団総会で通過させた。金サンファン牧師の財力の前に「ひざまずいた」のである。そうして「去る三年間にイエ長統合系列の教会だけでカナアン信徒は二十万以上になった」のだという。[94]

韓国教会が社会的信頼を回復する道は何か。それは民衆神学の教えに従ってこの世的欲望を捨て史的イエスの後に従うことにある。金銭欲と権力欲を捨ててこの世の小さな兄弟たちと連帯することにある。より多くの金と壮大な教会建築が教会の信頼を回復するだろうか。そうではない。むしろこの世の人々の失笑を買うだろう。「徴税人と罪人の友」であったイエスに従う（Nachfolge）謙遜な姿が教会の信頼を回復するに違いない。次のような徐南同教授の教会に関する言葉を韓国プロテスタント教会は常に心に留めなければならないであろう。

旧約聖書では十分の一献金だけでなく利子を取るなど他の内容もあるのにどうして最近の教会の牧師たちは他を忘れて十分の一献金だけを強調するのでしょう。教会や牧師の利益に直結しないことは忘れてしまうのです。十分の一献金がそれほど厳守すべきなら現代の金融制度もすべて否定すべきであり、安息日に仕事をさせる多くの工場に対しても牧師たちは攻撃しなければなりません。十分の一献金も安息日もすべて苦労して働く人々のために神が定めたものです。宗教的な目的は後から付け加えられたのです。

教会というところは、人々が集まって礼拝だけ捧げ、霊的修養だけ行い、宗教的なことだけがあり、そしてその中では金持ちはとてつもなく金持ちで貧しい人々はどこまでも貧しく、ある人は踏みにじりある人は踏みにじられ、それでいて一緒に礼拝だけすればいいという、決してそのようなところではありません。イスラエルも教会もひたすら神を信じてイエス・キリストに仕え、兄弟姉妹の間では本当の平等や愛が物質的に具体的に関係を持つこと、これがイスラエルであり教会なのです。[95]

この他にも民衆神学は韓国のキリスト教が見過ごしてはならない貴重な業績を残している。その中の一つは聖書の民衆伝統と韓国史上の民衆伝統の「合流」である。[96] これに関する徐南同教授の研究は実に尊敬すべきである。紙幅の関係でこれにつてては省略せざるを得ない。

5　おわりに：新しい時代的状況の中における民衆神学の課題

これまで考察してきたように、民衆神学は様々な問題点を持つと同時に韓国の教会と神学界に大きく貢献してきたと評価することができる。たとえ問題点があるとしても民衆神学は韓国のキリスト教の歴史的遺産であることは否定できない事実である。したがって韓国神学は民衆神学を決して捨て去ってはならないであろう。むしろ民衆神学を通して正しい神学的思考が何であるか模索する動機とすると同時に、民衆神学が寄与した内容を継承しなければならない。韓国社会の政治的民主化のために民衆神学が寄与したことについても認めなければならない。民衆神学者たちの自己犠牲と苦難も忘れられてはならないのである。

今日の韓国社会は一九七〇年、八〇年代とは大きく異なる状況にある。今や韓国は世界の最貧国ではなく、世界経済圏十位となる先進国の隊列に入っている。政治家たちが国民の視線を気にしなければならないほど民主化した社会となった。たとえその金額は十分ではないとしても、多くの民衆が国家による経済的支援を受けている。こうして民衆神学は立つ瀬を失ったかのように見える。

しかしわれわれの社会が経済的に発展しても民衆はいつもいることだろう。この地上に神の国が実現しない限り、民衆がいなくなることはないであろう。資本主義社会はもちろん、社会主義社会においてもである。経済が世界十位に数えられる韓国社会にも相変わらず苦しい生活を免れない人々がいる。四〇代中盤に企業から退職させられ、退職金に銀行からの借り入れと私財を合わせて自営業を始めても、自営業の八〇%が半年以内に廃業し借金だけが残るのだという。それに対し富裕層向けのインテリア業界が盛んになり麻浦大橋に向かう道筋は賑わっているのだという。世界最大の経済力を持つアメリカにも多くの野宿者と他国からの不法滞在者たち、すなわち民衆がいる。民衆がいる限り民衆神学は必要である。

今日の韓国社会の新たな状況は一九七〇年、八〇年代には見られることのなかった新たな課題を提示している。急進的な経済的、社会的両極化、駅や地下道で寝泊まりする野宿者たち、世界で最も高い自殺率、高い住居費用と教育費ゆえに結婚を放棄し狭いワンルームを転々とする独身青年たち、増えつつある通り魔殺人と性暴力、国民の血税で自らの収入を増やし続ける地方自治体の議員と国会議員の利己心、未だに隠れている公職者の腐敗、北朝鮮の核武装と南北対立がこれに続く。

これまで悪化の一途をたどる気候危機、生態学的危機は民衆神学の時代的課題でもある。気候危機、生態学的危機の最初の犠牲者は貧しい人々だからである。したがって今後民衆神学は「宇宙および自然との均衡原理を喪失することなくいかにして人間社会を構築することができるかという生態学的正義(ecological justice)の問題」に関心を持たざるを得ない。[97] さらに女性神学、ジェンダー神学、価値中立性を喪失した科学技術、「包括的な宗教的世界観の問い[98]」、これらすべてが民衆の生と直結した問題として、民衆神学の時代的課題として提示される。

また民衆神学は韓国社会の変化する労働環境の中で提起される新しい課題を認める必要がある。最近市中の銀行は午後三時半に入り口を閉めている。かつては午後四時だったがなぜ三時半になったのかと尋ねたところ、銀行の労働組合が三時半に固執したためにどうしようもなかったのだという。筆者が知る限り、欧米では夕方まで銀行の窓口が閉まることはない。

また国内のある企業の労働者の平均年俸は九六〇〇万ウォンだという。ドイツよりも遥かに高い水準である。二〇二二年上半期、この企業の国内法人は約三六〇〇億ウォンの赤字を出した。高賃金低生産にもかかわらず、この企業の労働組合はさらなる賃上げはもちろんのこと、グローバル純利益の三〇%を成果報酬として要求しているという。二〇一八年基準で従業員五〇〇人以上の大企業勤労者の月額平均給与は六〇九七ドル、日本の四一〇三ドル、アメリカの五〇三一ドル、フランスの五三七一ドルなど先進国より遥かに高い水準にあるという。二〇二二年上半期、従業員三〇〇人以上の大企業の平均給与は月額六九五万ウォンで、一年の間に年俸が一千万近く上がっているという。給与は世界最高だが、生産性は最下位水準だという。こうして、労働組合のせいで事業があまりに困難だと訴える中小企業経営者や小規模事業者はわれわれ周辺に多く見かけるのである。水準以下の企業人の前近代的姿も問題だが、新しい工場を建てるとか外国に投資するために労働組合の同意を得なければならない国は世界のどこにもないであろう。一九七〇年、八〇年代にまったく考えられなかった新たな労働環境の中で民衆神学は過去の「武力闘争のパターンと慣習」を抜け出し、「公的フォーラムにおいて相互的対話を通して社会的葛藤を解決する方法を学ぶべきである」と尹哲昊（ユン・チョルホ）教授は提議する。[99]

また民衆神学は従来のように討論の段階にとどまることなく、学問的神学として自らを完成させなければならないという学問的課題も認める必要がある。第一世代民衆神学は対社会的闘争の中で自らの理論を体系化することが困難であった。今や韓国の民衆神学は第一世代の主要思想を反復し討論することにとどまらず、自らを学問的体系として完成させなければならないであろう。たとえ不十分であったとしても、「韓国の民衆神学とは何か」と問われた時には、「これが韓国の民衆神学だ」と示すことができなければならない。

この問題と関連し、民衆神学はいわば「反神学、脱神学」の立場を新たに省察しなければならない。世界のどの神学もかつての神学思想ないし宗教思想、哲学思想の影響を受けない神学はない。民衆神学も同じである。また教会と神学の伝統とキリスト者の人格的信仰を軽視する態度も改めるべきであろう。朴炅美教授によれば、第一世代民衆神学者が「いかに反神学、脱神学を標榜しようとも、教会と信仰の場を離れて民衆神学の言語が変革の動力になることは難しい[100]」のである。

韓国神学界のもう一つの病は排他性にある。自らの神学的立場を絶対化し、これに反する立場を無視する点にある。「正統神学」という言葉自体がこのような排他性を反映している。しかしこの世に絶対的なもの、一〇〇%完全なものなどない。人間自らが一〇〇%完全ではないからである。量子論が語るように、世界のすべては不確定（Unbestimmtheit）状態にある（W. Heisenberg）。完結したもの、完全なものは一つもない。したがっていかなる教団、いかなる系列の神学であれ、われわれの先達が残した学問的遺産を「神学ではない」「自由主義だ」、「南米の解放の神学の亜流だ[101]」などと無視することなく、それを暖かな心で受容しよう。

もちろん民衆神学に対する南米の解放の神学の影響は大きい。しかし神学の歴史を学ぶとき、すべての神学が他の神学思想や宗教思想、哲学思想の影響の中で生じたものであることを発見することができる。メソジストの尹聖範（ユン・ソンボム）教授の土着化神学や南米の解放の神学も同じである。韓国のキリスト教に大きな波紋を呼んだ邊鮮煥（ビョン・ソナン）教授の「匿名のキリスト者」はカトリック神学者カール・ラーナーが語ったことであった。

今日われわれは「韓国」という狭い井戸の中に留まってはいない。われわれは世界とつながり互いに影響を受け影響を与えている。したがって解放の神学の学問的フレームを韓国の歴史的状況の中に受容し、その基礎の上に自らの理論を展開した民衆神学もやはり韓国キリスト教の歴史的遺産だと言えるのである。これを埋没させることなく受容し、批判的対話の中でわが民族のキリスト教文化遺産を豊かに作ることが知恵のある態度であろう。排他的態度を捨て、受容的態度を持つようにしよう。マルクスの思想も批判すべきは批判し、学ぶべきは学ぼう。それでこそわれわれが豊かになれるのである。真理は部分にではなく全体にある（Hegel、『精神現象学』）。

受容的態度とはすべてを無批判に受容することを意味していない。むしろ相手を尊重し、批判的対話の中で共同の真理と一致点を求め、自らを豊かにすることである。こうした努力がわれわれ民族の文化を発展させるであろう。互いに分かれて自らを絶対化し批判し戦う姿を神も失笑しておられるに違いない。結局それは自分の利益と名誉のための戦いでしかないであろう。神は全体的な存在であって部分的な存在ではない。民衆神学を絶対化し他の神学思想を笑うような態度もこどもじみている。民衆神学はもちろん国内外の多様な神学思想の受容と批判的討議の中でわれわれの神学的思考とキリスト教文化が一層豊かになることであろう。分離した教会の連合と一致にも助けとなるであろう。小さなせせらぎが集まって川となり、小さな木がともに集まって森となるではないか。

参考文献

姜元敦『物の神学、実践的唯物論に堅く立つ神学の模索』（ハヌル、一九九二年）

――「キリスト教民衆解放運動と霊性」《神学と教会》十五号（恵岩神学研究所、二〇二一年）
――「マルクスの物質主義とキリスト教の霊性」『恵岩神学研究所二〇二一年上半期第二セミナー資料集：現代社会の物質主義とキリスト教の霊性』（恵岩神学研究所、二〇二一年）
――「民衆神学の意義と新たな時代的展望」『資料集：二〇二二恵岩神学研究所秋神学セミナー。韓国キリスト教の歴史的遺産としての民衆神学第二セミナー、民衆神学の意義と新たな時代の展望』（恵岩神学研究所、二〇二二年）。
金均鎮『神はどこにおられるのか』（大韓基督教書会、一九九〇年）
――『現代神学思想』（セムルギョルプラス、二〇一四年）
――『イエスと神の国』（セムルギョルプラス、二〇一六年）
――『ヘーゲルの歴史哲学』（セムルギョルプラス、二〇二〇年）
金明洙「解体主義と民衆神学」『民衆神学入門』（民衆神学研究所編、図書出版ハヌル、一九九五年）。
キム・インス『韓国基督教会史』（韓国長老教出版社、一九九七年）。
金英漢「民衆神学の問題点とその妥当性」《神学と教会》十八号（恵岩神学研究所、二〇二二年）
朴在淳『イエス運動と食膳共同体』（図書出版天地、一九八八年）
朴炅美「姜元敦教授の〝民衆神学の意義と新たな時代的展望〟に対する応答」《神学と教会》十八号（恵岩神学研究所、二〇二二年）
徐洸善「民衆と聖霊」『民衆と韓国神学』（NCC神学研究委員会編、韓国神学研究所、一九八二年）＊『民衆の神学』（李仁夏・木田献一監修、教文館、一九八四年）には未収録。
徐南同『民衆神学の探究』（ハンギル社、一九八三年）＊邦訳：『民衆神学の探究』（金忠一訳、新教出版社、

一九八九年）
安炳茂『聖書の脈Ⅱ：われらとともにおられるイエス』（心園安炳茂記念事業会編、韓国神学研究所、一九九七年）
――『聖書の脈Ⅲ：生命を活かす信仰』（心園安炳茂記念事業会編、韓国神学研究所、一九九七年）
――『キリスト教改革のための神学』（心園安炳茂記念事業会編、韓国神学研究所、一九九九年）
――「史的イエスと信仰のキリスト」《神学展望》（光州カトリック大学、一九七一年）
――「人間革命」（出典不明、一九七四年五月）
――「韓国教会のイエス理解」《基督教思想》（大韓基督教書会、一九七七年）
――「共観書の救済論」《現存》（一九七八年七月）
――「イエス共同体の信仰告白」（ソンナム住民教会での講演、一九八七年二月二四日）
――「民衆神学を問う」（Zeitschrift für Mission, Basel, 1988）
――「対談　あきれた世界」《神学思想》七三（韓国神学研究所、一九九一年）
――「復活のキリストと現場」『聖書の脈Ⅲ：生命を活かす信仰』（心園安炳茂記念事業会編、韓国神学研究所、一九九七年）
オ・ソンジョン「姜元敦博士の〝民衆神学の意義と新たな時代的展望〟に対する応答」《神学と教会》十八号（恵岩神学研究所、二〇二二年）
オク・ソンドゥク『衰退する韓国教会とある歴史家の日記』（セムルギョルプラス、二〇二一年）
尹哲昊「金英漢教授の〝民衆神学の問題点とその妥当性〟に対する応答」《神学と教会》十八号（恵岩神学研究所、二〇二二年）
イ・ウンソン、イ・ジョンベ『ポストモダニズムとキリスト教』（ダサンクルバン、一九九三年）

チュ・ジェヨン「韓国民衆とプロテスタント史」『民衆と韓国神学』（ＮＣＣ神学研究委員会編、韓国神学研究所、一九八二年）

N・ペリン『イエスと神殿　終末論的希望をもたらす王であり祭司長であるイエス』（ノ・ドンレ訳、セムルギョルプラス、二〇二一年）＊原著：Nicholas Perrin, *Jesus the Temple*, SPCK Publishing, 2010.

C・S・ソン『イエス、十字架にかけられた民衆』（図書出版民衆社、一九九〇年）＊邦訳：『イエス、十字架につけられた民衆』（梶原寿監訳、新教出版社、一九九五年）

K. Marx, "Manifest der Kommunistischen Partei(1848)", K. Marx, Die Frühschriften, hrsg. Von S. Landshut, Stuttgart：Alfred Krone Verlag, 7.Aufl., 2004. ＊邦訳：『カール・マルクス、フリードリヒ・エンゲルス　共産党宣言』（大内兵衛、向坂逸郎訳、岩波文庫、一九五一年）

J. Moltmann, *Erfahrungen theologischen Denken. Wege und Formen christlicher Theologie.* München：Chr. Kaiser, 1999. ＊邦訳：『神学的思考の諸経験、キリスト教神学の道と形』（沖野政弘訳、新教出版社、二〇〇一年）

P. Tillich, *Systematische Theologie* 1, 3.Aufl. Stuttgart：Evangelische Verlagswerke, 1956. ＊邦訳：『組織神学Ｉ』（谷口美智雄訳、新教出版社、一九九〇年）

注

1　朴炅美「姜元敦教授の〝民衆神学の意義と新たな時代的展望〟に対する応答」、七二頁。

2　これについては徐南同『民衆神学の探究』、二二七頁。［邦訳：三二〇頁］。これを指して徐南同教授は〝文化的疎外の問題〟と呼ぶ。「現代社会では…男性はできるが女性はできないという迷信的偏見が絶対的に作用している。そして一般的に身体障がいは無能力者だという通念がわれわれを支配している…われわれはこうした偏見からの解放を経験しなければならない」。

3 姜元敦「民衆神学の意義と新たな時代的展望」、四四〜四五頁。

4 徐南同、前掲書、四四頁。〔邦訳：五八頁〕。

5 同、四三頁。「同：五七頁」。

6 同、三四〜三五頁。〔同：四六頁〕。

7 姜元敦、前掲論文、五五頁。

8 安炳茂「韓国教会のイエス理解」、三九六頁。＊以下、特記しない限り安炳茂論文の引用頁は安炳茂全集六巻『キリスト教改革のための神学』（韓国神学研究所）による。

9 徐南同、前掲書、二三一、二四一頁。〔邦訳：二五四〜二六六頁〕

10 徐洸善「民衆と聖霊」、三〇二頁

11 徐南同、前掲書、二〇六、二〇七頁。〔訳注：〝歴史の主人〟は主に「民衆とは誰のことか」邦訳：二九〇〜三一一頁。〝歴史の主体〟は散見されるが主に「民衆神学を語る」邦訳：二二七〜二八九頁〕。

12 K.Marx, "Manifest der Kommunistischen Partei(1848)", 594.〔邦訳：四〇頁〕。

13 徐南同、前掲書、二〇五〜二〇六頁。〔邦訳：二九〇〜二九四頁〕。

14 同、二〇六頁。〔邦訳：二六三〜二六四頁〕。

15 同、二〇七頁。〔同：二六五頁〕。

16 同、二〇七頁。〔同：二九四頁〕。徐南同教授のこうした歴史解釈はマルクス的なそれと同一である。

17 同、二一八頁。〔同：三〇八頁〕。

18 原文、“Alle bisherige Gesellschaft beruhte…auf dem Gegensatz unterdrückender and unterdrückter Klassen”: K. Marx, op.cit., 307.〔邦訳:一一〇頁〕。
19 K. Marx, op.cit., 595.〔同:四二頁〕。
20 徐南同、前掲書、二〇八頁。〔邦訳:二九四頁〕。
21 これについては金英漢「民衆神学の問題点とその妥当性」、三六三頁。
22 安炳茂「共観書の救済論」、四九九頁。
23 徐南同、前掲書、二一六～二一七頁。〔邦訳:三〇六頁〕。
24 安炳茂「民衆神学を問う」、一六七頁。Zeitschrift für Mission, Basel, 1988. に掲載のインタビュー。
25 同、一六七頁。
26 徐南同、前掲書、二一三頁。〔邦訳:三〇二頁〕。
27 金明洙「解体主義と民衆神学」、一八九頁。
28 徐南同、前掲書、二三五、二三七頁。〔邦訳:三三一～三三五頁〕。
29 同、二二一頁。〔同:二一八頁〕。
30 同、二三五頁。〔同:三三一頁〕。
31 同、二四一～二四二頁。〔同:三四一頁〕。
32 安炳茂「共観書の救済論」、四九五～四九六頁。
33 金均鎮『現代神学思想』、六七五頁。チュ・ジェヨン「韓国民衆とプロテスタント史」、二一三頁以下。
34 安炳茂「民衆神学を問う」、一七〇頁。
35 幸い徐南同教授は生態系神学を無視していない。これについては徐南同前掲書、三二五頁。〔未邦訳部分〕。

36 朴炅美、前傾論文、七五頁。
37 徐南同、前掲書、四四頁。〔邦訳：五七頁〕。
38 安炳茂、前掲論文、一七八頁。
39 同、「対談　あきれた世界」、五三三頁。＊訳注：原題「기가 막인세상」、「あきれた、驚くべき」を韓国語では「気が詰まる」と表現するが、この論文はヘブライ語「ルーアッハ」ギリシャ語「プニューマ」を巡る議論で安炳茂これを「霊」ではなく「気」と解釈すべきだと論じている。
40 徐南同、前掲書、三一頁。〔邦訳：四一頁〕。
41 朴炅美、前掲論文、七五頁。
42 オ・ソンジョン「姜元敦博士の〝民衆神学の意義と新たな時代的展望〟に対する応答」、八四頁。
43 姜元敦、前掲書、三四八頁。
44 安炳茂、前掲論文、一七三頁。
45 同、一七六頁。
46 同「個人救済か社会救済か」、四八一～四八三、四八五頁。
47 同「人間革命」、四七八頁。
48 これについては姜元敦「マルクスの物質主義とキリスト教の霊性」および『物の神学』。
49 安炳茂「イエス共同体の信仰告白」、六二六、六二八頁。
50 同「韓国教会のイエス理解」、三八八頁。
51 同「イエス共同体の信仰告白」、六二六頁
52 金均鎮『現代神学思想』、六八九頁。

53 C・S・ソン『イエス、十字架にかけられた民衆』、三五一頁。［邦訳：三四九～三五〇頁］

54 J. Moltmann, *Erfahrungen theologischen Denken*, 229.［邦訳：三一九頁］。

55 徐南同、前掲書、二九頁。［邦訳：三八頁］。

56 同、二一七頁。同：三〇七～三〇八頁］。

57 同、五一頁。［同：六八頁］。

58 同、一七一頁。［同：二四二頁］。

59 安炳茂「民衆神学を問う」、一七二頁。

60 姜元敦「キリスト教民衆解放運動と霊性」、三三五頁。これについては安炳茂「今日のキリスト」、二三二頁以下。

61 安炳茂「復活のキリストと現場」、三六頁。

62 徐南同、前掲書、七九頁。［同：一〇九頁］。

63 同、二六一頁。［未邦訳部分］。

64 これについては金均鎮『現代神学思想』参照。

65 オ・ソンジョン前傾論文、二五頁。解放の神学は「社会的実践と批判的社会変革を追求する状況化神学のひとつの典型的事例」である。

66 姜元敦、前掲論文、三二八、三二九頁。

67 P. Tillich, *Systematische Theologie* 1, 九頁以下。

68 同、一〇一頁以下。［邦訳：一〇四頁以下］。

69 同、二〇六頁以下。［同：二二〇頁以下］。

70 徐南同、前掲書、三八三頁。〔邦訳：四一八頁〕。
71 オ・ソンジョン、前掲論文、八〇頁。
72 尹哲昊「金英漢教授の〝民衆神学の問題点とその妥当性〟に対する応答」、三九頁。
73 徐南同、前掲書、七九頁。〔邦訳：一一〇頁〕。この問題は救済論的、歴史哲学的解釈の問題、すなわち神の救いが教会の中だけで生じるのか、あるいは世界史の次元においても生じるのかの問題である。
74 オ・ソンジョン、前掲論文、八八頁。
75 金均鎮、前掲書、七〇〇頁。
76 これについては金均鎮『イエスと神の国』、七一頁。
77 ニコラス・ペリン『イエスと神殿　終末論的希望をもたらす王であり祭司長であるイエス』、二三六頁。
78 イエスが悪霊に憑かれたある人物に「名は何という」とその悪霊の名を問うた時、彼は「レギオン」と答えた。「レギオン」は軍隊あるいは群れを意味する。イエス当時レギオンは約六千名で構成されるローマ軍部隊の単位を指していた。イエスはまさにこの軍隊を追い出したということを福音書は暗示していると解釈できる。この物語はイエスの悪霊追放が社会的、政治的意味を持つことを暗示している。
79 これについては金均鎮『ヘーゲルの歴史哲学』、九五頁参照。
80 安炳茂「個人救済か社会救済か」、四八六〜四八七頁。
81 同、五〇一頁。
82 徐南同、前掲書、三九五頁。〔邦訳：四三五頁〕。
83 オク・ソンドゥク『衰退する韓国教会とある歴史家の日記』、二二九頁。オク・ソンドゥク教授は教会の「唯物化」を次のように語る。「教会は牧会者教育や職員の福祉よりもむしろ建物に投資した。富める者が教会となり金さえあれば長老になった」。
84 同、一五三頁。
85 同、一五六頁。
86 同、二二八～二二九頁。
87 徐南同、前掲書、三八二頁。〔未邦訳部分〕。
88 金英漢、前掲論文、三七九頁。
89 徐南同、前掲書、四〇五頁。〔邦訳：四五二頁〕。
90 以上の内容については金均鎮『神はどこにおられるのか』、四八頁以下。
91 朴在淳『イエス運動と食膳共同体』、二二二頁。
92 安炳茂「史的イエスと信仰のキリスト」、一九～二〇頁。
93 J. Moltmann, op.cit., 228.〔邦訳：三一七頁〕。
94 オク・ソンドク、前掲書、三七九頁。
95 徐南同、前掲書、二六五～二六六、二六七頁。〔未邦訳部分〕。
96 詳しくは同、六三頁以下。〔邦訳：八六頁以下〕。
97 イ・ウンソン、イ・ジョンベ『ポストモダニズムとキリスト教』、四五頁。
98 同、四二頁。
99 尹哲昊、前掲論文、三九頁。
100 朴炅美、前掲論文、七九頁。
101 キム・インス『韓国基督教会史』、三六五頁。

韓国民衆思想の系譜

―新ヒューマニズムと自然・神・人的霊性― 崔時亨、咸錫憲、徐南同の思想を中心に

金敬宰

1 はじめに：西欧的近代化理念に対する批判的省察と韓国民衆神学

本論文の目的は韓国史において西欧文明の近代化（modernization）の風に巻き込まれた去る二百年（一八〇〇～二〇〇〇年）の間、西欧文明と政治経済的帝国主義勢力に苦しみながら、韓国民衆思想が主体的に西欧の近代化理念とまったく異なる実在感を持ち、あるときは適応しあるときは抵抗しながら今日に至ったことを明らかにすることにある。そして、そうした韓国の民衆伝統が堅持し主張してきた世界観、価値観、実在観が、生態系の没落と気候崩壊によって終末的危機に瀕した地球村を救い出す新しい文明パラダイムの基礎的作業として大変重要かつ意味あるものだということを明らかにしようと思う。

韓国近代史の二百年、民衆思想の系譜を深く見つめるとき、その系譜の特徴を「新ヒューマニズム」（neo-humanism）と「宇宙自然―神―人的霊性」（cosmotheandric spirituality）を志向する世界観と捉え、

代表的民衆思想家崔時亨（チェ・シヒョン）、咸錫憲（ハム・ソッコン）、徐南同（ソ・ナムドン）の思想をその事例として提示しようと思う。

はじめに、これまで一般的に当然視され西欧的理念と考えられてきた近代化（modernization）概念に対する理解を振り返り、その中で韓国の民衆思想家たちは何を批判し、いかに具体的近代化理念を打ち立てることを主張し、行動によってそれをどのように実現しようとしたのかを省察しなければならない。近代化という概念は重層的意味を持っているが、西欧的意味によって規定された近代化の核心的本質は以下の五つの特徴にまとめることができる[1]。

第一、近代化は十七～十八世紀以降特に産業革命の影響のもと、社会的物質生産方式が機械化されることで大量生産を可能なものとする産業化への変化を意味している。したがって近代化という概念は工業化または産業化の概念と密接な関係がある。

第二、近代化は理性の機能を重視する啓蒙精神の影響のもと、自然や社会との関係における人間の立場の合理化を意味している。自然を合理的に研究開発活用しつつ、それを神秘的に理解するロマン主義や神秘主義の立場を排撃することで脱呪術化し、開発、征服、資源搾取などを当然視する自然観を近代化理念は帯びている。政治経済領域においては非能率性を止揚し能力向上を最高価値と定める官僚化、分業化、専門化を追求する。そこでは能力至上主義が支配する。

第三、近代化は人間理解において人間個人の自律性、主体性、自我の独立と尊厳性を重視し、一切の封建的因習や権威主義を排撃し個人の自由を強調する。その結果個人主義が発達し共同体性が弱まり、万物同体のような東洋哲学［訳注：十一世紀北宋の学者程顥（ていこう、別名明道先生）は天地万物を我が事として捉え「仁」を重視する「万物同体」論を主張した］の実在観は非科学的理念として片付けられ否定される。

第四、近代化は社会学的観点によれば、資本主義的中産階層が社会構成体の中で主流となり、資本主義的経済論理すなわち無限競争と蓄積された財産の私有化を正当視する政治・経済哲学の基礎をなす西欧的近代化概念のことである。社会的不平等と不労所得による金融資産を増益する利潤追求と「貧即貧、富即富」の社会的葛藤を強化する。国家権力と経済権力が強化され「弱肉強食、適者生存」の法則を密かに容認する社会を形成する。

第五、近代化は自然、歴史、社会発展の法則を循環論的にではなく発展前進するものと捉える進歩主義の実在観を持つ理念を意味する。したがって西欧的理念としての近代化は歴史化、世俗化、脱宗教化、実証主義的哲学の強化を加速化させる価値観であり生の態度である。

以上要約した近代化概念の五つの本質的特徴は西欧社会が定めた近代化概念だが、韓国国民も近・現代史を振り返るとき大部分がこうした西欧的近代化概念を無意識的に受け取ってきた。言い換えれば、近代化とは産業化、立憲制近代国家の形成、資本主義の発展、個人の自由の拡張と個人主義の容認、自然の脱呪術化、能率と生産至上主義の称揚、自然の搾取と社会構成員の不平等構造の放置などを如何ともし難い時代的思潮として受け止められるのである。

韓国社会の保守的主流階層が、日本の植民地支配を朝鮮の近代化に貢献したと考えるとか、あるいは一九六〇年台以降三十年間の国家主導の中央集権的経済的高速成長政策を実現した朴正煕（パク・チョンヒ）を「韓国を産業化、近代化させた政治的リーダー」として美化し称賛する政治勢力の主張も、批判意識なく西欧的近代化概念を絶対的価値基準として受け止めた結果なのである。しかし、少しでも深く韓国民衆思想に目をこらせば、西欧的近代化理念を当然のものとして受け取らず、主体的、自生的近代化理念を主張しその生き方によって実践した民衆指導者たちがいたことが分かる。その中でも崔時亨、咸錫憲、そして徐南同を始めとする民衆神学者がまさにそうした事例である。

2　ヒューマニズムの世俗化過程と新ヒューマニズムの自然―神―人的霊性

本論に入る前に、本稿の重要な鍵語である「新ヒューマニズム」（neo-humanism）と「自然―神―人的霊性」（cosmotheandric spirituality）概念を明らかにする必要がある。

新ヒューマニズムは伝統的な古いヒューマニズムに対置される。伝統的ヒューマニズムはしばしば人間主義、人文主義、人本主義などと呼ばれる概念であり、それは人間の自由、平等、自律性、尊厳性を重視しすべての価値判断の基準を人間の尺度で図ろうとする信念である。

伝統的ヒューマニズムは十四世紀以降の「再生」を意味するルネッサンス運動に根ざしている。それは中世封建主義、教会による道徳的禁欲主義と人間本能の抑圧、教権と封建的支配階層による差別や尊厳の抑圧に反旗を翻し、人間の本性が持つ自由と天賦的尊厳性と自律的理性を重視する普遍的信念体系であり理念であった。

特に十七~十八世紀啓蒙主義の時代以降、西欧文明社会のヒューマニズムは「近代化」概念との相互作用の中、自然と社会法と人間本性の研究において脱宗教化傾向を強く持つに至り、それはまさにヒューマニズムの世俗化であった。キル・ヒソンはこうしたヒューマニズムの本質を「世俗的ヒューマニズム（secular humanism）と規定し、その本質的特性を「超越的実在や宗教的世界観を否定する世俗主義（secularism）の立場」と看破した。[2]

伝統的な意味におけるヒューマニズムは明らかに人類文明史の過程において人間の自由、平等、尊厳性、自律的責任性などを高めることに大きく貢献し、その価値は今も有効である。しかし伝統的ヒューマニズムが結果的に招来した個人主義思想、自然を支配し酷使する過度な人間中心主義思想、そして脱宗教的世俗主義傾向は今日深刻な地球的危機の問題を露呈している。生態系の破壊と気候崩壊、ウイルスによるパンデミック、国家権力と経済権力による人間性の抑圧、道徳的虚無主義、能率性だけを強調する教育の危機、共同体の解体などがその代表的問題として現れており、伝統的ヒューマニズムはその危機を克服する哲学的根拠を提示できないことが明らかとなった。

新ヒューマニズム（neo-humanism）は伝統的な世俗的ヒューマニズムを反省することで生じた価値観であり世界観である。オ・ムンファンはこれを次のように定義する。

ネオヒューマニズムはモダニティ（modernity）の中心をなすヒューマニズムの深化および拡張の脈絡の中に見ることができる。深化とは理性を超えて直感または聖霊の領域に入ることを意味しており、拡張とは人間中心主義を超えて自然と神の領域までをも一つにまとめることを意味している。[3]

結局ネオヒューマニズムとは、宇宙と大自然そして「究極的実在」である神との不可分的「天地人三者」関係の中で人間の本来的生の存在論的根拠と様態を理解し、それによって宇宙自然の中における人間の位置と意味を新たに理解しようとする新しい文明意識であり、これまで無批判的に受け止めてきた世俗的ヒューマニズムの改革、また拡張・深化を意味する立場である。

では、本稿におけるもう一つ重要な鍵語「宇宙—神—人的霊性」（cosmotheandric spirituality）の意味を少し掘り下げてから先に進もう。この点を強調し神学的に発展させたのはインド系カトリック神学者であり霊性家であるライモン・パニカー（R.Panikkar）である。[4] パニカーによれば、宇宙、神、人間の本質は混同せず、また相互に従属してはならない。これら三つの根源的実在は区別されるが分離されず、相互に内在し相互に交わりながら万物を新たにする。したがって、「宇宙—神—人的霊性」（cosmotheandric spirituality）は宇宙・大自然（cosmos）、神（theos）、人間の意識（anthropos）、これら三つの単語を合わせた造語であり、これら三者の実在を構成する非還元的で互いに分離されない存在論的構成素であり、霊性の本質なのだという。つまり、地球の魂（anima mundi）、人間生命（vita hominis）、霊である神（spiritus Dei）、これら三つの存在論的核心構成素が相互に不可分的関係性と「相互内在的循環性」（perichoresis）の中にあることを身体的に体現する霊性を意味している。

真の霊性的生とは、自然哲学や老荘哲学が主張するように大自然の秩序へと単純に立ち返ることではなく（自然主義）、キリスト教やイスラムの伝統的立場のようにすべてを超越的全知全能の神に帰する君主論的神本主義でもない。もちろん世俗的ヒューマニズムのように自律的人間の理性がすべてを決定し責任を持つという主体哲学的人間主義でもない。真の霊性は「宇宙―神―人的霊性」なのである。

神は、生命のない物質の生化学的集合の中に生気と生命を置き真善美のビジョンを志向するようにと導き説得する霊的な「具体化の原理であり能力」（ホワイトヘッド『過程と実在』）である。宇宙自然は森羅万象が現実的具体性と身体性を持たしめる原初的資料であり、神の栄光を顕す基体である。人間は本性と自意識においてそれを理解し、その生命の原理に従いながら「天と地」の功徳を一身に担い、生命体の創造的進化過程を先導する先鋒としての機能を担っている。自然、神、人間意識は不可分的な相互循環関係性（perichoresis）の中でのみ現実性を持つのである。

そうした「宇宙―神―人的霊性」こそが韓民族民衆思想の核心的系譜をなしている、と筆者は考えるが、三太極思想、天地人三才思想〔訳注：ともに易経に起源を持つとされ、「太極」は天・地を現すのに対し「三太極」は天・地・人（または徳・生気）を現す。三太極は「天地人三才」ともいう〕などはまさにそれを志向するものと言えるであろう。では次に韓国近現代史においてそうした脈動を表現した崔時亨、咸錫憲、徐南同の事例を通してその真髄を具体的に点検してみよう。

3　東学の崔時亨における新ヒューマニズムと自然―神―人的（cosmotheandric）霊性

韓民族の民衆史における東学の位置について碩学朴鐘鴻（パク・ジョンフン）は次のように語っている。「東学の基本精神は韓国の伝統的なすべての思想の真髄が一つとなって生じた結晶体と言える」[5]。東学思想を導いた人物は水雲崔済愚（チェ・ジェウ、一八二四〜一八六四年、水雲は号）である。ネオヒューマニズム（neo-humanism）の本質を表現した水雲先生の侍天主と後天開闢思想を生活化、組織化、日常化し東学思想を民衆の生命の根底に深く根ざすようにした人物は崔済愚から東学の真髄を受け継いだ海月崔時亨（一八二六〜一八九八年、海月は号）であった。崔時亨の生の哲学とその生涯のいかなる要素がネオヒューマニズムと「宇宙―神―人的霊性」を韓民族民衆運動史の著しい脈動としたのか明らかにしてみよう。

1　崔済愚の降霊体験以降、二十一字にまとめられた東学呪文の核心は侍天主である

西洋と日本の帝国主義侵略勢力が東アジアと朝鮮の王朝秩序をその根底から揺り動かしていた十九世紀後半、崔済愚は一八六〇年の降霊体験後に悟りを開いた。彼は自らの経験について一年以上をかけて深く振り返った後にその核心を二十一字の漢字に圧縮し表現した。いわゆる東学の二十一字呪文である（至気今至願為大降　侍天主造化定永世不忘万事知）［訳注：原語に従い通常「呪文」と呼ばれる。教徒は呪文を心

で念じ声に出して唱える修練を行った。「祈り」あるいは「成文祈祷」と理解することが可能であろう」。

二十一字呪文の意味を崔済愚は自ら解説している。[6] 彼は朝鮮王朝の政治暴力によって一八六四年、大邱南門外の観徳堂前庭で斬首されたが、政治権力は斬首後さらし首にした。切り取られた罪人の首を高いところから吊り下げる残酷な刑であった。その罪状は、国家権力とその基盤に危機を及ぼす思想、民衆運動の首謀者だというものであった。王権と両班と常民とに人間を差別していた李氏朝鮮の儒教思想は、先覚者であり義人であり民衆の安らぎだけを求めていた崔済愚を政権安保の名分によって殺し、これにより国家権力の暴力性とその本質とが顕にされたのである。

二十一字東学呪文の一文字一文字が大きな意味を持つが、その核心は呪文の中心に置かれた「侍天主」と言えるであろう。それはイエスが弟子たちに教えた「主の祈り」の中心に位置する「神の国」がその核心でありキリスト教信仰の真髄であるのと同様である。

崔済愚自身、「侍天主」解説の中で、特に「神を体で捧持する」の「捧持する（侍）」の意味を三つの側面から解説した。「内に神霊が有り（内有神霊）、外には気化が有り（外有気化）、世の人が各々そのことを知って確信すること（一世之人各知不移者）」、を悟ることである。ハン・ジャギョンは、自らの中に天を自覚できない場合、生命の源である天（ハヌル、神）を意識のない物質や（唯物論）超越論的外在神（超越神論）として外化させると語っている。[7]

万人は神を体内に捧持する尊厳ある存在であり、ゆえに貧富貴賤の差別は容認できず万人の平等性と尊厳性が実践されなければならない。万人が体の外で対面する人間と森羅万象が同じ至気［訳注：『東学経典』の注解者で『東学教祖　水雲崔濟愚』の著者でもある尹錫山によれば、至気とは「宇宙的源気として、万物の生命力・生成力の根源であり、同時に宇宙の究極的な実在」である。崔時亨はこれを「霊気」と訳したという。李賛洙「〝侍〟と〝媒介〟：東学と京都学派の公共論理」《中央学術研究所紀要》42（中央学術研究所、二〇一三年）、参照。」として有機的に連結し「同帰一体」関係の中にあるがゆえに、自然を搾取し傷つけることは自分の体と父母の体に傷をつけることと同じであるという「敬物」思想が海月崔時亨によって明らかにされた。「天地人三才」が滞りなく行き巡るがゆえに人間と神、個人と他者、人間と自然、人間と労働、人間と社会共同体、人間と地球生命の間における分離や疎外は存在論的に不可能なものであると東学の先駆者たちは悟り、そう教えたのであった。

2　崔時亨の三敬思想（敬天、敬人、敬物）は崔済愚の侍天主思想の具体的実践であり表現の異なるヴァージョンである。またそれはすなわち東学による「自然―神―人的霊性」の表現である

「天を敬うこと」（敬天）とはすべての真理の中枢を捉えることであり、敬人とは神が人間を離れて超越的な他者として存在しないがゆえに「敬人なくしてそれは農業の方法は知っても実際に種を蒔かないことのようだ」。敬人は崔時亨にとって「事人如天（天の様に人に仕える事）」の四字として彼の思想を代表するものとなった。

敬物とは物、山川草木を敬わねばならないという意味である。なぜならそれらもまた至気の気化作用の結果だからである。崔時亨が三敬思想を説いたのは侍天主信仰の具体的実践であり「自然―神―人的

霊性」の表現だと言えるであろう。[8]

東学が生じた一八六〇年台の朝鮮民衆の暮らしは、国民の九〇％以上が農業に従事するものであった。農耕によって牛や家族を養うことは家ごとに必要であり、オンドル生活という暖房構造上かまどに火を絶やさないために常に山野で木を切るほかはない時代であった。それにもかかわらず崔時亨は「六畜であっても大切にし、木や草を折るな」と東学の婦女子のための七つの修道文〈内修道文〉で説いている。[9] これは敬物思想の極致と言えるし、春には再び生え出る草木が無情な農夫の鎌によって刈り取られる痛みを感じるほどに、彼の「自然―神―人的霊性」（cosmotheandric spirituality）は鋭敏かつ純粋であった。

3　崔時亨の説く「向我設位、以天食天、養天主」も彼のネオヒューマニズムと「自然―神―人的霊性」の現れである

「向我設位」とは、伝統的に祭祀膳［訳注：チェササン、法事ために備える食卓］は父母や先祖のために壁に向けて設置して食事を盛り付け儒教的礼法に従って礼を行い香を焚くのに対し、「祭祀膳は自分に向けて置くことが正しい」と説いたものである。[10] これは祭祀を行う子孫の生命、具体的には自分の命の中に亡くなった父母と先祖の徳と生命が生きていると信じたからである。さらに言えば、家族の食卓がすなわち祭祀膳なのである。もちろん祭祀の日になれば家族の食卓を力の限り真心を込めて準備することを禁ずる訳ではないが先祖への崇拝を外在化することに反対したのである。

「以天食天」とは、「天（神）として天（神）を食べる」の意味であり、「養天主」は「神を保養する」の意味である。[11] 一見して奇怪で破格な語義である。しかし、人間は生存するためにそしてすべての生命体は生存繁栄のために他の生命体をとって食らう現実を直視するとき、崔時亨はこれを単にエネルギーを得るための弱肉強食行為とは考えていなかった。意識の有無に関わらず生命体が他の生命体をとって食らう行為を霊性的視点から見たのである。したがって動物を育て屠る際も苦痛を与える方法は禁じられていた。

さらに崔時亨は、神が人間の生命を育て健康を保つという言葉が正しいように、人間が神を自らの生命の中で育て健康にするという「養天主」も成り立つと考えたのである。崔時亨の養天主思想はホワイトヘッドがその名著『過程と実在』で看破した神と世界の関係性に関する五つの対句（antithesis）の最後を想起させる。「神が世界を創造すると言うのは、世界が神を創造すると言うことと同じく真である」[12]。

以上簡単に見てきたように、崔時亨の民衆思想はネオヒューマニズムであり「自然—神—人的霊性」（cosmotheandric spirituality）が東学思想運動を通じて現れたのであった。それが韓国民衆思想の脈動なのである。自然を脱呪術化するという名目と人間理性の自律的主体性を強調するという名目のもとにすべてを合理化した世俗的ヒューマニズムおよび西欧的近代化概念とは、質的にまた価値観と生命に対する哲学的理解において異なるのである。

4　咸錫憲のシアル思想における新ヒューマニズムと自然―神―人的霊性

韓国人の霊性、特に民衆伝統における脈動と捉えられる特徴は西欧的近代化概念と世俗的ヒューマニズムを超えた新ヒューマニズムであり、またそれは「宇宙自然―神―人的理性」が貫く霊性だとするなら、二十世紀韓国思想家の中でその特徴を代表する人物は咸錫憲（一九〇一～一九八九年）であろう。咸錫憲は崔時亨よりおおよそ一世紀後に生まれた人物であり崔時亨より西欧的近代化理念の長短点、キリスト教の影響、そして特に近現代的自然科学の長短点をその身に深く体験した人物である。

それにもかかわらず、咸錫憲は西欧的近代化哲学の核心である主体の自律性に立脚した自然支配と搾取、人間を主体的自我としてのみ捉える個人主義的人間観、帝国主義的政治哲学である弱肉強食の植民地主義、特に人間の霊性と宗教性と神を否定する無神論的ヒューマニズムを批判した。そして新たな二十～二十一世紀の生命哲学、宗教観、文明哲学、新ヒューマニズムを強く提示した。

1　新しい時代の宗教は「開かれ、輝く宗教であるべき」、霊と肉、内と外、地と天、理性と霊性、信仰と宗教の対立葛藤が克服された成熟した宗教であるべきである[13]

咸錫憲は『意味から見た韓国歴史』という名著を残した歴史家であり、一九七〇～一九八〇年代韓国の民主化と人権運動の指導者であったが、彼のすべての思想の基礎は宗教理解であった。咸錫憲は宗教と文化をいたずらに調和させようとする試みに反対する。

咸錫憲は宗教の本質は、世俗化、物質化、動物化する文明の傾向、すなわち近代国家が追求し誇ろうとする能力主義、効率主義、「豊かに生きよう」の思想に代表される人間と自然への支配哲学を批判し、文明と人間的生をしてより高く深い真理の境地に至らせようと絶えず批判し文明を高揚させることにある、と考えている。それゆえ近代キリスト教が資本主義という経済第一主義の黄金神崇拝（マンモニズム）の捕虜となり、あるいは国家主義理念の手下へと転落する限り、表面的には隆盛を誇るかのように見える「現実歴史的キリスト教の実像」は生命を失った腐った宗教であり、それは没落すべき宗教であると考えた。

また咸錫憲は、保守的伝統宗教が科学的理性の「自然の光」を否定し、信仰の名のもとに独断、独善、教理主義に安住することを鋭く批判した。咸錫憲は未来の宗教は更に精神化すべきであり「霊化」するだろうと考え、宗教改革とはまったく異なる主張をした。

> 未来の宗教は人格の宗教、論理の宗教であるゆえに心の宗教であり、心の宗教であるゆえに悟りの宗教である。能力や教理を認めることが問題なのではない。悟って心が変わるのである。変わらないものは信仰ではない。それゆえ未来の宗教は努力の宗教なのである。[14]

この引用に見られるように、咸錫憲はプロテスタントの宗教改革三大原理である「聖書のみ、恩寵のみ、信仰のみの信仰原理」が中世の教権主義とご利益信仰を打ち破るために当時は必要でありまた真理を含むものではあっても、宗教改革から五百年を経るうちに本来の意味は失われ、他律的信仰、悟り思索する努力のない反知性的信仰、努力のない「安価な信仰」へと転落してしまったことを痛烈に批判した。

それゆえ咸錫憲は、宗教や信仰における人間の理性の重要性と同時にその限界を次のように明らかにした。彼は、近代啓蒙主義時代以降、理性主義が信仰、宗教、神を否定し反宗教主義や反信仰主義へと至った傾向と、甚だしくは唯物論的無神論傾向へと至ることはこどもじみた脱線であると強く批判するが、理性と知性が信仰と宗教において実に重要であることを力説した。

知と信が互いに対立するかのようでも、それは統一された人格的自覚を持たない者の考えである。…知識は信仰ではないが、信仰へと至らせるのは知識である。宗教は理性に反するものではなく、むしろそれが完全に育つようにと自由の分野を与える必要がある。[15] ただし理性はそれ自体が完全なのではなく、上から来る霊の光を受けてこそ真の明るさを得る。しかし上からの光を受けるのは理性であり、理性なくしてそれが生じることはない。[16]

2　咸錫憲の新ヒューマニズムと「宇宙―神―人的霊性」(cosmotheandric spirituality)は彼の「一の哲学」においても明確に展開された

咸錫憲は彼の歴史書『意味から見た韓国歴史』において地球文明史と人類文明史におけるこの時代の特徴を「世界が一つとなる時代」と強調した。[17] 地球の生命それ自体が、人類そのものが、それぞれ多様な宗教と民族と文明それ自体が、互いの違いを多様性として認めると同時に根本的に「一つ」であるという認識が絶対的に必要な時代だと強調したのである。

更に、国家主導の時代も十九世紀末頃にその歴史的責任を終えたと強調した。今日アメリカ、中国、ロシア、欧州連合が地球村の政治経済を制覇しようという覇権主義的で軍事対決的態度を持つことに対し、それはもはや古く時代錯誤的な「狂った自殺的痙攣」だという極端な表現を通して批判した。[18] 北と南の軍事的対決も同じである。今人類を脅かしているのは、人類の進化過程において必要な方便として生じた国家権力と経済権力が過度に肥大化し強力になったことでかえって人間を非人間化している問題である。一九五〇年の朝鮮戦争、ベトナム戦争、二十一世紀のウクライナ戦争がすべて非人間的で反生命的な「狂った自殺的痙攣」であった。

咸錫憲の「一の哲学」は、個人の自由と尊厳性そして文明の多様性と宗派の特性を捨て去り画一化する全体主義とは根本的に異なっている。そして彼は歴史を自然に還元する浅薄な自然主義にも反対する。歴史は「繰り返されながら成長」する。単純な直線的な発展史観にも反対するが永遠に循環するという循環史観にも反対する。例えるならば、歴史はネジが回転しながら深みに達するように「螺旋型運動」

に近く、永遠の階段を登りながらさらに精神化し霊的に成熟するものだ、と咸錫憲は考えている。[19]

咸錫憲はテイヤール・ド・シャルダンの「創発的進化論的実在観」を受け取った。シャルダンは地球の生命それ自体も地質圏が形成され、生命圏が形成され、叡智圏が形成され一つの体である超人類の形態を志向するとみなした。「地質圏─生命圏─霊性圏」[20]は同心円的「全生命」である。[21]古生物学者で進化論者であったテイヤール・ド・シャルダン、宗教思想家咸錫憲、物理学者張會翼（チャン・フェイク）は巨視的に見れば「生命は一つである」という命題において同じ考えに至っている。それはつまり、われわれが先に言及した東学の崔時亨の三敬思想と同じ脈絡に立つことでもある。張會翼はこう語っている。

全生命の観点からはシャルダンの生物圏 Biosphere やロブロックのガイアは全生命の「肢体」が持つ一局面を代表する概念であり、…全生命は「肢体」として「生物圏（生命圏、Biosphere）」を持ち、精神として「精神圏 Noosphere」を持つ一つの成長する統一的生命だと言えるであろう。[22]

3　咸錫憲のシアル思想はネオヒューマニズムと「自然─神─人的霊性」が志向する新たな文明の基礎的存在論である

一九七〇年四月、当時の軍事政権は過酷な言論統制と弾圧を加速化した。こうした状況において咸錫憲は「シアレソリ」〔訳注：シアルは種子・物事の根源を意味するが咸錫憲は民の意味でこれを使う、シアレソリとは「民の声」という月刊誌を発行した。政権当局は数度にわたり様々な理由からこの雑誌を廃刊または発行停止処分とし、法廷闘争によってそれを覆すことが繰り返された。この雑誌が発刊から数ヶ月後、咸錫憲はこの雑誌の発刊動機と目的を「われわれが打ち立てるもの」の題目で八つの命題にまとめた[23]。

> シアルとは「民people」の意味でありわれわれ自身をすべての歴史の罪悪から解放し新たな創造のための資格を自ら研ぎ澄ますためにあえて作り出した言葉です。…シアルの文字において〝ㅇ〟は極大あるいは超越的な天のしるしで、〝・〟は極小あるいは内在的な天、すなわち自我のしるしであり、〝ㄹ〟は活動する生命のしるしです[24]。

本稿の冒頭で暫定的にまとめたように、新ヒューマニズム neo-humanism は伝統的ヒューマニズムあるいは世俗的ヒューマニズムが西欧的啓蒙主義と近代化という歴史過程を経る中で否定し捨て去ったものを再び回復し拡張深化させる概念である。拡張という言葉は、人間理解において自然と神から人間を分離させ自閉的に単子化された人間理解を大自然と存在それ自体である神にまで拡張し理解しようとすることである。深化という言葉は、人間の理性の概念を更に深化させ、人間の霊性または本性の中に常に先験的に現存する神性に至るまで人間の自己理解を深化させることを意味している。

咸錫憲の「シアル」はすなわち生命哲学であり、人間本性の霊性回復運動であり、そうした意味で

「自然―神―人的霊性」（cosmotheandric spirituality）なのである。「わたしたちは全体の中にあり、全体はわたしたち一人一人の中にすべてあります」[25]という咸錫憲の民衆思想は崔時亨の「侍天主」思想とは表現が異なるだけで同じ民衆思想の基本的脈動が現れたものである。咸錫憲の抵抗精神は歴史の主人であり無限の責任者でもある民衆すなわちシアルの自己成長、自己実現、自己創造活動を妨害し抑圧する一切の権力と権威に対する抵抗であり闘争であり自己主張であった。

目的は天にあるがなすべきことはこの地にある。…真に宗教は民衆を酔わせたり眠らせたりしてはならず、呼び覚まし闘うことができるようにするものだ。…神が頭であればその足は民衆に至る。聖なる神の足が地を踏み土にまみれたもの、それが民衆である。[26]

5　徐南同の民衆思想における新ヒューマニズムと自然―神―人的霊性

韓国の民衆神学者の中で第一世代に属する竹斎徐南同（一九一八〜一九八四年、竹斎は号）の民衆思想はこれまで彼の生涯の後半において取り組まれた民衆神学と捉えられ、学者としての生涯の前半については民衆神学者としての戦闘的な姿のゆえに見過ごされてきた。しかし徐南同の民衆神学を単に韓国の社会政治神学（sociopolitical Theology）に限定するには、その思想の根は深くまた広いのである。ここでは彼の民衆神学の根が韓国の民衆思想の系譜とも言うべきネオヒューマニズムと「自然―神―人的霊性」(cosmotheandric spirituality)の継承であることを明らかにしたいと思う。

徐南同の神学研究時期を三段階に分ければ、第一期は韓国神学大学組織神学教授として招かれ主にパウル・ティリッヒの哲学的神学に集中していた時期であり(一九五一~一九七〇年)、第二期は延世大学神学部および連合神学大学院教授としてテイヤール・ド・シャルダンなど科学神学とボンヘッファー、パネンベルグ、モルトマン、エリアーデ、ユングなどの思想に集中していた時期である(一九七〇~一九七四年)。第三期は朴正煕の軍事政権に対抗し学園の自由、民主主義と人権そして民衆神学に全身を投じた時期である(一九七四~一九八四年)[27]。

1 世俗化(secularization)と世俗主義(secularism)の区別

徐南同の民衆神学おいてネオヒューマニズムと「宇宙―神―人的霊性」の系譜を読み取るためには細心の注意が必要となる。西欧的近代化概念の二つの特徴が宗教改革以降啓蒙主義の時代を経て自ら「理性的人間、成熟した人間」になったと自負する近現代人が世界の現実と宇宙、自然、そして人間社会に対面し解釈する立場において肯定的要素と否定的要素とが同時に混在するからである。

ハーヴィ・コックスがまとめたように、西洋文明史は聖書の信仰が示した三つの偉大なヴィジョン、すなわち「自然の非魔法化」(disenchantment of nature:神の世界創造信仰)により自然科学的探求を可能とし、「政治権力の非神格化」(desacralization of politics:出エジプトを通じたファラオ権力の相対化)により権力を偶像化させなくし、「文明価値の非神性化」(disconsecration of cultural value:シナイ山の十戒のすべての偶像崇拝に対する批判精神）により人間のいかなる形態の理念的価値の奴隷にもならないことを実現した。これら三つの側面は聖書的信仰が貢献した肯定的流れと言える。コックスはなぜ三つの西欧文明史の大きな流れが聖書的信仰に根ざしているかを示し、西欧文明史の近代化過程と世俗化過程を伝統的キリスト教の形態の変化であると肯定的に捉えている。[28]

徐南同は正しい意味での世俗化過程と世俗主義とは区別されるべきだと強調した。世俗化（secularization）は人間が歴史の舞台において歴史を創造し変革し新たに人間らしさを実現する努力の一切を意味している。つまり世俗化の本質は「歴史化」である。しかし世俗主義（secularism）は一種の現世的価値観として現実を支配する実質的力、すなわち物質、政治権力、経済的豊かさ、感覚的あるいは本能的快楽の充足などを人生の目標とする人生観であり世界観である。

西洋の近代化理念と一般的な意味における世俗的ヒューマニズムの中ではこれら二つの側面が混在しており、近代化が進めば進むほど肯定的側面よりは否定的側面が強化されたのである。徐南同は世俗化概念と世俗主義概念とを強く区別し分別すべきであると強調したのであった。

2　生態学的倫理と自然内の人間の位置に対する諸論文

徐南同は彼の神学旅程第二期に該当する期間、韓国の神学者の誰もが真摯に取り組むことのなかった領域、すなわち自然と生態学の研究に没頭し四編の貴重な論文を残した。[29] その中でも、「生態学的倫理を目指して」は彼の先駆者的神学者としての知性を遺憾なく表している。

人間が二百万年の間生きてこられたのは壮大な大気圏の進化過程におけるその特定の生態学的地位(ecological niche) にかかっている。…自然系というものは虚空のあちこちに散らばった物質の塊で構成されているのではない。むしろその時空を構成する「編みの結び目」(nexus) をわれわれは見ているのだ。それらはすべて全体との関連を持っているのであり、勝手にその場を離れることはない。人間もこうした全体環境すなわち生態圏を構成する一つの結び目なのである。[30]

こうした理解はまさに水雲と海月の「侍天主」における「侍」の解釈を巡って明らかとなった「外有気化」に対する具体的かつ生態学的説明と言える。「人間は自然の一つの部分であり長い進化過程につながっている[31]」。これに対する人間の無知が今日の生態学的危機と気候変動の危機の根本原因である。徐南同は、人間が自らの「生母」であり生存のためのすべての恵みを与えてくれる自然を単に天然資源の発掘対象、経済成長の原材料としかみなさない無限開発と無限成長神話が「危機の本質」だと強調した。今から五〇年前の論文において次のように語ることで彼がネオヒューマニズムを追求する韓国民衆思想の系譜を引き継いでいることを証明している。

生態学的倫理は人間の福利のための自然保護や環境調和という人間の功利的利己主義ではない。創造系、すなわち自然全体、それ自体が善性と神性を確保し養育する倫理なのである。[32]

3 「聖霊論的―共時的解釈」(pneumatological-synchronic interpretation) と韓国民衆伝統の系譜との相関性

徐南同の民衆神学の豊かで意味深長な内容のすべてに言及することはできない。本稿の目的は、韓国の民衆神学が一九七〇~八〇年代韓国の政治経済的生命の抑圧と死の文化に抵抗する一時的、単発的、特殊な政治神学ではなく、民衆神学以前の韓民族の民衆思想と運動の中に脈々と流れてきたもののキリスト教神学的噴出であったことを語ることにある。その目的のために明らかにすべき主題を、徐南同の実践的解釈学の公理とも言える「聖霊論的―共時的解釈」と関連して論じてみようと思う。まず彼自身の言葉をもう一度聞いてみよう。

韓国の民衆神学の課題は、キリスト教の民衆伝統と韓国の民衆伝統が現在の韓国教会の「神の宣教(missio Dei)」活動において合流していると証言することにある。今日の前に展開される事実と事件を「神の歴史介入」、聖霊の働き、出エジプト事件と理解し、そこに参与しそれを神学的に解釈することだ。そこに参与するということは、その伝統を受け入れるということであり、それを神学的に解釈するときここで前提した典拠が必要不可欠となる。それをわたしは「聖霊論的―共時的解釈」と名付け、伝統的な「キリスト論的―通時的解釈(christological-diachronic interpretation)」と対地する。[33]

これは徐南同の民衆神学の核心が圧縮された決定的な表現のような文章である。徐南同の民衆神学においては、今現在われわれの目の前で生じている大小の事件がすなわち聖霊の働きであり、神の介入する創造と救いと贖罪の歴史的現実である。聖書は過去に生じた事件の証言の集大成資料ではなく解釈学的典拠（References）であり、今日われわれの目の前で生じている救いの事件の参考資料となる。共時的（synchronic）とは同時的と同義である。ゆえに聖書に対する正しい理解と解釈は過去の伝統の権威によってではなく、今われわれの中で再び生じる参与的事件としてイエスの事件が聖霊の働きにおいて再発生することを意味している。

「イエスを信じる」という言葉は過去のイエスの行いを模倣するとか追慕するということではない。イエスの十字架の死による贖いの教理を自分の心と頭で受け入れるという認知的受容行為ではない。「わたしの中にキリストが生きている」と語るパウロの告白のように、イエスの命を自分の命の中で、民衆の命の中で再び生き返らせる行為を意味している。ゆえに徐南同の民衆神学の解釈学である「聖霊論的―共時的解釈」によれば民衆の救いはイエスによる「恩寵による他力救済」であると同時に「わたしの信仰の行為がわたしを救う自力救済」となる。両者は切り離すことができない。

民衆に対する弾圧、収奪、殺害行為がすなわち神、イエス・キリスト、真理に対する収奪と弾圧と殺害行為となる。ゆえに民衆は抵抗し、闘争し、生命本来の正常な状態へと立ち返るよう努力する。その点で崔時亨、咸錫憲、徐南同の民衆思想は韓国の民衆伝統の系譜に等しく基づいている。徐南同の民衆神学は韓国的政治神学という社会経済史的単色ではなく、より深くは韓国民衆の伝統の宗教的霊性神学を土台としていることを正しく再認識することができるであろう。

そうであれば咸錫憲が語るシアルと徐南同の民衆にはいかなる違いがあるのか。その違いと類似性に対するもっとも典型的な規定は安炳茂の次の言葉の中に現れている。

存在論的・宇宙論的な次元においては「シアル」であり、歴史的で社会的な次元においては「民衆」である。[34]

徐南同は安炳茂によって短く区別されたシアルと民衆概念の特徴の描写に同意する。咸錫憲のシアルも社会経済史的側面から見なければならず、民衆神学における民衆もそれが単なるプロレタリアートの階級闘争のレベルに落ちないためには、シアル思想が語る民衆の人間学的存在論に常に耳を傾け、そこに根ざさねばならない。それにもかかわらず、徐南同の民衆神学は歴史を導き作り上げる主体が古代と中世における貴族から近世ヨーロッパ社会の市民へと進歩し、今や市民階層とは異なる民衆が登場した時代だと見なしたのである。

民衆は「庶民大衆」であり常に直接間接的に利用され収奪を受け抑圧された集団である。国家の統治者たちは口を開けば常に「国民のため、国民だけを見て進む」と語るが、そのときに政治家が語る「国民」とはあまりに抽象的集合概念に過ぎず独裁的権利を正当化するための修飾語に過ぎない。支配権力層の頭の中には民はあっても「庶民、大衆」は無く、国民はあっても「民衆」は無い。庶民大衆と民衆は個体でありながらも常に全体であり、覚醒した知性でありながらも同時に常に集団的知性であった。

6　おわりに：新たな世界文明の土台としての韓国民衆思想の系譜の意味

本稿は、韓国民衆史において様々な事件が生じ、時代の暗黒を克服しようと生命運動が集団的に展開される中、その全体の流れと過程の中で共通のものとして把握される「民衆思想と運動の系譜（pulse）」があるのかと問い、それがあるとすればその本質的特徴は何かを求めようとするものであった。

特に近代化と呼ばれる西欧的理念が絶対視され批判的省察なしに国家や政権による国定指標となり、去る二〇〇年間、韓国社会は産業化、工業化、合理化、能率化、経済成長、都市化などを名分としていまや自然破壊、生態系の混乱、ウイルス疾患の大流行、気候破壊、人間性の疲弊、共同体的人間生活の喪失に直面している。

本稿は、「韓国民衆思想と運動の系譜」をネオヒューマニズムの模索と捉え、古いヒューマニズム、世俗的ヒューマニズムの限界を克服し人間本性の生の存在様態を「大自然・神・人間の霊性（cosmotheandric spirituality）」の実現に見出そうとする脈動と捉えた。

伝統的に言えば「天地人三才」が相互内在的に循環疎通する生命形態である。崔水雲、崔時亨、咸錫憲、徐南同などの民衆思想家に見られるように、「霊性（spirituality）」とは単に人間の宗教性や敬虔さを意味するのではなく、それは人間の内面性を含みはするが、「霊性という言葉は文字通り神の霊における日常的な生と神の霊との生きた交わりを意味している」[35]。

ネオヒューマニズムと「大自然・神・人間の霊性」が弱まった理由は、啓蒙主義の時代思潮以降、西欧思想家たちが理性概念を精神の批判的能力と推理計算する分析的能力に縮小し、存在論的理性(ontological reason)概念と直感的理性(intuitive reason)概念を無視したからである[36]。その結果、機械技術科学は発展したが宇宙大自然、人間性、そしてあらゆる生物に対する敬意は失われてしまったのである。

そうであれば韓国民衆思想の系譜は自然を再び呪術化しようとするだろうか。そうではない。近代化の理念の中で前提とされる「無神論的物質還元主義」(リチャード・ドーキンス)と「偶然と必然の科学哲学」(ジャック・モノ)だけでは生命の現実のリアルな実像をすべて説明することはできない。自然と創造的霊としての神と人間性その三者を分離させ切り離しておいたために自然は物質の塊となり、神は超越的家父長権力神となり、人間はひときわ複雑な機械生命体となってしまった。ホワイトヘッドは「神と世界との関係」を次のような隠喩によって表現している。

(神の役割は)神の観念的調和化のもつ抗し難い合理性を忍耐強く働かせるところにある。神は、世界を創造しはしない。神は、世界を救済するのである。あるいはもっと正確にいえば、神は、真・善・美についての神のビジョンによって世界を導く(説得する)優しい忍耐をもった世界の詩人なのである[37]。

ホワイトヘッドの神観を現代神学においては伝統的超越的唯心論と内在的汎神論を区分する万有在神論（panentheism）と呼ぶ。韓国民衆思想の伝統は万有在神論に近い。韓国民衆伝統は物質／精神、自然／人間、聖／俗、天／地、神／世界、個体／全体を完全に二項対立として分離する西欧的近代化概念に抵抗し新たな文明のパラダイムを主張する。それは崔時亨の三敬思想、咸錫憲のシアル思想、徐南同の民衆神学の「聖霊論的―共時的解釈学」を通して絶え間なく生じているのである。

参考文献

キル・ヒソン『霊的ヒューマニズム』（アカネ、二〇二一年）

キム・ヨンオク『東経大全1：わたしがコリアである』（トンナム、二〇二一年）

――『東経大全2：われわれが神である』（トンナム、二〇二一年）＊邦訳：『東学・天道教開祖　水雲・崔済愚「東経大全」「龍潭遺詞」』（邊英浩監修・訳、金鳳珍訳、明石書店、二〇二三年）

朴在淳『ドサン哲学とシアル思想』（ドンヨン、二〇二〇年）

徐南同『民衆神学の探究』（ハンギル社、一九八三年）＊邦訳：『民衆神学の探究』（金忠一訳、新教出版社、一九八九年）

――『転換時代の民衆神学』（韓国神学研究所、一九七六年）

竹斉徐南同記念事業会編『徐南同と今日の民衆神学』（ドンヨン、二〇〇九年）

オ・ムンファン『人が天である。崔時亨の志と思想』（ソル、一九九七年）

イ・ヨンノ『海月神師法説解義』（チョンポプ出版社、二〇〇〇年）
張會翼『生と全生命』（ソル、一九九八年）
ジョン・カブ『地球を救う十の考え』（ハン・ユンジョン訳、地球と人間、二〇一八年）＊本書は訳者の企画により単行本に収録されていない原稿を著者が編集したものの韓国語訳。
テイヤール・シャルダン『人間現象』（ヤン・ミョンス訳、ハンギル社、一九九七年）＊邦訳：『現象としての人間』（美田稔訳、みすず書房、一九八五年）
Y・N・ハラリ『サピエンス』（チョ・ヒョンウク訳、キムヨン社、二〇一五年）＊邦訳：『サピエンス全史　上・下』（柴田裕之訳、河出書房新社、二〇一六年）
韓国思想研究所『崔時亨研究』（ウォンゴク文化社、一九七四年）
ハン・ジャギョン『韓国哲学の系譜』（梨花女子大学出版社、二〇〇八年）
咸錫憲『咸錫憲全集』一、三巻（ハンギル社、一九八三年）＊邦訳：『苦難の韓国民衆史—意味から見た韓国歴史』（金学鉉訳、新教出版社、一九八〇年）、「新しい時代の宗教」『咸錫憲著作集4』（森山浩二訳、新教出版、一九九四年）
A・N・ホワイトヘッド『過程と実在』（オ・ヨンファン訳、ミンウム社、一九九一年）＊邦訳：『過程と実在：コスモロジーへの試論』（平林康之訳、みすず書房、一九八一、一九八三年）
R.Panikkar, *The Cosmotheandric Experience : Emerging Religious Consciousness*, Motilal Banarsidass Publishe, 1998.
P. Tillich, *Systematic Theology*, Chicago: Univ. of Chicago press, 1963. ＊邦訳：『組織神学』（土居真俊訳、新教出版社、一九八四年）

注

1 「近代化」『ブリタニカ百科事典　第三巻』参照。
2 キル・ヒソン『霊的ヒューマニズム』、二九三頁。
3 オ・ムンファン『人が天である。崔時亨の志と思想』、六頁。
4 R.Panikkar, *The Cosmotheandric Experience.* 金敬宰「パニカーの宇宙神人論的体験と崔時亨の至天主体験の比較研究」、三五一〜三四七頁。
5 朴鐘鴻「崔水雲生誕一五〇周年記念論文集発刊の辞」。
6 キム・ヨンオク『東経大全2：われわれが神である』、一三六〜一三七頁。〔邦訳、二九頁〕
7 ハン・ジャギョン『韓国哲学の系譜』、三六六頁。
8 イ・ヨンノ『海月神師法説解義』、四七三〜四八四頁。
9 同、五〇五頁。
10 同、四四一頁。
11 同、四九五、五〇一頁。
12 ホワイトヘッド『過程と実在』、五九八頁。〔邦訳、五一一頁〕
13 咸錫憲「新しい時代の宗教」。
14 同、二三九ページ。〔邦訳：一二八頁〕
15 同、二三二頁。〔同：一一八頁〕
16 同、二三一頁。〔同：一一七頁〕

17　咸錫憲『意味から見た韓国歴史』三一一頁。〔同：一九頁〕
18　同、三一一頁。〔同：二一〇頁〕
19　同、五七頁。〔同：五一～五二頁〕
20　テイヤール・シャルダン『人間現象』。〔訳注：邦訳でLithospherは岩石圏、Biospherは生物圏、Noosphereは精神圏〕
21　張會翼『生と全生命』。
22　同、一八六～一八七頁。
23　『シアレソリ』表紙裏面。
24　同。〔訳注：咸錫憲は〝シアル〟の表記を旧字体옛글で行っている。これは旧字体の説明〕
25　同。
26　咸錫憲「み言葉集」『全集三巻』、一四六～一四七頁。〔訳注：邦訳には含まれていない〕
27　徐南同教授の詳細な年譜は『徐南同と今日の民衆神学』、八～九頁。
28　H・コックス『世俗都市』参照。
29　その四編とは「生態学的倫理を目指して」、「自然に関する神学」、「成長と均衡の倫理」、「テイヤール・シャルダンのオメガポイント」である。これらは徐南同『転換期時代の神学』に収められている。
30　徐南同、前掲書、二五七頁。
31　同、二五九頁。
32　同、二七六頁。
33　徐南同「二つの物語の合流」『民衆神学の探究』、二七二頁。〔邦訳、一〇九頁〕

34　徐南同、前掲書、一八二頁。〔同：二五八頁〕

35　ユルゲン・モルトマン『命の霊』（金均鎮訳、大韓基督教書会、一九九二年）、一一七頁。

36　Tillich, *Systematic Theology*. 理性の四概念と自律、他律、神律の概念参照。

37　ホワイトヘッド『過程と実在』、五九五頁。〔邦訳、三四七頁。訳文は邦訳を引用、ただしマクミラン版に従って韓国訳が挿入した「（説得する）」は活かした。〕

事件論と民衆神学のイエス歴史学

金鎮虎

1 イエス歴史学、「事件テクスト」を企画する

近代以降イエスに関する歴史的研究は「イエスの言葉」に焦点をあてる研究と「事件」に焦点をあてる研究とに二分される。単純化してまとめるなら、これら二つの傾向は福音書形成史においてもっとも古い文献的資料とみなされる二つのテクスト、「イエス語録」（以下Qと略）と「マルコ福音書」（以下Mkと略）のうちどちらを重視するかによって分けられている。

十九世紀末、近代歴史学が再現性の危機を迎えながらMkを第一史料とみなすイエス歴史学の退潮傾向ははっきりと現れていた。[1] 反面、Qを中心とした歴史的研究は相対的に大きな傷を受けることはなかった。それはQが叙事（narrative）を欠いたテクストだからである。叙事の欠如とは、厳密な意味においで、歴史的研究の不可能性を意味している。「時間」と「空間」、「行為者」という叙事的要素があ

ればこそ歴史的解釈が可能だからである。それでもQを通じて歴史的議論が可能だったのは近代歴史学以前からキリスト教が追求してきた歴史的認識の枠組みゆえであった。「普遍史」的問題設定がそれである。巨大な歴史展開の原理が圧倒的に重要であるがゆえに時空間や行為者といった些細な情報は重要ではないということである。特にキリスト教はアウグスティヌスと彼の弟子オロシウス（Orosius）が発展させた救済史（Salvation history）を通してイエスを解釈してきた。ここで重要な歴史の巨大原理は被造物を救うという「神の意志」である。それを解読する際、時空間と行為者に関する問いはさして重要ではなかった。こうして近代歴史学的観点からは反則に等しい方法によってイエス歴史学は歴史学の再現性の危機を迂回することができたのである。

このような普遍史的認識論に基盤を置くイエス歴史学の議論は興味深い方法論的大原則を開発した。「非類似性の原則」（criteria of dissimilarity）がそれである。これは福音書テクストの生の座と「実際のイエス」（real Jesus）[2]の生の座が異なっていることを前提とする。こうして福音書の生の座を反映する諸要素を除去し「実際のイエス」を知ることができるとした。こうして非類似性の原則を通して後代の付加要素を消し去って残ったものは、叙事的要素を失った、流れを捉えることのできない単語や文章、あるいは文段程度だったのである。この点で、一九八〇年台以降北米のイエス歴史学において社会的にセンセーショナルな反応を招いたイエスセミナーは、非類似性の原則が到達した限界状況を赤裸々に示している。もちろんこの研究プロジェクトは普遍史としての救済史の観点でイエス歴史学を論ずることに反対する。むしろこのプロジェクトは実在したイエスの姿はある程度成功の内に再現することが可能であるという前提のもとで進められた。過去とは比べ物にならない遥かに多くの史料を活用できるようになり、それらを解読するために有用な学際的な理論と比較資料を研究者たちが携えていたからであった。[3]

はたしてそうであろうか。イエスセミナーは一九八三年に始まり十数年に渡る長期プログラムを終えるに際し二巻の成果物を発刊した。聖典（Canon）としての四福音書にトマス福音書を加えた五巻の福音書テクストを四色に塗り分けた本である。第一巻は「イエスの言葉」テクスト、第二巻は「イエスの行い」のテクストを収めた。[4] 赤はイエスのものであることがほぼ確実なもの、ピンクは議論の余地があるが真正性（authenticity）が高いと思われるもの、灰色は議論の余地があるが真正性が低いと判断されるもの、黒はイエスとは無関係と確実視されるものを示している。このセミナーの参加者は最大二百名を超えたが、四色に塗り分ける作業は三〇〜四〇名の専門研究者が投票によって決定した。興味深いことはこの作業によって赤色で示された部分は全体のわずか一・六%、ピンクは一一・二%に過ぎなかったことである。特に叙事が重要な文書であるMk全体ではただ一つの文章（一二章一七節）だけが赤で表記された反面（〇・五%）[5]、叙事のないテクスト集であるQと「トマス福音書」は遥かに多くの部分が赤で示された（約一八%、二一%）[6]。これは、最近のイエス歴史学研究者が「実際のイエス」を見出し得ると声高く叫ぶときでさえ主に叙事的要素のないテキストを歴史的真正性が高いと見なしていることを意味している。

僅かにしか無い真正性の高いテクストの中には叙事的情報が含まれていないがゆえに、「実際のイエス」を解読するにはテクストの外部に歴史的情報を見出さねばならない。こうして最近の研究者は経済学的、心理学的、比較文芸学的史料と諸理論を活用しているし、統計学の外挿法（extrapolation）を根拠に比較歴史社会学的史料をイエス時代に適応させる努力もしている。また、前近代農業社会の社会生態学的資料を積極的に用いる場合もある。しかしイエス時代と福音書時代の間の時空間的距離が大きくないために、そうした史料と理論がこれほど近い時空間的差異を読み解くほどの意味のある論拠を提供することはできない。ゆえにこれまで「イエスの言葉」に重点を置いてきた大部分のイエス歴史学分野の研究者は歴史学的に成功あるいは失敗したという言葉を繰り返すだけで、歴史学の再現性の危機を突破するだけの説得力のある新パラダイムを提示することはできないでいる。

2　民衆神学、事件的テキストを再召喚する——安炳茂のイエス歴史学の観点から

この点で民衆神学は、精巧な分析を示すことはできなかったとしても、新たなパラダイムの可能性を提示したという点で重要な歴史学的成果を上げたことは評価できるであろう。それは主流歴史学界が歴史的有意味性を棄却した「事件のテクスト」を歴史学の領域へと再召喚したことと関連する。

興味深いことにエドワード・サンダース（E.P.Sanders）は記念碑的イエス研究である『イエスとユダヤ教』（Jesus and Judaism）において、イエスの歴史性をもっとも確実に示す八つの事件的テクストを示しながら福音書に対する歴史的研究を行っている。[7] イデオロギー的には保守的な研究者が方法論的に

はかなり抜本的な刷新を試みたのだ。この著作は学界において大きな議論を巻き起こしたが、残念ながら「事件史 eventful history」の歴史学的方法論の観点からこの著作が注目されることはなかった。「イエスの歴史性をもっとも確実に示すテクスト」という彼の断言について多くの学者たちは共感できなかったからである。彼が徹底的に文献学的観点においてのみ事件テクストを読んでいたために、その文献学的研究方法によっては福音書共同体と「実際のイエス」との非類似性という桎梏に到達していたイエス歴史学の問題意識を解消することはできなかったのである。

つまりサンダースは、事件テクストを歴史学の分析単位とすることで、文脈的要素が欠如した「言葉テクスト」の罠から抜け出そうとした点で歴史学の新しい可能性を開いたのだが、文献研究の限界を払拭することで歴史学の新たなパラダイムを提示することには失敗したのである。

一方、注1で紹介したワーナー・ケルバーらはＭｋを口述福音書とみなすことでイエス歴史学が新しい可能性として登場するための出口を提示した。ブルトマンも文献研究の限界を突破するために口述に注目したが、彼はＭｋが口述テクストであると考えることができなかったのみならず、Ｍｋから抽出した更に前段階の口述様式（oral forms）を分析する際も口述性に対して考慮すること無く文献テクストを扱うように分析したため、歴史学の限界を克服する対案的批評学を見出すことはできなかった。一方ケルバーらはＭｋを口述文学と見なし、口述テクストが文章よりも原事件との「社会的類似性 social similarity」がより強い属性があるという新たな口述性研究の成果に基づき、口述福音書であるＭｋから史的イエス・歴史のイエスを読み取る批評学的可能性を発見することができたのである。

ところで、ここでは「事件」とは時空間的要素と行為者の要素を含んでいるという点に注目する必要がある。ここで「時間」は時計が示す時間のように均質的な時の流れだけを指すのではない。過ぎ去った時は過去となり、それとそれ以降の時とは交わることはないという時間理解は事件の時間概念のごく一部だけを語ることとなる。〔韓国では〕権威主義政権下で毎年四月、五月になれば大学生が自らに火をつける過激な反政府闘争が生じていた。一九六〇年と一九八〇年の四月と五月〔訳注：一九六〇年四月は「四・一九学生革命」または「四月革命」、一九八〇年五月は「光州民衆抗争」または「光州事件」〕、そして一九七〇年の十一月〔訳注：十一月十三日、青年労働者全泰壱（チョン・テイル）が労働者の権利を叫んで焼身自死〕はそうした政治的事件の起源となり、その起源的事件の情緒はそれ以降長年に渡って四・五月、そして十一月を規定する事件性となった。同様に空間も遠近法的距離によって規定されるだけでなく空間を特性化する記憶が連続する空間である。行為者もまたそうである。事件とはまさにこうした記憶の類似性と反復性を含む文脈的要素なのである。しかし、時空間と行為者を均質的なものと見なして読み解くテクスト批評は歴史的解釈の限界を超えることができない。ケルバーらはこうした限界を克服できないように思われる。

まさにこの点においてわれわれは「事件論」を論じた安炳茂（アン・ビョンム）のイエス歴史学に注目することになる。彼のイエス論の決定版と言うべき「イエス事件の伝承母体」（一九八四年）には次の言葉がある。「初めにケリュグマがあったのではなく事件があった！」[8]。これは彼の「歴史のイエス」論の核心が何であるかを一言で要約した発言、すなわち彼のイエス歴史学のアフォリズムである。ここで

「ケリュグマ」という用語の中には叙事的要素を通じた一字一句すべての解釈を必要とはしない立場、つまりすべての事件的テクストを通じた歴史的問いを棄却する主流イエス学の神学的態度が含意されている。すなわち神学的アジェンダとしてのケリュグマはイエス歴史学において叙事を除去してもいいという神学的アリバイとなる。歴史学的研究には「イエスの言葉」だけで十分だということである。ところで安炳茂はこうした反歴史的ドグマ以前に「事件」があったと語ることで、ケリュグマの神学的議題を転覆させている。

このアフォリズムが示すように安炳茂のイエス歴史学は「事件」に対する問題設定から開始される。もちろん安炳茂の事件論が注目するイエス研究の一次史料はＭｋである。ところでワーナー・ケルバーとジョアンナ・デューイ同様、安炳茂もＭｋを口述テクストと見なしている。それは彼の表現に従えば「流言飛語」である。[9]「流言飛語（rumor）」は口述伝承（oral tradition）の一種として、既存の言説の場では怪しげなものと見なされる噂を意味している。[10]それゆえ、「噂」がいかに体験の真正性を含んでいるかの問題がその歴史性議論の核心となる。「口述」という用言が多少中立的なニュアンスを持っているとすれば、「流言飛語」は秩序の観点からは怪しげなものと見なされる物語を意味している。流言飛語であれ何であれ、安炳茂とケルバーらはＭｋを口述文学と見なすという点においては同じである。[11]もちろん両者は互いを知らない。また、両者がこうした結論に至った背景も異なっている。ケルバーやデューイは、メディア研究者マーシャル・マクルーハン（Marshall McLuhan）の弟子でイエズス会士のウォルター・オング（Walter Ong）の口述性議論に影響を受けた。また彼らはマクルーハンとオングの影響を受けて展開した新民俗学運動（neo-folklore movement）の口述文学（oral literature）に対する研究を知っていた。

一方、安炳茂の口述性に対する着想は、光州民衆抗争当時に口述伝承が持っていた言説の力を体感することで始まった［訳注：当時、全斗煥（チョン・ドゥファン）政権は軍隊による市民虐殺の事実を隠蔽し北朝鮮の指導を受けた共産主義学生による暴動としてマスコミを使って宣伝したが、学生やキリスト者の証言により秘密裏に真相が伝えられていった］。安炳茂の出発は知性史ではなく大衆の政治的記憶からである。おそらく彼はマクルーハンやオングの主張を知らなかったであろう。ただし、マクルーハンのメディア研究に影響を受けて書かれた流言飛語論に関する論文を参考にした痕跡はあるし、[12] オングの口述性と文字性に関するメディア論的理論は知らなかったようだが、オング以降の口述性に関する議論をイエス歴史学研究に適用したゲルト・タイセン（Gerd Theissen）の主張は知っていた。タイセンはQにおいて無所有と放浪の急進主義的エトスを帯びたテクストが存在する事実から、初期イエス運動史には「放浪のカリスマ的預言者（Wander Charismatiker）」がいたと推論している。[13] これは「イエスの言葉」がまさに叙事的情報を欠いていても、史的実在を推論する際に有用な情報であることを意味している。このような分析はこれまで「イエスの言葉」を通じて歴史学的解釈を試みていたどの研究よりも歴史学的蓋然性を帯びている。特に「イエスの言葉」の歴史性を読み解くため、テクスト自体には欠如した叙事的要素をテクストの外側において成功裏に推論してみせたという点において意味がある。

タイセンはこれらの論証のために一つの要素を考慮する。仮にそれがこの文書を通じたものであれば、生の座、特に社会的実践においてその文書の生の座がイエスと類似していなくとも内容を伝達することは可能となる。なぜなら、文字は情報を蓄える能力が極大化された媒体だからである。時空間的脈絡が異なっていても、また聴衆の生がその文字の情報とまったく符合していなくとも、そうした文書が一度記録されれば、そしてその文書の主人公が重要な存在として受け止められれば、それに関して記録された情報は確かに伝達される。一方、口述は口述者が伝達する言葉の内容と口述者自身の生とが符合するときにのみ内容が有効に伝承される媒体である。こうしてタイセンは口述段階において放浪のカリスマ的預言者の類型を推論したのだった。

問題はまさにこの点がタイセンの仮説の持つ落とし穴だという点にある。「言葉と生の一致」という口述性の原理は説話テクストを研究した結果導き出されたものであった。新民俗学運動系列の研究は語り手のパフォーマンスを強調する。タイセンも放浪のカリスマ的預言者という語り手に注目したが、それはパフォーマンスを強調するのではなく語り手が語りの対象である存在との生の座、特に実践の類似性を語るためである。これは新民俗学が言うパフォーマンスとは多少異なる含意を持つ。ここでは語り手の生の様式と彼らが伝えた存在の生の様式とが常に符合しなければならないということではない。それよりも、語り手が伝えた物語自体が聴衆の生の様式と同じ叙事性を持ったテクストでなければならないということである。仮に朝鮮の口述文学である「春香伝」のように両班（貴族）によって庶民女性の性が蹂躙され捨てられるようなことがしばしば生じる社会において、大衆はそうした現実に対する共感として「春香伝」という口述説話を受け入れる。また、そこには大衆を裏切らない両班（貴族）もいたに違いない、そしてその人物が蹂躙された庶民の苦痛を解消してくれるというメシア的ハッピーエンドストーリーが大衆の念願として共有されることでその説話は大衆の間で流通されることとなる。語り手がこのようなやり方で物語を演じることにおいて、言葉と生の一致という叙事性の原理が導き出されるのである。重要なことは、まさにこの点が新民俗学研究が新たな歴史学的探索の道を開いた決定的な理由であった。ここでは口述が演じる現場の事件とその口述内容中の原事件の間の類似性を見出すことができるからである。こうして歴史学者はその類似性の歴史社会的含意を読み解く作業が可能となり、原事件を歴史的に照らし出すことが可能となる。

タイセンは叙事的要素のない言葉が口述性の原理によって伝承されたと主張している。ここで聴衆とイエスの間の記憶が共有されることに関する情報を見出すことはできない。こうして彼は伝達者と伝達対象間の類似性だけを語った。そうした点で、仮にこの主張が説話研究に基盤を置く解釈的妥当性を持つために、タイセンは無所有と放浪の急進的エトスが込められたイエスの言葉が実際にはいかなる叙事の一部であったのかを立証しなければならないであろう。まさにこの点で安炳茂はQではなくＭｋ研究にタイセンの仮説を活用することで彼の失敗を繰り返すことはなかった。

以上の内容を要約すれば次のようになる。Ｍｋはイエスの言葉中心の文書ではなく事件中心の文書である。ところで事件中心の文書がイエス歴史学において無視されて来たのは、その文書内の叙事的要素がイエスの脈絡を物語るのではなくその文書共同体の脈絡を物語るだけだからである。そして両者の間には超えることのできない大きな川が流れているのだが、歴史学はその川を渡る橋を作ることができなかった。こうしてイエス学界は近代歴史学の論点へは入り込まない戦略を通じてその川を迂回する道を求めたのであり、それはイエスの言葉に注目する方法によって展開された。これは厳密な意味において歴史学とは言い難い。しかしブルトマンを除いた大部分のイエス歴史学者は相変わらず歴史批評学によってイエスを物語ることができると主張した。事件的テクストによってイエス歴史学を展開しようという試みは一九八〇年を前後して再び展開された。特にケルバーらと安炳茂はＭｋを文字文学ではなく口述文学とみなすことで歴史学の新たな可能性の道を開いた。それは口述が「言葉と生の類似性」という伝承原理を持っているからである。歴史批評学の非類似性の原則の代わりに類似性の原則が重要なものとして活用され機能したのである。

ここまで「事件」という言葉を、叙事的要素が含まれたテクストという展望を仮定しつつ語ってきた。その点、サンダースやケルバーらは事件という言葉を用いはしなかったが、事実上事件テクストを分析したのであった。しかし安炳茂は彼らとは異なり「事件」の問題意識を全面化しその概念を更に哲学的に考えている。

安炳茂にとって「事件」という用語はブルトマンの影響を受けたものである。ブルトマンは「実際のイエス」という歴史学的本質主義に陥ったイエス歴史学の限界を克服するためにハイデガーの実存主義を借用した。ハイデガーは時空間に帰属する「現存在（Dasein）」と時空間を超越した「存在（Sein）」との出会いを通じて、本質ではなく実存を見出すことができると考えた。すなわち実存は他者との出会いによって生じるものである。ところで現存在と存在は固着しておらず各自が絶えず運動し、そうして出会う。それが実存である。ゆえに実存は「事件的」なのである。ブルトマンはこの実存事件をキリストに対する信仰事件として再解釈した。こうして歴史内的事件ではなく特定の歴史と超歴史との出会いが引き起こす信仰事件において、歴史的にイエスを知り得ないことは一向に問題ではない。歴史のイエスはただ神学の前提であるだけだからである。[14]

安炳茂もブルトマンのように本質主義的アイディアとしてのイエスではなく他者との出会いを通じて実存するイエスを問う。本質主義的イエス論を歴史学的に翻訳すれば「実際のイエス」となる。このイエスに到達するために大部分のイエス歴史学研究者たちはテクストから他者的諸要素を消す歴史的実験を必要とした。安炳茂はこのような本質主義的イエス歴史学を「主客二分法」と批判した。[15]これは「主(subject)」と「客(object)」が分けられる、いや「客」が解釈に合わせる影響史を除去してこそ真の「主」が姿を現す過程を前提としている。一方実存主義的問題意識に従えば主と客、自我と他者とは分離することができない。それらは未だ実存ではない状態、すなわち未だ意味を発現していない状態なのである。「主」が「客」と出会ってこそ意味が発現する。すなわち事件が生じる。そうして存在となるのである。特にＭｋは、安炳茂によれば、「客」すなわち他者性を「オクロス」の視点から読み解いているのである。[16]

こうして安炳茂のＭｋ研究は「オクロス(ὄχλος)」をキーワードに進められる。このギリシャ語を韓国語訳聖書は「群れ」と翻訳し、多くの英語訳では「crowd」と訳された。無定形の大衆を指す言葉という解釈であろう。しかし日本のマルクス主義神学者田川建三は一九六六年に出版された博士学位論文において、第二聖書においてオクロスは概ねそのように用いられているが、例外的にMkのオクロス[17]は無定形の大衆ではなく強い社会学的含意を持つ群れを指していると主張した。[18]安炳茂は一九七五年以降この単語を用いている。そして安炳茂も田川のようにMkのオクロスが特定の社会学的含意を持つ大衆である点に注目した。ところで、田川はMkのオクロス用法を文字文学の観点から解釈しており、この単語を歴史のイエスを読み解くために用いるのではなくMk共同体の神学を解釈するために活用しているのに対し、安炳茂はオクロスという他者的存在とイエスの出会いをイエス事件と理解しこれが口述文学であるMkにおいて歴史的イエス・歴史のイエスに至るきっかけであると解釈している。

一九七五年、安炳茂がオクロスを初めて用いた論文「民族、民衆、教会」は民衆神学の出帆を宣言する論文として評価されている。すなわちこの論文の主題が民衆神学とは何かに対する強力な示唆を含んでいるということである。この論文の本文の冒頭、「われわれの歴史において民族はいたが民衆はいなかった[19]」という言葉がそのことを端的に語っている。

この言葉の背後には金芝河（キム・ジハ）がいる。[20]彼の民衆論の対立概念は「民族」である。彼は特に、不義なる権力が民族を蹂躙する過程においてそこからはじき出された人々と、外国人のように民族の一員には編入されない人々をあえて編入しようとする社会的、政治的改革を主張する抵抗的民族主義に対して批判し、民衆は民族主義的運動に動員され数多くの犠牲を被ったが、いかなる体制も民衆を歴史の記念碑に刻んだことはなかったと言った。

主に獄中書簡を通じて提起された青年金芝河の論点を受けて安炳茂もわれわれの民族史に民衆は刻ま

れたことがないと挑発的な問題提起を行っている。特にこの論文ではＭｋ解釈が導入されることで金芝河の民衆論は安炳茂の民衆神学へと生まれ変わった。まさに「オクロス」という単語がＭｋを通じて歴史のイエスを読み解くキーワードであることを主張したのである。

オクロスが誰かを明らかにするため、安炳茂はＭｋにおいてただ二回だけ用いられるギリシャ語「ラオス（λαός）」と対比させている。安炳茂はラオスとオクロスを比較することでオクロスの正体を知るための手がかりとした。Ｍｋではほぼ使われない単語をあえてオクロス解読の手がかりとしたのは、Ｍｋの採録者[21]がこの単語をよく知っていたと考えるからである。すなわち、この単語は意図的に使われなかったのである。「採録者」がこれをよく知っていたと考える根拠はこうだ。Ｍｋはこの単語を第一聖書の引用文にのみ使うが、それは引用元のヘブライ語聖書のギリシャ語訳「七〇人訳」から持ち込まれている。このギリシャ語訳において「ラオス」はおおよそ一七五〇回、かなり高い頻度で使われている。そうであればなぜ「採録者」はこの単語の使用を避けたのか。まさにオクロスがこの口述文書の聴衆だったからである。採録者は聴衆の予備検閲を受け語彙と内容を選別した。オクロスがラオスを嫌う理由は、日頃彼らがラオスによって烙印を押される対象とされ社会的にのけものにされていたからである。彼らは存在するが存在しないかのように見なされており、まれに存在感を現すオクロスは残酷な懲罰の対象とならざるを得なかった。ゆえにオクロス的口述文書であるＭｋがラオスをあえて明示しないのは一種の「消極的ミラーリング」だと言える。暴力的懲罰の代わりに記憶の懲罰を加えたのである。

では「ラオス」とは誰か。「七〇人訳」においてこの単語は「民」を意味するヘブライ語「アム

(עם)」の訳語として使われた。モーセが神から律法を受け取り民に発布したときそこに集まった民を指すヘブライ語「カハル(קהל)」と同様の意味を持つ単語である。すなわちラオスは法の民を意味する言葉であった。そうであればオクロスは「法の外の大衆」、すなわち法の外側に押し出された人々を指すことになる。民族の記念碑に刻まれない人々を民衆と呼ぶ金芝河の語法と見事に重なる概念である。

安炳茂はまさに彼らの視点からMkを読み解いている。ここにはイエスとオクロスがともに引き起こす事件が採録されている。「その事件の中でイエスはわたしと出会う。出会いながらわたしとの葛藤を引き起こす。なぜなら日頃わたしが常識では考えることのないような存在としてイエスがわたしと出会っているからだ。その出会いの中でわたしがイエスに向かって決断し信仰を告白するとき、イエスはわたしとともに信仰の事件を引き起こす存在となる」。これが安炳茂のイエス論である。ここにはイエスとMkと「わたし」をつなぐ事件がある。その事件の中で「わたし」はイエスを読み解く。そしてイエスとMkと「わたし」はオクロス的記憶の系譜に立つことになる。こうして読み解いたイエスを歴史学的に語ること、それがまさに歴史のイエスである。歴史のイエスはこのような歴史の系譜を通じて解読される歴史学的存在なのである。

次に、民衆神学の事件史的観点からMkのテクスト分析を試みてみよう。特に事件テクストの結び目として用いられる部分を調べてみたい。これは主にイエス学界において歴史批評学を行う際に最初に消し去られる部分である。しかし事件史的解釈においてここには大変重要な歴史的痕跡を見出すことができる。すでに安炳茂はその中のある部分を通じて歴史的解釈を試みているが、後述のようにこの試みは成功していないように思われる。

事件史は「事件1」「事件2」「事件3」…というミクロ的事件テクストを一次的分析の対象とする。それらがつながりより大きな事件テクストとなる時、それもまた歴史的分析の対象となる。ここで注視すべきは、事件と事件をつなぐ要因に対する歴史的「必然性」を強調する視点と「偶発性」を強調する視点がある点である。前者には近代的普遍史的理論が介入する。例えば、シーダ・スコッチポル（Theda Skocpol）は、フランス、ロシア、中国の社会革命間の差異における構造的で巨視的な要因として国家の性格を提示している。[22] タイセンもイエスと彼に追従する弟子たちの自発的放浪生活に対する研究において「社会的根こぎ」（social rootlessness）という巨視的現象を決定的な構造的要因として仮定し論旨を展開した。[23] こうした巨視的構造的要因が強調されれば自発的放浪と非自発的放浪という二つの選択肢しかないという因果関係の主張だけが可能となる。当然こうした主張には現象をあまりに単純化するという問題がある。[24] 特に構造的要因と衝突するか、あるいは最小限の因果関係しか見出せない要素に対してはいかなる問いも提起されることはない。

一方、偶発性を強調する視点はテクストに対してさらなるミクロ的な問いを投げかけることから始まる。特に事件と事件との間の展開を追う際には「意図せぬ結果（unintended consequences）」も考慮することで、いわゆる政治工学的状態をも扱うことになる。このような分析を偶発性分析という。

では次に、Ｍｋの事件と事件とを媒介する連結句に対する偶発性分析を通じてイエス運動の歴史性を照らし出してみよう。

1　事件間の時空間的連結部に歴史的痕跡を見出す

オクロスの観点で口述された事件テクストはＭｋのガリラヤでの活動に関連した物語として保存されている。おおよそ一〜九章がその内容を含んでいる。ここでは事件テクストを結びつける二つの時空間的句節が登場する。それは今までイエス歴史学界では歴史的真正性のない代表的なものとして見なされ歴史学的解釈において捨て去られた句節だ。一：一四と三：六〜七がそれである。

（1）マルコ一：一四　ヨハネが捕らえられた後、イエスはガリラヤへ行き、神の福音を宣べ伝えた。

［訳注：原文が準拠する「ハングル新翻訳」（大韓聖書公会、二〇〇一年）は「宣べ伝えた」で終わる。日本語共同訳等は「述べ伝えて、」と一五節につながる］

事件テクストを連結するこの句節の歴史性に対しては安炳茂の先行作業がある。[25] 彼はヨハネの処刑とイスラエルの反ローマ抗争の挫折、これら時期が異なる二つの事件がオクロスの記憶の中で結合しているという点でこの句節は歴史的であると強調した。ヨハネの処刑はおそらく紀元後二〇年代末あるいは三〇年代初頭であった。ヨハネを処刑したのはガリラヤとベレア地方の統治者だったアンティパスだったが、オクロスはアンティパスを「疑似ローマ人」とみなしていた。またＭｋは紀元後七〇年頃に形成されガリラヤ系キリスト派共同体の文書であり、この共同体の構成員であるオクロスは反ローマ抗争の挫折をローマによるイスラエルの処刑と捉えたということになる。時期が異なる記憶の中でこれら二つの事件は結合されている、と安炳茂は主張した。ゆえに彼はこうした類似性の原理を適用しＭｋの叙事的要素をイエスの歴史性解釈の根拠として活用することができた。これはヨハネが処刑された後彼の追従者であったイエスがガリラヤに向かったというこの句節がＭｋのオクロスにとっては反ローマ抗争として解釈されたという主張へと至る。ところで、こうしたオクロス論に基盤を置きＭｋの神学を分析しようという「民衆神学、マルコ福音書を中心に」は、かなり民族主義的視点からイスラエル社会を解釈しローマに敵対的な民族的感情をオクロスも共有していたかのように主張している。それゆえ一：一四の歴史性を扱う段落において、先にまとめたように洗礼者ヨハネの死と反ローマ抗争を起こしたイスラエルの死が関連付けられたのだった。

古代地中海社会の「危険な群衆」について研究したジャスティン・ヨーン・シュワブ（Justin Jon Schwab）によれば、古代文献に登場する「オクロス」のもっとも特徴的な含意は「思いのままに団結した手に負えない者たち（an unruly, unauthorized gathering of people）であった。[26] ここで「手に負えない」という表現が意味するのは、彼らが民族的アイデンティティも階級的自意識も欠如した者たちだという意味である。古代アテネの詩人エウリピデス（Euripides）はオクロスという単語を例外的にしばしば使ったが、それはアテネ式民主主義が衰退の一途を辿っていたペロポネソス戦争の中で愛国心も階層的同僚愛も無く、ひたすら暴力を生業とする者たちが政治的に勢力化することに憂慮を示すためだったという。[27] このような現象に更に踏み込んだ分析を試みたニコラス・ラウらによれば、海上貿易と戦争が活発になるローマ共和制末期に至って「海のオクロス（οχλοσ ναυτικοσ）」という言葉がしばしば登場するが、これはコリントやカルタゴ、アレクサンドリアのような国際海洋都市へと押し寄せる数多くの奴隷と難民、没落した小市民を指すための用語であった。ここにはしばしば彼らがその社会の伝統的秩序に包摂されないまま社会の無秩序と暴力を深化させる存在として現れていた、という見解が示されている。[28] 日頃、主流知識人たちはこうした人々にはまったく注目せず言及もしないのだが、彼らが文化的主体となり政治的勢力へと転換する時にはかなり否定的な基調で彼らに対する批評を加えるのであった。まさにこうした批判の脈絡においてオクロスという単語がしばしば登場する。すなわち文書の中のオクロスは、自分たちを排除する秩序に順応するような奴隷的主体としての生き方を拒否する時に現れるのである。

こうして古代地中海社会のオクロスに対する最近の研究はＭｋの用例を通じて推論した安炳茂の分析と合致している。ところで安炳茂は自らのオクロス論に基づいてＭｋの神学を語ろうとした論文において、意外にも民族主義的視点からオクロスを解釈しようとした。それによって一：一四に対する政治的含意に対するさらなる妥当性を伴う解釈に失敗しているように見受けられるのである。

ヨハネが殺された後ガリラヤに戦略的拠点を移したイエスの行動は、イエスの死以降再びガリラヤへと向かった人々のキリスト派共同体の自己叙事とさらに合致する。Ｍｋ一六：一〜八は、殺されたイエスの体が安置された洞窟から痕跡もなく消えた事件を描きながら、一人の青年の口を通じて彼がガリラヤに先に行ったという言葉を伝えている。こうしてガリラヤは復活したヨハネの場となり復活したイエスの場となった。その点、Ｍｋが主張するイエス運動は、反ローマ抗争を捨て新しいダビデが統治する自主的民族国家としてのイスラエルを目指したような運動ではない。それはイスラエルの民族主義的エリートの考えであり、「思いのままに団結した手に負えない者たち」であるオクロスが夢見る神の国ではないのである。Ｍｋが伝えるイエスは、病者を癒し罪人の烙印を押された人々を赦免し手に負えない人々とともに食卓を分かち合う存在として現れる。彼らはファリサイの目には無法者のようでもイエスには限りなく共感できる人々なのである。民衆神学が党派的に歓待する民衆は、このように主流の秩序体系に道徳的に適応した人々だけではなく無法者の烙印を押されたグロテスクな民衆でもある。

またヨハネの場であるベレア地方のヨルダン川沿いからガリラヤへの拠点移動は、神の国運動の様式の転換をも意味している。[29] ヨハネの運動は人々を自らの場に呼び集め彼らに罪の赦しの洗礼を授ける運動であった。一方、ガリラヤでイエスは大衆の空間である村の中へと入った。すなわちヨハネの運動が大衆を日常の外へと召喚するものであったのに対し、イエスの運動は日常の中で生じていたことを意味している。ヨハネの運動が神殿体制批判のような巨視的言説一辺倒の運動であったのに対し、イエスの運動は安息日の清浄規定のような日常の中で作動する権力の問題と対面する運動へと転換した。[30] 前者はイスラエル民族主義的性格が強い運動であり、後者は排除と偏見によって苦しむオクロスの日常的解放から始まる運動だと言える。ところでこの転換は意図したものというよりも場所の移動がもたらした意図せぬ省察の結果かもしれない。次の内容はそれを物語っている。

一・一四以前の事件テクストを見れば、三つの歴史的情報が含まれている。(a) ヨハネは再臨の預言者として渇望の対象であったエリヤの分身であるかのように行動し洗礼を授け神の国の到来を告げた。

(b)ガリラヤのナザレのイエスがそこに現れヨハネから洗礼を受けた。(c)イエスはそこ、荒野で修練を行った。

ここで注目すべきは(b)と(c)である。すなわち、イエスがヨハネの追従者として彼から洗礼を受けた後、彼は自分の日常に戻った多くの大衆とは異なりその場に残り追従者として次の段階に入った。荒野の修練がそれである。これはイエスがヨハネが主導する運動の内的集団（inner circle）の一員として加入したことを示唆しており、イエスがヨハネとの連続性が強い預言運動家であったことを意味している。[31] ヨハネが当局に逮捕され処刑された不義の事件によりヨハネ運動の活動家たちはそこを離れ各地に散った。イエスもその中のひとりである。彼はおそらくヨハネの追従者として共に修練をした同僚たちがいたカペナウムへと向かったようだ。そこは辺境（frontier zone）に位置する村であるのみならず複雑な家屋構造ゆえに身を隠すには有利な場所でもあった。[32] そしてイエスはそこを拠点と定めて注意深く活動を再開した。「カペナウム→ある村→カペナウム」、これがガリラヤでの活動期前半の特徴的方式であった。こうした方式は、先述したようにヨハネのものではない。運動の内容と形式が変わった。そうであれば「事件1」から「事件2」への転換を示す一：一四は必然的な展開だとは言い難い。ここには偶然が介入している。この偶然性がイエス運動においてより深いより根源的な権力との闘争への深化・拡大という創意的転換を生み出した。一：一四の歴史的痕跡を通じてわれわれが考える歴史的イエスの可能性、その中の一つがこれであった。

（2）Mk三：六と三：七

（三：六）するとファリサイ派の人々は外に出て、すぐにヘロデ党員たちとともにイエスを無き者にする謀議をした

（三：七）イエスは弟子たちとともに湖畔に退かれたので、ガリラヤから多くの人々が従った

［「ハングル新翻訳」］

ここで時空間的要素は、三：六では「会堂」であり［訳注：イエスは会堂に入られた（一節）］、三：七では「（ガリラヤ）湖畔」である。そしてイエス周辺の行為者的要素は三：六ではファリサイとヘロデ党員であり、三：七では「多くの人々」である。三：六が含まれている段落では、ガリラヤの村落でイエスが大衆と出会い神の国を教え病者を治癒する活動が「会堂」における物語として圧縮されている。ここでわれわれは「会堂」は都市だけではなく村落部にもあったことを知る。先述のようにガリラヤはアンティパスの領土であった。しかし当時の統治者にとって村落までをも直接統治することは困難であった。村落部にまで王への絶対的忠誠を誓う官僚を派遣しようとすれば領主は遥かに大きな費用を負担しなければならない。さらには官僚を養成するシステムが機能しなければならず、土豪や村落や群集に対し無条件に忠誠を誓わせる国家主義的イデオロギーが定着しなければならない。そのためには他国家に対して排他的な機能を持つ国家宗教がうまく作用しなければならないが、当時のパレスティナにおいて国家の経済と宗教の境界とは一致していなかった。こうしたことが容易ではなかったがゆえに、領主がもっ

とも強力な影響力を及ぼすための最高の条件は圧倒的軍事力だったのである。そして、そのために十分な費用を支出する能力が当時の領主にとって統治者たる必要条件であった。そのため領主は、官吏を派遣する代わりに常々領主に対し供物を捧げるような集落に対しては自治を尊重したのである。

一方、村落は領主のような軍事力で秩序が維持される空間ではない。ここでは先祖代々伝わる慣習が重要だった。パレスティナの場合、東西南北四方から迫りくる帝国の軍隊によって数多くの村落が消え去っていった。時が過ぎ再び安定期に入った頃に集落を導いたのは、慣習法を神殿の祭司たちの規範である律法と関連させ一種の生活律法運動を起こした新興中間層だった。定まった名前を持つ前、彼らを指す用語は多様だった。マスキリム（ダニエル一一：三三、知恵のある指導者たち［協会共同訳：悟りある人］）、ハシディーム、ファリサイなどがそれに該当する。彼らは都市にもいたが、その多くは先祖の霊が宿る田舎の村に住んでいたであろう。おそらく時を経てファリサイという名がそうした人々を指す一般的な名称となったようである[33]。彼らは会堂を拠点に村落の秩序を掌握するようになったようだ。Ｍｋに登場する村落のファリサイがそうした人々であった。もちろん「都市のファリサイ」もいた。おそらく彼らの精神的指導者は都市で活動していたことであろう。ところでＭｋは彼らを「ファリサイ」ではなく「エルサレムから来た律法学者」（τινες των ελθοντες απο Ἱεροσολυμων）と呼ぶ[34]。アンティパス当局は村落内で生じる出来事の詳細を知ることはない。ヨハネを逮捕し処刑したアンティパス当局は明らかにヨハネの残党を探し出そうと目を凝らしていただろうが、村落内に入って活動するイエスの行状を直接知る方法はなかった。

ところで、村落内の会堂でイエスはファリサイと慣習法の解釈を巡って葛藤を生み出した。安息日を聖なる時間として守ることを巡って、罪人のような不潔な人々と交わることを巡って、ファリサイとしてはあまり真面目とは思えない人々の病を癒して罪の赦しを宣言することを巡って、葛藤は次第に深まることになる。この間イエスの噂は広がっていた。当時の人々が尊敬を惜しまなかった荒野の預言者ヨハネが復活したのがこの人だという流言飛語が拡散するや、ファリサイにとってそれまで大したことはないと見なされていたイエスの姿は棘のように感じられるようになった。これに対するファリサイの反応はハングル新翻訳版では次のようである。「ファリサイ派の人々は…ヘロデ党員たちとともにイエスを無き者とする謀議を始めた」（マルコ三：六）。「ヘロデ党」とは「ヘロデに属する者たち（τῶν Ἡρῳδιανῶν）」を訳したものである。「ナチス党員」のようなイデオロギー的追従者を意味するというよりは、村の随所に設置されたヘロデの要塞に駐屯していた「ヘロデの軍隊」と理解すべきであろう。「謀議を始める」と訳されたのは「συμβούλιον ἐδίδουν」である。Ｍｋ一五：一では、大祭司が逮捕したイエスを高位の祭司と長老、そして律法学者で構成された会議を通じてピラトに引き渡したとあるが、ここでの「会議」、すなわちサンヘドリンの会議を指す単語がこれである。しかし三：六の場合、このように制度化された常設的会議ではなく「共助」の意味で用いられているように思われる。先述のように領主と村落はそれぞれ独自の権力メカニズムが作動しているのであり、保護するとか逮捕するといった位階的関係の出来事が生じていたというよりも、二つの権力が互いに助け合いイエスに敵対することにしたという内容だったであろう。

この二つの節の次からイエスの時空間と行為者の要素が変わる。イエスはガリラヤ湖畔に行く。ここは会堂のない場所、ファリサイが統制していない空間を意味している。そしてここには「多くの人々（πολυ πλῆθος）」がいた。彼らは村落のファリサイや彼らに統制された村人ではなく、そこから排除された人々、律法外の人々を指している。三：九では彼らは「群れ」［多くの日本語訳では「群衆」］と訳されているが、このギリシャ語がまさに「オクロス」である。この語意はＭｋにおいてこのような人々、村落共同体の秩序の外へと押し出された人々を指している。

イエスが湖畔へと押し出されたのは、イエスが村落の支配者であるファリサイと葛藤を起こし、彼らがアンティパス当局とともに反イエス戦線を形成したからである。もはや村落はアンティパスの公権力から安全な場所ではなかった。こうしてイエスはこの句節以降、村落では活動していない。Ｍｋによれば、唯一の例外が故郷であるナザレの会堂である。村落を抜け出してイエスが向かったのは「湖畔」、具体的には国境地帯であるガリラヤ湖周辺の空き地であった。

この時イエスの周辺に新たな大衆が集った。Ｍｋは彼らをオクロスと呼んでいる。もちろん彼らは村落内で活動する際に登場することもある。しかしそれはただ一度だけである（二：四）。それも会堂の中では言及もされていない。すなわち彼らは村の中でははっきりと見えない存在、会堂には決して入ることのできない人々である。一方彼らが主に登場する場面は村の外、律法が受け入れない人々の空間においてである。

三：六を起点に主要大衆が変わったことは有意義な情報である。村落、特に会堂はイスラエル社会の

「正常vs非正常」の二分法が機能する空間である。正常の外に押し出された人々、彼らは種々の病にかかっており、罪人と烙印を押された人々であり、常に飢えの苦しみにさいなまれていた。こうして、この時期イエスの活動の核心は彼らを治癒し食事を与え祝福を告げることであった。イエスの多くの事件の中でこうした物語が生き残り伝承された。大衆はそうした物語を特に記憶した。こうしてＭｋにおいて生き残ったイエスの物語は主にオクロスが記憶したイエス物語である。Ｍｋの事件テクストはイエスとオクロスがともに引き起こした事件テクストだったのである。

3　おわりに

事件史はこのように事件テクストとそれとの関係を通じて歴史性を解読する作業である。口述テクストを歴史学的に解釈する際、事件史的観点は歴史的解釈のきっかけを提供してくれる。事件テクストにおいて主と客、イエスと周辺の大衆そして敵対する人々を消すことは歴史的解釈の可能性を消すことでもある。Ｍｋのテクストの中にはイエスとオクロスがともに起こした事件が盛り込まれている。オクロスの中のイエスの記憶は後代の他のオクロスたちに伝承された。そして、あるオクロス共同体においてその記憶が採録された。イエスに関する口述文学Ｍｋはこのようにして誕生した。口述の「言葉と生の一致」という伝承の特性は事件史を通じて歴史を読み解く一つの方法なのである。

事件史的イエス解釈は記憶の重なり合いという現象を含むことで歴史的言説となる。すなわち、今日ここで過去の歴史的事件を覗き見る者は、過去を見ていると同時に現在という社会史的空間に足を置いている。またその人物は、それがどのような方法であれ現在の桎梏を乗り越えようと未来を夢見ながら立っている。こうして一つの事件の歴史性の中では歴史的研究の対象と歴史的史料、そして史料を通して歴史的対象を読み解く歴史家との間の時空間の重なり合い現象が生じている。エドワード・カーはこれを「歴史とは過去と現在の出会いである」と表現した。すなわち、われわれにとって歴史のイエスとは今日のわれわれにとっての信仰のイエスでもある。民衆神学はそれをオクロスの目によって読み解く信仰告白言説なのである。

参考文献

キム・ドンノ「マクロ理論から事件史へ、そして再びマクロ理論へ　―歴史社会学の研究傾向と新たな道の探求」《社会と歴史》一〇〇（韓国社会史学会、二〇一三年）

金鎮虎「もう一人の荒野の修行者、同じで違うもの」《共同性》（図書出版共同性、二〇二〇年五・六月）

――「ヨハネが捕らえられた後、ガリラヤ集落で：〝日常権力〟との衝突」（マムリム、二〇二一年一二月）

田川建三『マルコ福音書と民衆解放：原始キリスト教研究』（キム・ミョンシク訳、サゲチョル、一九八三年）＊

原著：『原始キリスト教の一断面：福音書文学の成立』（勁草書房、一九六八年）

ニコラス・ディフォンツォ『ルーマー社会：耳障りで危うい噂の心理学』（クァン・ユンジョン訳、ホルム出版、二〇一二年）＊邦訳：『うわさとデマ、口コミの科学』（江口泰子訳、講談社、二〇一一年）

ルドルフ・ブルトマン『新約聖書神学』（ホ・ヨク訳、ソングァン文化社、一九六五年）。＊邦訳『新約聖書神学』（『ブルトマン著作集』第三～五巻、川端純四郎訳、新教出版社、一九六三～一九八〇年）
エドワード・サンダース「イエスの歴史的背景に関する論争」《時代と民衆神学》三（ペク・チャンフン訳、第三時代キリスト教研究所、一九九六年）
――『イエス運動と神の国。ユダヤ教との葛藤とイエスの福音』（イ・ジョンヒ訳、韓国神学研究所、一九九七年）＊原著：Jesus and Judaism, London : SCM Press, 1985.
ルーク・ティモシー・ジョンスン「イエスの人間性：歴史的イエス研究、何が危機か」《神学思想》一三二（ソン・ヘスク訳、韓国神学研究所、二〇〇六年）
ソン・ボンモ「イエスセミナーの歴史的イエス探求とこれに対する批判」《神学と哲学》（西江大学神学研究所、二〇〇二年）
シーダ・スコッチポル『国家と社会革命：革命の比較研究』（ハン・チャンス、キム・ヒョンテ訳、カッチ、一九八二年）参照。＊原著：*States and Social Revolutions : A Comparative Analysis of France, Russia and China*, Cambridge University Press, 1979.
安炳茂「イエス事件の伝承母体」《神学思想》四七（韓国神学研究所、一九八四年）
――「イエスと民衆、マルコ福音書を中心に」《現在》一〇六（一九七九年）
――「民衆神学、マルコ福音書を中心に」《神学思想》三四（韓国神学研究所、一九八一年）
アン・ジョン「金芝河の歴史意識と〝民衆〟の意味の養成」《韓国学研究》四七（仁荷大学韓国学研究所、二〇一七年）
チェ・オビョン「事件史の認識論と方法論」《社会と歴史》八三（韓国社会史学会、二〇〇九年）

チェ・スニャン「スピヴァクのサバルタンの観点から見たアジア女性神学と民衆神学的言説に対する問題提起」《神学論壇》七二（延世大学連合神学大学院、二〇一三年）

ゲルト・タイセン『原始キリスト教に対する社会学的研究』（キム・ミョンス訳、大韓基督教書会、一九八六年）
＊原著：Studien zur Soziologie des Urchristentums, Tübingen, 1979.

ロバート・ファンク『イエスに率直に』（キム・ジュンウ訳、韓国キリスト教研究所、一九九九年）＊原著：Robert W. Funk, Honest to Jesus : Jesus for a new millennium, Harper San Francisco, 1996.

Paul J. Achtemeier, "Mark as Interpreter of the Jesus Traditions.", Int.32/4(1978)

Joanna Dewey, "Oral Methods of Structuring Narrative in Mark", Int. 43/1(1989)

L. W. Hurtado, "Greco-Roman Textuality and the Gospel of Mark : A Critical Assessment of Werner Kelber's The Oral and the Written Gospel", Bulletin for Biblical Research vol. 7(1997)

Werner Kelber, *The Oral and the Written Gospel : The Hermeneutics of Speaking and Writing in the Synoptic Tradition*, Mark, Paul, and Q , Indiana University Press, 1997.

Mathew J. Grey, "Simon Peter in Capernaum : An Archaeological Survey of the First-Century Village.", https :// rsc.byu.edu/ministry-peter-chief-apostle/simon-peter-capernaum-archaeological-survey-first-century-village.

Nicholas K. Rauh, Matthew J. Dillon and T. Davina McClain, 'Ochlos Nautikos : Leisure Culture and Underclass Discontent in the Roman Maritime World', "The Maritime World of Ancient Rome, Vol.6", University of Michigan Press, 2008.

The Jesus Seminar, *The Five Gospel : What Did Jesus Really Say? The Search for the Authentic Words of Jesus*, NY : Macmillan, 1993.

The Acts of Jesus, What Did Jesus Really Do?, San Francisco : Harper San Francisco, 1998.
Justin Jon Schwab, "The Birth of the Mob : Representations of Crowds in Archaic and Classical Greek Literature.", University of California Berkeley, 2011.

注

1 Ｍｋを通じた歴史研究は十九世紀末に事実上破産状態に至ったがワーナー・ケルバー（Werner Kelber）がこの文書を口述文学の観点から論じるようになる一九七九年以降には限定的ではあっても再稼働した。これはマーシャル・マクルーハンの影響を受けた媒体学、民俗学、人類学において生じた新たな研究傾向が聖書研究に活用されることで生じた現象である。ケルバーの他にジョアンナ・デューイ（Joanna Dewey）、ポール・アクテマイヤー（Paul Achtemeier）などがＭｋを口述文学の観点から解釈した。L.W. Hurtado, "Greco-Roman Textuality and the Gospel of Mark: A Critical Assessment of Werner Kelber's The Oral and the Written Gospel"; Werner Kelber, The Oral and the Written Gospel: The Hermeneutics of Speaking and Writing in the Synoptic Tradition, Mark, Paul, and Q; Joanna Dewey, "Oral Methods of Structuring Narrative in Mark"; Paul J. Achtemeier, "Mark as Interpreter of the Jesus Traditions", Int. 32/4(1978), pp. 339~352、参照。

2 「実際のイエス」（real Jesus）という表現はルーク・ティモシー・ジョンスン（Luke Timothy Johnson）がイエスセミナーの歴史的イエス研究を批判しつつ用いたものだが、イエス研究者は実存主義的歴史のイエス研究が目標とするイエスを指す際にこの表現を用いている。これらの研究は十九世紀末以降避けがたい限界にぶつかった。この問題を突破するための不断の努力を経て二十世紀の歴史学は、エドワード・カー（Edward

Carr）が提起した命題「歴史は（過去の事実の再現ではなく）過去と現在の対話である」という新しい問題設定を導入するに至る。ところで聖書歴史学、特にイエス歴史学は未だに「実際のイエス」の復権に執着している。ティモシー・ジョンスンは歴史学を通じて「実際のイエス」を発見しようとすることに反対するが、その歴史研究の目標を「実際のイエス」においている。このようなイエス歴史学界の執着は今日の歴史学的観点からは時代錯誤的論争に過ぎない。ルーク・ティモシー・ジョンスン「イエスの人間性：歴史的イエス研究、何が危機か」八～四九頁。

3 ロバート・ファンク『イエスに率直に』九九～一二八頁参照。

4 The Jesus Seminar, The Five Gospel: What Did Jesus Really Say? The Search for the Authentic Words of Jesus; The Jesus Seminar, The Acts of Jesus, What Did Jesus Really Do?

5 「皇帝のものは皇帝に、神のものは神に」の文章だけが歴史的真正性があると決定した学者たちはここでも例外なく叙事的情報を除去した。

6 ソン・ボンモ「イエスセミナーの歴史的イエス探求とこれに対する批判」。

7 サンダース『イエス運動と神の国。ユダヤ教との葛藤とイエスの福音』一四～三一頁。一方聖書学界においては「事件 event」よりも「行為 act」という表現が馴染んでいる。サンダースも八つのテクストを「行為」の語で表現した。しかし福音書において「言葉テクスト」は、先述のように叙事的要素が欠如した内容を示す反面、「行為テクスト」は叙事的な内容を示したという点で、「言葉」と「行為」という単語はその意味を生かす上で適切ではないように思える。こうした意味から最近歴史学界で浮上している「事件史 eventful history」に注目する必要がある。ここでは福音書のイエスの行為テクストのような叙事的要素のあるミクロな史料を解釈の基本範疇とし歴史的解釈を試みている。こうした点イエス歴史学の分析単位としての「行為テクスト」という表現より「事件テクスト」という用語が学術的用語として適切だと思われる。「事件史」についてはキム・ドンノ「マクロ理論から事件史へ、そして再びマクロ理論へ―歴史社会学の研究傾向と新たな道の探求」七三〜一〇二頁。チェ・オビョン「事件史の認識論と方法論」一五七〜一八五頁参照。

8 安炳茂「イエス事件の伝承母体」六一頁。

9 同、七〇頁。

10 ニコラス・ディフォンツォ『ルーマー社会：耳障りで危うい噂の心理学』。

11 反面、大部分の研究者はＭｋを記述されたものとして解釈しており、その口述的要素に注目していたブルトマンですらそうした認識の限界を抜け出てはいない。

12 安炳茂、前傾論文、七〇頁。［訳注：安炳茂はイ・サンヒ「流言飛語の生態学」を参照している、同論文注三四］

13 タイセン『原始キリスト教に対する社会学的研究』に収録された「宗教的諸伝承に対する社会学的評価：原始キリスト教の例に見るその方法論と問題」と「原始キリスト教のイエスの言葉伝承に関する文学社会学的考察」。

14 歴史学的探求の失敗以降彼の実存主義的神学の決定版とも言える『新約聖書神学』の第一文「イエスの宣言は新約神学の前提であり新約神学の一部ではない」がまさにこのことを示している。ブルトマン『新約聖書神学』。原文は以下の通り "Die Verkündigung Jesu gehört zu den Voraussetzungen der Theologie des NT und ist nicht ein Teil dieser selbst."

15 安炳茂「民衆神学、マルコ福音書を中心に」。

16 同「イエスと民衆、マルコ福音書を中心に」。

17 第二聖書においてオクロスは一七五回用いられるが、その中の三八回がＭｋである。

18 Kenzo Tagawa, "Miracles et Evangile, la Pensee personelle de l, évangeliste Marc" (Presses Universitaires

de France, 1966)" これをもとに日本語版（一九六八年）、韓国語訳（一九八三年）が出版されている。

19 「民族・民衆・教会」《基督教思想》（一九七五年）［訳注：後に『民衆と韓国神学』（一九八二年）にも掲載された。未邦訳］

20 金芝河の民衆論については、アン・ジョン「金芝河の歴史意識と〝民衆〟の意味の養成」参照。

21 文字文学として記録した人々を「著者（auther）」、口述文学を記録した人々を「採録者、recorder」と呼ぶ。

22 シーダ・スコッチポル『国家と社会革命：革命の比較研究』参照。

23 タイセン「〝私たちは何もかも捨ててあなたに従いました〟（マルコ一〇：二八）：一世紀ユダヤパレスティナ社会においてイエスに従うことと社会的根無し性」『原始キリスト教に対する社会学的研究』一三四～一七一頁。

24 エドワード・サンダースはこうした主張は歴史生を欠いていると主張する。イエス当時のイスラルは社会経済的に危機に瀕しており悪化の一途をたどる過程を前提としているからである。またこの時代の人々がすべてこの危機を共有していることを基盤としている。史料も史的蓋然性もないこうした不誠実な主張は多分にイデオロギー的歴史観の産物である。

25 安炳茂「民衆神学、マルコ福音書を中心に」一二八～一三〇頁。

26 Justin Jon Schwab, 'The Birth of the Mob: Representations of Crowds in Archaic and Classical Greek Literature.,

27 同、六八頁。

28 Nicholas K. Rauh, Matthew J. Dillon and T. Davina McClain, 'Ochlos Nautikos: Leisure Culture and Underclass Discontent in the Roman Maritime World.'

29　以下は金鎮虎「ヨハネが捕らえられた後、ガリラヤ集落で：〝日常権力〟との衝突」に基づいている。

30　Ｍｋ一〇：一以降イエスの活動はエルサレム中心となる。そしてこれ以降オクロスは言説の流れを導かないだけでなく、否定的ニュアンスで登場する（イエスを逮捕するために来たオクロス、ピラトの法廷でイエスを殺せと叫んだオクロスなど）。これはおそらくエルサレムのイエス物語形成にオクロスが関与しなかったことを示唆している。

31　これについては金鎮虎「もう一人の荒野の修行者、同じで違うもの」参照。

32　Mathew J. Grey, "Simon Peter in Capernaum: An Archaeological Survey of the First-Century Village."

33　パウロ書簡ではファリサイの用法は異なっている。パウロはユダ系原理主義者をファリサイと呼んでいる。一方、二度に渡る反ローマ抗争を経験してパレスティナのユダ系共同体を再結束させる宗教的律法的規範体制(normative regime）が登場する。これは祭儀宗教から律法宗教への転換を意味し、外的制裁より内的制裁が一層精巧に作動するようになったことを意味している。

34　他の福音書では「エルサレムから来たファリサイ」（マタイ一五：一、ルカ五：一七）と表現されている。

民衆神学の救済論
——民衆主体性と民衆メシア論

崔亨默

1　民衆はメシアなのか？

民衆メシア論は民衆神学の核心であると同時に最も激しい争点でもある。民衆メシア論は民衆がすなわちメシアであるという意味を含んでいる。もちろんこれは「民衆がすなわちメシア」だという意味なのか、「民衆がメシア的役割を担っている」という意味なのか微妙な差異に伴う緊張を内包しているが、民衆の自力救済の可能性を認めているという点で民衆神学の要諦とみなされると同時に最も激しい争点ともなっている。

民衆メシア論が民衆神学の核心であると同時に激しい争点となったのは、それが既存キリスト教の救済論とは明確に異なる神学的認識を含んでいるからである。ドイツの神学者モルトマン（J.Moltmann）は韓国の民衆神学を評価して「宗教改革以来、聖書に対する新たな解釈を通じて形成された最初の神学」と述べている。[1] 宗教改革の神学が既存の神学的認識を変化させた転換の契機となったとすれば、それ以降再び神学的認識を変化させた重大なもう一つの契機であったという意味であろう。民衆神学の登場が十六世紀の宗教改革同様の大きな波及力を持っているかどうかは別として、少なくとも神学的パラダイムにおける重大な変化をもたらしたという主張である。とはいえモルトマンが民衆神学的認識にまったく共感し同意しているということではない。彼は「イエスと民衆の同一化」を語る民衆神学を登場させた韓国の歴史的脈絡に対して理解を示しつつも、民衆メシア論に対しては疑問を提起している。「民衆がこの世を救わなければならないなら、民衆を救うのは誰なのか」と彼は問う。[2] 民衆は救いの対象だという神学的立場から投じられた問いである。同様の問題意識に基づくドイツの神学者と韓国の民衆神学者の対話はしばらく続けられた。[3]

民衆メシア論は国内の神学者の間でも熱い論争を引き起こした。民衆神学が民衆「神学」ではなく「民衆神」学になってしまう危険を警告する批判的立場が提起されたかと思えば、[4] 民衆神学陣営内部からも民衆メシア論を一種の毒素条項とみなす見解が示された。[5] 以降、民衆神学内部ではこれについて活発な議論が繰り広げられた。残念なことに公的な討論の場での持続的な対話は十分ではなかったが、様々な研究者がこれに対する見解を明らかにし各々の見解を開陳している。[6] これらの論議は民衆メシア論が持つ争点の性格をよく示すものであり、今後の論議における参考資料となるに違いない。

本稿は、民衆神学の核心概念として新たな神学的地平を開いた民衆メシア論の要諦を検討することで、それが既存の救済論とどのように異なっているのか明らかにしようと思う。また、これを巡って継続されてきた議論から浮かび上がった論点を想起しながら現実に対する責任的信仰の根拠として民衆メシア論の意義を評価しようと思う。

2 民衆メシア論の形成と要諦

民衆神学が全泰壱（チョン・テイル）事件の衝撃から始まったということは広く知られている。もちろんこの単一の事件がすべての民衆神学誕生の契機となったわけではない。その誕生の巨視的脈絡を明らかにするならば、韓国社会における経済開発の本格化と共に政治的権威主義が強化された一九六〇年代末から一九七〇年代初頭に生じた一連の政治社会的状況となることであろう。しかし全泰壱事件がその一連の政治社会的状況を圧縮した一つの極端な事件であったという点において、その事件を契機として民衆神学が誕生したという理解には疑いの余地がない。

民衆神学の救済論の要諦である民衆メシア論の出発も実はこの事件と直結している。他の神学者たちの議論に比べて相対的に見過ごされているものの、一九七〇年十一月十三日、全泰壱焼身事件が発生した直後に発表された呉在植（オ・ジェシク）の「あるイエスの死」[7]は民衆メシア論の端緒を示す意味深い文章と言える。追悼の辞の形式を借りたこの文は副題として「故全泰壱氏の霊前に」と明記されているだけで本文にはただの一言もその名に言及することなくイエスの死の意味を語ることで、すなわち全泰壱の死を想起させるようになっていると同時に、逆に全泰壱の死においてイエスの死を実感させるものでもある。一九八〇年光州抗争［訳注：一九八〇年五月一八日、光州市で起こった大規模な反政府蜂起とそれに対する軍隊の武力鎮圧事件。発端はクーデターにより執権した政府による五月一七日の「非常戒厳令」で、これの解除を求める大学生を中心としたデモが市民へと広がり一時は公共機関を占拠するに至ったが鎮圧のために二万五千人の部隊が投入され多数の死傷者を出し、一説では死者は二千人超と言われている。光州民衆抗争とも呼ばれる］直後に詩人金準泰（キム・ジュンテ）が「十字架を担い無等山［訳注：無等（ムドン）山。光州市東部の表高一一八七メートルの山］を超えゴルゴタの丘を越えていく…神の一人子」と歌ったことも[8]やはりそれと異ならなかった。歴史の現場で奮闘する彼らであればこそ、その想像力と切実な心を教理的ものさしで裁断することがいかに意味の無いことかよく知っている。初期キリスト者がイエスにおいて神に出会ったとするならば、今日のキリスト者が民衆においてイエスを発見するのと同一の経験をすることはそれほど不思議なことではない。

暗黒の時代状況の中でその想像力は一層増幅された。一九七〇年初頭、詩人金芝河（キム・ジハ）の「金冠のイエス」、そして獄中メモ「張日譚（チャンイルタム）」などはそのことをよく示す事例と言える。[9]ある種の序詩形式を持つこの物語を通じ神学者たちはその意味をより一層深化させることが可能となった。こうして霊感を得た神学的洞察によって次第に神学的言説の形式が発展した。一九七三年「韓国キリスト者宣言」において、イエスが「虐げられた者、貧しい者、弱い者、見捨てられた者」と共にあったように韓国のキリスト者も彼らと運命を共にしなければならないと告白したとき、それは民衆メシア論を予告したものでもあった。キリスト教神学の立場から見るならば、この認識は聖書の証言自体を再照明する意味を帯びていたことがわかる。歴史的状況から刺激を受けてはいたが、それは同時に聖書の証言を再検討する契機となり、テクストとコンテクストの分離が不可能であることが一層明らかとなった。民衆メシア論はこうした脈絡において形成され具体化したのであった。

徐南同（ソ・ナムドン）は民衆をこう定義する。すなわち民衆は「生活の価値を生産し、世界を変革させ、歴史を推進してきた実質的主体でありながらも支配権力によって疎外・抑圧され賤民・罪人へと転落した」が、「歴史の発展によって自らの外化物である権力を本来の位置へと戻し神の公義回復を主体的に導くことで救いが成就するようにした」ということである。[10] この認識を共有した民衆神学者たちによって民衆メシア論は本格化された。

1　民衆事件：イエス事件

安炳茂（アン・ビョンム）は「民衆事件」の意味を解明する中で民衆の主体性に対する洞察を通しこれを強調した。実存主義に深い影響を受けた安炳茂は「事件」の概念を実存主義神学者ブルトマン（R.Bultmann）から受け取った。ブルトマンにとって事件（Ereignis）はイエスの十字架事件を通して現れた史的救済事件であり、それはただ一回の事件にとどまらず時空を超越した普遍的な性格を帯びていた。ブルトマンにとってこの事件の意味は信仰を通じた実存的体験の性格を帯びたものであった。言うならば、イエスの十字架事件の信仰による意味の現在化は、今日の個別的な主体に対する実存的な関係によるものであった。[11]

そして安炳茂はその事件の意味を歴史的地平において再解釈する。彼は民衆イエスが引き起こした事件に注目するが[12]、安炳茂はイエスを個人的な人格として捉えることを拒否し集団的人格を代表するものとして理解した。したがって「民衆イエス」はイエス自身が民衆を代表することを意味すると同時に、イエスが常に自らと民衆を同一視していたことを意味している。ここでイエスと民衆は分離されておらず、それは一方が主体で他方は客体となる関係ではなく、渾然一体とした主体を形成する。安炳茂は渾然一体としたこの主体が引き起こす事件の中に歴史的イエスの真の姿を見出していた。そしてこの事件は二千年前にガリラヤの歴史的現場で生じたただ一度だけの事件として終わるのではない。それはあたかも火山脈が吹き出すように絶えず歴史の只中に現れる。安炳茂が全泰壱事件を躊躇なくイエス事件であると語ったのはこうした脈絡においてであった。

安炳茂はまさにこの民衆事件を証言することが民衆神学の核心的課題であると明言した。イエスと民衆は解放事件の中で一つとなる。民衆神学の最も核心的なこの命題が神学的次元においては最も鋭敏な論点となった。特に西欧の神学者にとって民衆とイエスの同一視は大きな問題とならざるを得なかった。具体的には、イエスが民衆を代表することは受け止められるとしても民衆とイエスが同じ役割、すなわちメシア的役割を引き受けられるのかという点が問題となった。しかし安炳茂は、事件の中でそれは可能であると断言した。

安炳茂が事件の意味を強調するときの最も重要な点は民衆の自己超越の性格である。安炳茂は数多くの歴史的事件の渦中において民衆の自己超越を見出すことができると力説する。一例として、全泰壱事件の場合、「自分の苦痛の問題を自分個人に限定するのではなく労働者全体の問題として昇華させることで民衆的メシア像が現れ」るとみなしている。「全泰壱がメシアであるという言葉を使う必要はありません。キリストは全泰壱においてこのように現存していると言い得るのです[13]」。それは全泰壱がすなわちメシアであることを意味していない。全泰壱事件の中に民衆のメシア的力が現存するという意味である。まさにこのような意味において安炳茂が強調するイエスと民衆の同一視は一般に誤解されているようないわば存在論的同一視とは異なっている。それは徹底的に事件の地平の中における同一視を意味していた。

聖書のイエス事件と今日の民衆事件を同一の救済事件として認識した安炳茂の事件の神学は、いわば「テクスト」と「コンテクスト」の関係に関する彼の立場と密接に関連している。「問いが答えを決定する」という持論を持つ安炳茂は「コンテクストとテクストを二つに切り分けることは間違い」であると言う。「われわれが歴史の中に属していれば歴史を客観化できないのと同じように、わたしが自分のコンテクストにおいてテクストを読む時にもコンテクストやテクストを客観化することはできない」、「この両者は分離できない一つの現実」である[14]。まさにこの点で安炳茂の民衆メシア論は歴史的洞察であると同時に聖書的洞察の結果であると言えるであろう。

2　民衆のメシア性とハンの贖罪的性格

徐南同の民衆メシア論は基本的に彼の神学的枠組みである「二つの物語の合流」構造の中で明らかに

なる。キリスト教の民衆伝統と韓国の民衆伝統の合流を証言する民衆神学は、今日目の前で起こっている事件を神の歴史介入事件として理解し実践的参与者の立場からこれを解釈する課題を含んでいる。[15]徐南同はこの立場に従って韓国の民衆伝統が伝える様々な物語の中でその神学的意味を解き明かした。それらの物語は昔から伝わる民間説話はもちろんのことこの時代に起こった事件の物語をも含んでいた。

その中で特に、金芝河の獄中メモである張日譚の物語は「神と革命の統一」を示す一例として注目の対象となった。[16]不幸な民衆が堕落していく旅路の終わり、つまり奈落において再びその旅路をさかのぼる主人公の物語において民衆メシア論が見出された。「このどん底をもう一度ひっくり返せばまさに天になりそこに民衆のメシアが出現することができる」、「この地から追放され捨てられた人々の巣窟に自ら飛び込み彼らと心が一つになる経験」[17]をする主人公が極楽浄土を宣言して死に再び復活した物語には、東学を含む韓国民衆の系譜が色濃く含まれていると同時にイエスの物語が溶け込んでいる。徐南同は、詩人金芝河が張日譚と韓国民衆とイエス・キリストを同一化しさらに自らの姿をその上に重ねた物語の中において民衆メシア論を発見したその慧眼に深く共感する。「韓国教会の民権運動と旧約の出エジプト行進の姿を同一化し、韓国の民衆の中にイエスを同定し、張日譚の姿にキリストの働きを同定しそこに自己自身を依託するときまさに救いと解放の事件が発生する」[18]。

徐南同は、ハンに満ちた民衆のハンプリ〔訳注：ハン（恨）は感情的な恨みを越え毀損された名誉や不条理に対する告発のエネルギーを内包するものであり、ハンプリ（字義的には恨みを晴らすこと）はその解放、正義の実現、名誉回復などを意味している〕物語の中における「苦難を受けた民衆のメシア性」と「ハンの贖罪的性格」とに注目する。[19] それは伝統的神学が語る罪からの救いとは異なる意味を帯びている。つまり「罪は支配者の言語でありハンは民衆の言語」なのである。罪からの救いはその主体と対象を区分するのに対し民衆の言語としてのハンはそれ自体が贖罪的性格を帯びている。そして、支配体制によって積み上げられたハンを民衆が自ら克服していくハンプリにおいてその贖罪的性格が明らかとなり、それがすなわち民衆のメシア性を示しているのである。ここで民衆のハンプリとはただ個人的恨みに対する復讐のようなものではない。ハンに満ちた自分自身を解放するのみならずハンを積み上げる社会構造を変化させることでこの世を救う役割を意味している。こうして民衆は自ら「ハンの司祭」としての役割を担うことになる。徐南同は、教会もまた民衆神学の役割と関連しハンの司祭の役割を担っているとも語ったが、一次的には民衆自らがその役割を担っているという点に注目した。つまり彼は民衆自身の解放能力に注目していたということである。徐南同が注目した民衆のメシア性は韓国民衆の物語にだけ現れるものではない。聖書が証言する苦難を受ける神のしもべ（イザヤ五二：一三〜五三：一二）はもちろんのこと、そのメシア的展望を実際に具現したイエス・キリストにおいてそれは明らかに表現されている。イエスが民衆と自らを同一視した「最後の審判物語」（マタイ二五章）に見られるようにである。さらに徐南同は「善いサマリア人の物語」（ルカ十章）において強盗に遭遇した人物が「ハンのキリスト」の役割を担うという新たな解釈を示している。

民衆がハンの司祭として自らを救いこの世を救うことは、ハンが個人の恨みにとどまらず集団的に純化されることができるからであるが、個人を超えて集団的純化を可能とする契機が「断（ダン）」である。

それは恨みを断つことを意味している。[20] 断はハンの克服であり個人的には自己否定であり集団的には復習の悪循環を終わらせることであるが、[21] それはハンが持つ力が消滅することではなく異なる形態へと純化されることを意味している。ハンは「民衆的底辺感情として一方では弱者の敗北感であり、虚無感と諦念が支配する感情の状態」であるが、「他方では弱者としての生の執念を帯びた感情」でもある。[22] 民衆の生の執念としてハンは芸術的に純化されもするし革命や反乱の力として表出されもする。こうしてハンは報復の悪循環を抜け出て民衆自身を救いこの世を救う。恨みをつのらせた民衆が自らを否定し超越しそのハンを純化させる中で驚くべき事件が生じる。これを徐南同は金芝河の言葉を借りて「ハンと断の弁証法」と呼んでいる。[23] これが神と革命の統一、あるいは個人の霊的刷新と社会的変革を統合する持続的革命の原動力であった。[24]

民衆のハンが社会的に転化し変革の動力となる可能性とその歴史的実例に対する探索は持続的な関心事となっている。[25] 二つの物語の合流の脈絡において神学的省察を試みた徐南同はハンの贖罪的性格と同時に民衆のメシア性に注目する。「われわれを解放するメシアの到来は苦難を受ける民衆のうめき声、ハンの声にのって現れる以外に道はない。苦難を受ける隣人、特にわれわれが構造悪と呼んでいるものによって苦難を受けている隣人の声（痛み）において出会うことができなければ、この時代の他のどこにおいてもキリストに出会うことはできない。これを指してわたしは〝苦難を受ける民衆のメシア性〟あるいは〝ハンの贖罪的性格〟と言っている」。[26]

3　政治的メシア主義とメシア的政治

民衆のメシア性に対する洞察は金容福（キム・ヨンボク）においても重要な主題となった。金容福は「政治的メシアニズム」と「メシア的政治」を区別し、民衆の只中において民衆を主体化する「メシア的政治」の雛形としてイエスの道を強調しその道を「しもべの道（doularchy）」と呼んだ。これは金容福の民衆神学における核心的概念に該当する。金容福はポール・レーマン（Paul Lehmann）がマルクス主義と関連し「政治的メシアニズム（Political Messianism）」と「メシア的政治（Messianic Politics）」を区分したことに霊感を受け[27]これを民衆神学に適応した。彼はこれに関して博士学位論文においてすでに着想を示しており、以降一貫して彼の神学の核心概念として定めている。

金容福はイザヤ書の苦難のしもべとイエス・キリストをメシアの政治の決定的典拠とする。「メシアは苦難を受ける民衆と自らを同一視する。したがってメシアは苦難を受ける民衆の中に出現することとなる」[28]。「民衆とメシアの関係は主人としての民衆としもべとしてのメシアと理解されなければならない。こうした民衆とメシアの関係は苦難における合一（identification）と参与（koinonia）の関係である」[29]。「苦難を受けるしもべ」はメシアが持つべき二つの特性を示している。一つは苦難を受ける民衆と自らを同一視することであり、もう一つは解放を希求しメシアに対する熱望に満ち満ちる民衆に対ししもべとして仕えることである[30]。

政治的メシア主義は民衆を歴史的に無力な存在とし非主体的な対象に作り上げる。一方イエスのメシア的政治は民衆を自らの運命に対する歴史的な主人とすることで民衆の歴史的な具体性を実現する政治学である。この点においてメシア的政治とは民衆のメシア的政治であると理解することができる。このようにメシア的政治は現代のあらゆる政治的メシア主義を暴露し新たな対案を開くものとなる。メシア政治は究極的にメシア王国を志向するがこのメシア王国は神の国にほかならない。しかし神の主権の実現される場とはすなわち「歴史的超越（historic transcendence）」としてのメシア王国であること、そしてそれは民衆の主体性が一層明らかに現れる場でもあると金容福はメシア王国を描き出した。すなわちメシア王国は「正義（Justice）、交わり（koinonia）、平和（shalom）」の実現を意味していた[31]。

金容福は韓国民衆史において民衆メシアニズム、すなわちメシア的政治が最も際立って現れた事件として「三・一運動」〔訳注：一九一九年三月、日本の植民地支配からの独立を宣言した朝鮮全土で行われた民衆運動〕をあげている。これは、他の民衆神学者たちが全泰壱事件を民衆神学の決定的契機として強調する点と異なるように見えるが、事実上民衆に対する同じ理解を基盤としていると言える。歴史的思考を強調する金容福が「三・一運動」の意義を強調するのは十分理解できる。金容福のメシア政治、民衆メシアニズムは徐南同と安炳茂の民衆理解と相通ずる彼固有の概念と言えるであろう。徐南同はこのメシア政治の概念を積極的に受け入れていた[32]。

3 民衆メシア論、その争点

民衆神学の核心としての民衆メシア論は登場するなり論争を引き起こした。伝統的な神学的観点としては受容が困難だったからである。まず批判的反論が先立ち、その反論に立ち向かう弁証論が試みられた。

1　民衆メシア論批判

民衆メシア論は登場するなり反論に直面した。初めから批判的立場を持っていた場合（キム・ジチョル）、真摯な神学的対話を試みたが相変わらず伝統的立場を抜け出さない場合（モルトマンとドイツの神学者たち）、民衆神学の継承を標榜しながらも事実上その核心的内容については毒素条項と認識する場合（イム・テス）がこれに該当する。

キム・ジチョルは民衆神学の貢献が「聖書の苦難を積極的に理解しこれを救済解放史に含めた点にある」[33]点を認め、「イエスの民衆性を認める道、すなわち民衆と自らを一致させながら民衆の苦難の現場に参与しようとする努力は人間的側面から大変価値がある」と評価する。しかし同時に「民衆神学が民衆〝神学〟ではなく民衆メシアを標榜する〝民衆神〟学としての範疇を抜け出せずにいるのではないか」と反問する。[34]民衆神学において被造物（人間・歴史・自然）と神との同一化があまりに早急にまた安易に生じていることで、神の啓示性と超越性がそしてイエスの真正なキリスト論的位置が破壊されていることがその批判の中心である。[35]つまり彼によれば民衆神学は事実上神学の座を離れてしまったと評価したわけが、この評価の根拠が民衆神学が批判の対象とする二分法的教義規範にあることは明らかである。したがって彼の議論は、これとは明らかに異なる民衆神学の救済論の性格を明確にする効果を持つだけであって、これといった論議の地平を拡張する意味は見いだせない。

モルトマンは韓国の民衆神学に対し最も深く理解しこれを世界の神学界に知らしめた西欧神学者の一人である。民衆神学者たちとの対話の場で発表された彼の論考では、[36] 民衆神学者が語る民衆救済論との差別性を認めがたいほど深い共感を示している。またモルトマンは民衆神学者たちの民衆の苦難に対する神学的省察がボンヘッファー（D. Bonhoeffer）の神の苦難に対する洞察と類似していると捉えている。「聖書は人間に神の無力さと苦難を示唆している。苦難を受ける神だけが助けとなりうる。」「…人間は神のいない世界で神の苦難を共に苦しむようにと召し出されている。」「…キリスト者は苦難の中にある神と共にある」。[37] モルトマンはボンヘッファーのこれらの洞察を引用しつつ、民衆神学者たちが「神のいない世界における神の苦難」の場を抑圧と搾取を受ける民衆と共にあることで見出した、と理解を示している。

しかしモルトマンは民衆の苦難がそれ自体贖罪的性格を持つということに対しては共感することなく執拗な反論を提起した。民衆神学者、また民衆教会が民衆と共に生きるのは「世界の和解のために罪を担う」ため、すなわち罪を贖うために民衆と共にあるわけではなく、これ以上苦痛のない自由の世界に向けて民衆と共に立ち上がるためである。したがって神のみが果たすことのできる贖罪の苦難と克服すべき民衆の苦難を区分することが妥当だと考えている。[38] 民衆の苦難は自ら克服し得るものではなく神の救いの手によって成就すべき宿題として残るということである。民衆は世の罪を背負うと自認したことはなく、たとえ彼らの苦難によって世が救いを受けるのだとしても民衆自身の救いの問題は残るという主張である。「民衆が世界を救わなければならないのなら、民衆を救うのは誰か」[39]。この問いはまさにこうした脈絡から提起されたのであった。

つまりモルトマンの立場は「イエスが民衆である」ことは受け入れられても「民衆がイエスである」ことは受け入れられないというものであった。これに対し安炳茂は「民衆を知らなければイエスを知ることはできず、イエスを知らなければ民衆を知ることはできない」と応じた[40]。つまり、あなたはあたかもイエスについても民衆についてもすべてわかっているかのような態度であると釘を差したことになる。西欧神学もまた改革派教会の神学も西欧の特定の歴史的脈絡において形成されたという点を見抜きそれがあたかも普遍的な神学だとみなす西欧神学者の錯覚を叱りつけたのであった。

モルトマンによる疑義の提示は、救いと解放そして救済者と救済対象という二分法から抜け出ることのできない西欧神学からは必然的だったのかもしれない。この争点はモルトマンとの対話とは別に韓国民衆神学者とドイツプロテスタント神学者間の真摯な対話の中でも中心的な争点となった。この対話に参加したドイツの神学者たちは「苦しみを受ける民衆が歴史の主人にならなければならないという主張は正当」ではあっても「民衆が〝自己救済の主体〟であると言うならばそれは疑いを呼ぶこと」になると民衆メシア論に疑義を呈した。ここでドイツの神学者たちは歴史的次元における「解放」と神学的次元における「救い」の意味をはっきり区別すべき必然性を主張した。罪とは単に支配者の言語ではなく聖書的言語であり、支配者であれ被支配者であれ誰もが神から疎外されているのであり、したがってすべての者は罪の赦しと救いを必要としているからであると[41]。

これに対し民衆神学者たちは「歴史がなければ啓示もない」という点を明らかにし[42]、救いの事件においては主体と対象、能動性と受動性の分離は含まれていないと主張した。つまり、民衆が道徳的・倫理的観点において無罪ではなかろうとも、民衆は自己超越を通して自らを解放する潜在力を持っており実際に歴史的事件における解放の経験を自分たちは数多く目撃していると証言した。これと共に、ドイツの神学者たちが罪は聖書の言語であると強調する点についても、この言語は必ずや現代的言語に翻訳しなければならず特に社会科学的側面から解釈されなければならないと強調した。この時代にあって罪は民衆の抑圧と搾取を伴う言語として機能しており、それはすなわち権力による反神的誤用に該当すると主張したのである[43]。

イム・テスは民衆神学の継承を標榜しているにも関わらず民衆メシア論に対しては疑義を提起した。イム・テスはメシアに関連した旧新約聖書の用例を一つ一つ分析した後に「民衆はメシアではなく「イエスがメシアだ」と結論づけた[44]。イム・テスは、イエスの受難が一人だけのものではなく民衆の一人としての受難であることは否定できず、したがってイエスの受難において民衆の受難を見出し得ると認める。しかしイエスと民衆の間には同一性のみならず差別性もあることを看過すべきではないと強調する。特にイエスが単数ではなく複数として民衆全体を意味するという安炳茂の解釈に疑義を提起し、自分が検討した聖書の用例の中ではいかなる根拠においてもそうした論理を導き出すことはできないと断言する[45]。

とはいえ民衆メシア論に対するイム・テスの批判は安炳茂に対する批判に限定されており、不思議なことに徐南同の民衆メシア論に対してはその正当性を認めている。イム・テスによれば、徐南同もやはり「民衆がメシア」だと語る点に違いはない。しかし徐南同が語る民衆メシア論はイエスがメシアだという言葉とは異なっている。徐南同が理解するイエスは「真の神であり真の人」、「三位一体の一位格」、「メシア」、「主」であり、一方民衆メシアはそのイエスとは異なる意味におけるメシアである。イム・テスに従えば、徐南同の「民衆メシア」は存在論的意味おいてイエスと民衆の「同一さ」を語るものではなく「同一視」を語っている。ゆえに徐南同はそのイエスと民衆を区分するために「民衆がメシア」だという言葉よりも民衆の「メシア的性格」、「メシア的機能」、「メシア的役割」、「メシア役」、「メシア性」という言葉を好んで用いているのだという。このようにイム・テスは徐南同がイエスを民衆と同一視しつつまた区別する点に注目する。[46] イム・テスの主張を正当化するためには、安炳茂の民衆メシア論は存在論的意味において民衆とイエスが同一であり徐南同の場合はそうではない点を明らかにしなければならないが、はたして民衆メシア論において安炳茂と徐南同の間に決定的差異があるのかどうか疑わしい。しかし、イエスと民衆の同一性と差別性に関する論議は民衆メシア論論争の重要な争点となった。

2 民衆メシア論の神学的再構成

民衆メシア論に十分共感しつつもそれを神学的にさらに整えていこうとする立場（朴在淳、権鎮官）からは、その同一性と差別性が重要な争点となった。同時に二兎を得ようとする立場と言えるであろうか。

民衆メシア論の中心部分を捨てることなく伝統的神学と関連して民衆に対する弁証を試みる方法である。それは民衆メシア論の神学的再構成の試みと言えるであろう。

朴在淳（パク・ジェスン）は民衆をメシアと絶対的に同一視すれば神学と信仰の立つ位置が失われるという点において、一方それらを絶対的に分離すれば歴史的地平を喪失するのみならず聖書的神信仰の重要な側面を失うという点において、両者の適切な関係の設定が必要であると考えた。[47] 民衆神学の民衆メシア論はその適切な関係を基礎としているがそれが十分解明されていないがゆえに誤解を呼んでいるのであり、それに対する神学的弁証を彼は試みようとした。朴在淳は、ギリシャ・ローマ的神人思想の地平においてではなく聖書のヘブライ的神観の地平から民衆メシア論を理解すべきであると主張する。[48] それは、古代形而上学的実体（substantia）概念から抜け出しイエス運動を歴史的・事件的・関係的・共同体的概念として解釈すべきであることを意味している。[49] ギリシャ・ローマ的神人思想は同一性を基礎としつつも事実上支配層の神格化に帰結する反面、ヘブライ的神観は人間との質的差異を基礎としつつも民衆の只中に到来する神に対する民衆解放事件的地平を持っているという点を強調する。イエス事件、すなわち受肉の事件は底辺の民衆に神が到来した事件だったということである。[50]

朴在淳はこのように民衆メシア論を弁証しつつもそれが誤解を招いたのは、徐南同と安炳茂が救いの主体として民衆を語るだけでキリストの主体性とどう関連するかについて明らかに言及しなかった点に起因すると考え、[51] 解決策を提示する。すなわち、イエス事件と民衆事件の間に歴史的連続性と同一性だけがあり質的差異はないのかと問い、「イエス事件の優位性と特殊性」が「他のメシア的民衆事件の基準と尺度となるべき」ことをその解決策として提示した。[52] この主張はすでに安炳茂が、イエス事件が自らにとって一種の「原体験（Urerfahrung）」であり「原啓示（Uroffenbarung）とも言うべきもの[53]とした点に通じているように見える。しかし安炳茂が一貫して「民衆を知らなければイエスを知らなければ民衆を知らない」[54]とし主客図式の克服を論じた文脈に照らすならば、イエスを知らずイエス事件の優位性と特殊性が基準となり尺度となることは再び主客図式の範疇に陥るよう見受けられるであろう。

民衆メシア論に対するもう一つの弁証と神学的再構成の試みは権鎮官（クォン・ジングァン）の場合にも見られる。彼もやはり朴在淳と似てイエスと民衆の間の連続性と不連続性を同時に捉えるべきであると強調する。[55] 彼によれば、両者の間はダイナミックで弁証法的な関係である。安炳茂の場合、両者における意味上の連続性を強調するあまり不連続性を弱める傾向があった。[56] しかし、両者の関係は「同一（identity）」の概念よりは弁証法的過程として「同一化（identification）」の脈絡において把握すべきである。[57] 彼はこれを補うために「象徴」概念を提示する。[58] 象徴は対象それ自体ではないがそれが媒介となって対象があらわにされる。この点において象徴は肯定と否定を同時に内包する弁証法的性格を持っている。まさにこの脈絡においてイエスは民衆の象徴であり、民衆はイエスの象徴となる。洗練された説明ではあるが事件のダイナミズムという脈絡においてその意義を照らし出すのではなく対象の本質を意識する点において実体論的観念へと回帰しているかのように感じられる。

3　民衆メシア論の形而上学的基礎は必須的か？

やはり神学的再構成の試みに該当するが、金熙献の場合、民衆メシア論を更に本格的に扱っているためこれを改めて論ずる必要がある。彼は民衆メシア論を民衆神学の「固有で卓越した神学的世界観」を含む要諦としてみなし、[59] これに対する本格的議論を展開する。彼は民衆メシア論の基礎とみなされる安炳茂の「事件」概念と徐南同の「合流」概念を適切に解き明かすための神学的世界観として万有在神論（panentheism）を提示する。これこそが民衆神学の形而上学的根拠を用意するものであり、これにしたがって民衆メシア論の意義を再照明しようとする野心的試みと言える。

金熙献は、神学は神と世界の関係に対する問いとして神の超越性と内在性を同時に解明する課題を持っているが、[60] 実体論的思考にとらわれた神学はこれを正しく解明することはできないと指摘し、[61] ここで万有在神論に込められた関係論哲学をその対案として提示する。[62] そしてこれが民衆メシア論の基礎となる安炳茂の「事件」概念や徐南同の「合流」概念とも相通じるものとしてみなしている。金熙献はこの主張を展開する際にさらに果敢な姿勢をとっている。安炳茂の事件の神学自体が万有在神論的思惟構造と同じであるとみなしている。それは神の世界内在を事件の構成要素と見つつも神を事件それ自体と同一視しないという点において明らかとなる。[63] 徐南同の場合はその神学自体が万有在神論を基盤としたものであるのだという。[64] 民衆神学に至る以前、プロセス神学を探求していた傾向においてはもちろんのこと、民衆神学への転換以降もその傾向を否定はしなかったことからも異論の余地はないように見える。結局金熙献によれば、民衆メシア論を可能とする事件の神学はもちろん合流の神学もすべて関係論的な万有在神論の内部において最も適切に理解が可能となるのだという。[65]

しかし民衆メシア論と直結した事件の神学がはたして万有在神論に似ているのか、検討の余地があるように思える。超越と内在を正しく解き明かすことで「事件」が持つ意味を十分に説明することはできるのであろうか。事件は一種の進化論的過程の連続において説明できるというよりも、その連続過程の断絶と飛躍の意味を内包しているのではないか。それは革命的断絶と飛躍、すなわち持続する歴史の転換を導く瞬間としての意味を帯びているのではないか。これらについては更に深く考える必要があるように思われる。「自然事件の説明フレームに政治的事件を当てはめることができる」[66]という認識が果して適切かとどうか考える必要があるであろう。それは「わたしがイエスを再演する」[67]という言葉に現れた事件に対する忠実さの脈絡において再考しなければならないのではなかろうか。

金熙献が強調するように徐南同はプロセス神学を積極的に評価し受容している。それは一九六七年の論文「現在的キリスト」において明らかであろう。また民衆神学への転換以降にも自ら「宇宙に対する汎神論的傾向」を否定しなかった。[68]ところで、まさにこの脈絡においてそれとは区別される人間の歴史に対して語っているのは、宇宙的・自然史的プロセスに対する理解と人間の歴史に対する理解の間の微妙な緊張を自ら意識していたことを意味している。民衆神学への転換以降、徐南同にとって両者の関係の問題は未完の課題として残されていたように思われる。安炳茂もやはり「宇宙的キリスト」と「民衆キリスト」間の差異を明らかにし、この時代の民衆事件を通じた救いの脈絡において民衆キリスト論が成り立つと力説した。[69]したがってこの緊張を安易に見過ごすことはできない。

民衆メシア論に対する弁証と神学的再構成の試みはたしかにそれに対する巷の誤解を払拭することに寄与し説得力を高めたことは明らかである。しかしこれらが民衆メシア論が持つダイナムズムを正しく表現しているかについては疑問である。これらの議論が、歴史的地平で生じる事件の意味に焦点を合わせその神学的再解釈の可能性を開いた立場[70]よりも更に生産的だということはできるのであろうか。

形而上学的根拠が不十分なために問題になるよりも事件を捉える実践的・神学的問題意識の貧困がむしろ問題なのではないか。形而上学の骨組みが明らかになってこそ民衆メシア論の真髄が明らかになるのではない。むしろ、歴史の内在性の中にありながらもそれを超えて歴史の転換を呼び込む事件の脈絡の中で民衆メシア論はその真価が現れダイナミックな姿が現れるのである。

4　主客二分論の克服、救済史と一般史の統合

民衆メシア論は単純な思弁的論理の推論の結果ではなかった。それは歴史的事件に現れた民衆の主体性を発見し、まさにその民衆が歴史の主体であるという真実を悟ったことで具体化した歴史的洞察の結果であった。またそれは、徐南同の言葉の通り「歴史的知識」の結果であった。[71]その歴史的知識に基づき神学的に洞察した結果民衆メシア論が形成された。その歴史的知識に共感した神学者たちが見るとき、驚くべきことに聖書もまたその真実を伝えていた。イエス・キリストの生と死において、そしてそれに先立つ予表である苦難を受けた神のしもべにおいて、その真実は明らかに現れていた。のみならず、

聖書全体が神がその民の歴史を通して自らを啓示していることを証言するものと理解された。

こうした神学的洞察は長年キリスト教神学を支配してきた二元論的歴史観の克服を意味していた。言うならば、一般史と区別された救済史を排他的に強調してきた歴史観から抜け出すことを意味している。[72] さらにその特殊な救済史の中で救いの主体と対象を区分する観念から抜け出すことをも意味している。これまでの救済史の特殊性にとらわれた神学的立場から見るならば民衆メシア論は受容し難いものであった。先に述べたように、それに対する反論が提起されたことはこの立場としては当然のことであった。救済史の特殊性を強調する立場は、結局はキリスト教王国の拡張を通じたこの世の救いへと帰結するほかはない。しかし、支配者の位置に立った中世キリスト教の歴史と近世帝国主義国家の宣教の歴史を通じてその弊害は明らかとなった。救いの主体と対象を明確に切り分ける認識はまさにこうした歴史を通じて支えられていたのである。

しかし「神の宣教」神学を創造的に受容した民衆神学は「事件」と「合流」の概念を通して救いの主体と対象を統合したのみならず、これによって救済史と一般史の二分法を乗り越えた。それは宗教的生と歴史的生が分離されない人間の生の実存に対する深い洞察の結果でもあり、聖書が一貫して証言する「歴史的啓示」の性格をはっきりと確認する意味を持っている。こうして民衆神学は、歴史の彼岸あるいは各個人の内面の世界の中に成就する救いではなく、歴史の現場の中で解放を実現する過程としての救いの意味を明らかにした。その神学的洞察は葛藤と苦痛の現実の真っ只中で奮闘するキリスト者たちに今も大切な霊感の源となっている。

参考文献

姜元敦「徐南同神学を現代化する二つの視覚：万有在神論と解体主義」「生命・平和・民衆神学学術大会」（二〇二二年十月、シンアン）での発表文

権鎮官「民衆の存在様式と歴史の救い」民衆神学研究所編『民衆はメシアなのか』（ハヌル、一九九五年）

――――『イエス、民衆の象徴　民衆、イエスの象徴』（ドンヨン、二〇〇九年）

基督教思想編集部編『韓国の神学思想』（大韓基督教書会、一九八三年）

金敬宰「竹斎　徐南同の現在的キリスト論」《神学思想》九九（韓国神学研究所、一九九七年）

キム・ダルス「イエスのメシア自意識」《神学思想》八四（韓国神学研究所、一九九四年）

金明洙『安炳茂の神学思想』（ハヌル、二〇一一年）

金容福『韓国民衆とキリスト教』（ヒョンソン社、一九八一年）

金容福博士還暦記念論文集出版委員会編『民衆と生命』（ドンヨン、二〇一八年）

金準泰「ああ、光州よ！韓国の十字架よ！」《全南毎日新聞》一九八〇年六月二日　＊邦訳：『光州へ行く道　金準泰詩集』（金正勲訳、風媒社、二〇一八年）所収

キム・ジチョル「民衆神学の聖書読解に対する批判的考察」《神学思想》六九（韓国神学研究所、一九九〇年）

金芝河『パプ』（ブンド出版、一九八四年）＊邦訳：『飯・活人』（高崎宗司・中野宣子訳、御茶の水書房、一九八九年）

金鎮虎「史的イエス研究に対する解釈学的考察と民衆神学の〝事件論〟的展望」金鎮虎編『イエス・ルネッサンス－史的イエス研究の新たな地平』（韓国神学研究所、一九九六年）

――「イエス運動の背景史における一視角：民衆メシア論の観点から見る民衆形成論的接近」『イエス歴史学：イエスでイエスを超えるために』（ダサンクルバン、二〇〇〇年）
金昌洛「岐路に立つ民衆神学」《神学思想》九六（韓国神学研究所、一九九七年）
金煕献『徐南同の哲学』（イファ女子大学出版部、二〇一二年）
――『民衆神学と万有在神論、民衆神学とプロセス神学の対話』（ノエオウォル、二〇一四年）
ユルゲン・モルトマン「民衆の闘争の中にある希望」基督教思想編集部編『韓国の神学思想』（大韓基督教書会、一九八三年）
――『神学の方法と形式－わたしの神学の旅路』金均鎮訳（大韓基督教書会、二〇〇一年）＊邦訳：『神学的思考の諸経験』（沖野政弘訳、新教出版社、二〇〇一年）
民衆神学研究所編『民衆はメシアなのか』（ハヌル、一九九五年）
朴在淳「民衆メシア論に対する神学的考察」民衆神学研究所編『民衆はメシアなのか』（ハヌル、一九九五年）
徐洸善編『ハンの物語』（プリ、一九八七年）
徐南同「現在的キリスト」『転換時代の神学』（韓国神学研究所、一九七六年）
――『民衆神学の探究』改訂増補版（ドンヨン、二〇一八年）＊邦訳：『民衆神学の探究』（金忠一訳、新教出版社、一九八九年）
宋基得「民衆メシア論」《神学思想》九六（韓国神学研究所、一九九七年）
呉在植「あるイエスの死：故全泰壱氏の霊前に」《基督教思想》一五一（大韓基督教書会、一九七〇年）＊邦訳『わたしの人生のテーマは〝現場〟』（山田貞夫訳、新教出版社、二〇一四年）、一一五～一一六頁所収。
イ・サンチョル「混乱の中心、民衆メシア」イ・ジョンヒ他『民衆神学、苦痛の時代を読む』（ブンド出版、

二〇一八年）
イ・ジョンヒ他『民衆神学、苦痛の時代を読む』（ブンド出版、二〇一八年）
イム・テス「民衆はメシアなのか：安炳茂の民衆メシア論を中心に」《神学思想》八一（一九九三年）
――――「徐南同のイエス理解、民衆理解に対する新たな考察」《神学思想》八六（一九九四年）
全泰壱記念館建設委員会編『ある青年労働者の生と死：全泰壱評伝』（トゥルベギ、一九八三年）＊邦訳：『全泰壹評伝』（大塚厚子他訳、つげ書房新社、二〇〇三年）
荒井献「民衆メシア論と女性／子供の観点」《神学思想》八四（韓国神学研究所、一九九四年）＊「民衆メシア論と『女子供』の視点」『聖書のなかの差別と共生』（岩波書店、一九九九年）
安炳茂『民衆神学を語る』（韓国神学研究所、一九八七年）＊邦訳：『民衆神学を語る』（金忠一訳、かんよう出版、二〇一六年）
ヨム・ムウン「詩人金芝河が失ったものと残したもの」《創作と批評》一九七（創作と批評社、二〇二二年）
韓完相、キム・ソンギ「ハンに対する民衆神学的試論、宗教および芸術体験を中心に」徐洸善編『ハンの物語』（プリ、一九八七年）
玄永學「韓国仮面劇の神学的理解」NCC神学研究委員会編『民衆と韓国神学』（韓国神学研究所、一九九二年）
ファン・ソンギュ「安炳茂のイエス理解」《神学思想》九九（韓国神学研究所、一九九七年）
EMW「民衆神学者とドイツ神学者との対話」《神学思想》六九（韓国神学研究所、一九九〇年）
W.Kröger「韓国民衆神学のキリスト論的含意」《神学思想》六七（韓国神学研究所、一九八九年）
NCC神学研究委員会編『民衆と韓国神学』（韓国神学研究所、一九九二年）＊部分訳：『民衆の神学』（李仁夏、木田献一編訳、教文館、一九八四年）。

D.Bonhoeffer, *Widerstand und Ergebung*, München: Kaiser Verlag, 一九五一.＊邦訳：『抵抗と信従』（倉松功、森平太訳、ボンヘッファー選集五、新教出版社、一九六四年）

注

1 二〇〇九年の訪韓時、講演会後の質疑応答における発言である。同様の趣旨はこれに先立つ彼の著作で確認することもできる。モルトマンは「新約聖書に対する釈義学的発見が新たな教会共同体運動と新たな神学へと導いたのは極めて稀だ」と前提し、そのまれな事例としてルターの聖書解釈と共に民衆神学を形成した安炳茂の釈義学的発見をあげた。ユルゲン・モルトマン『神学の方法と形式―わたしの神学の旅路』、二七二頁。〔邦訳：三一〇頁〕

2 ユルゲン・モルトマン、前掲書、二八〇頁。〔同：三二〇頁〕

3 EMW「民衆神学者とドイツ神学者との対話」。

4 キム・ジチョル「民衆神学の聖書読解に対する批判的考察」。

5 イム・テス「民衆はメシアなのか：安炳茂の民衆メシア論を中心に」。

6 先述したモルトマンとドイツ神学者たちの立場、そしてキム・ジチョル、イム・テスなどの立場の他に、W.Kröger「韓国民衆神学のキリスト論的含意」、荒井献「民衆メシア論と女性／子供の観点」、キム・ダルス「イエスのメシア自意識」、イム・テス「徐南同のイエス理解、民衆理解に対する新たな考察」、金昌洛「岐路に立つ民衆神学」、宋基得「民衆メシア論」、ファン・ソンギュ「安炳茂のイエス理解」、朴在淳「民衆メシア論に対する神学的考察」、金鎮虎「史的イエス研究に対する解釈学的考察と民衆神学の〝事件論〟的展望」、同

「イエス運動の背景史における一視角：民衆メシア論の観点から見る民衆形成論的接近」、権鎮官『イエス、民衆の象徴　民衆、イエスの象徴』、金煕献『民衆神学と万有在神論：民衆神学とプロセス神学の対話』、イ・サンチョル「混乱の中心、民衆メシア」などの論議に注目する必要がある。

7　呉在植「あるイエスの死：故全泰壱氏の霊前に」。この文章は全泰壱記念館建設委員会編『ある青年労働者の生と死：全泰壱評伝』にも収録されている。＊訳注：邦訳された『全泰壱評伝』には見いだせない。邦訳は呉在植『私の人生のテーマは〝現場〟』一一五頁に収められている。

8　金準泰「ああ、光州よ！韓国の十字架よ！」。

9　金芝河の戯曲「金冠のイエス」は一九七三年に初演され、獄中メモ「張日譚」は一九七四年の投獄中に記録されたものと思われる。＊邦訳：『良心宣言』（井出愚樹編訳、大月書店、一九七五年）。

10　徐南同『民衆神学の探究』五八頁。〔邦訳：六一頁〕。

11　金明洙『安炳茂の神学思想』、一三九頁。

12　民衆事件の意味に対しては安炳茂が随所で語っているが、特にその意味を集約したものとしては安炳茂『民衆神学を語る』、八六～一二八頁参照。〔邦訳：一三八～一九六頁〕。

13　同、一一六頁。〔同：一六〇頁〕。

14　同、六九頁。〔同：一一五頁〕。

15　徐南同『民衆神学の探究』、一〇一頁。〔邦訳：一九〇頁〕。

16　同、一〇三頁。〔同：一一〇頁〕。

17　同前。

18　同、一三八頁。〔同：一四九頁〕。

19 同、一四五頁。〔同：一五七頁〕。
20 金芝河『パプ』、一二頁。
21 徐南同、前掲書、一三三頁。〔邦訳：一四二頁〕。
22 同、一一三〜一一四頁。〔同：一二二頁〕。
23 同、一三三頁。〔同：一四二頁〕。
24 同、一三六頁。〔同：一四六頁〕。
25 玄永學「韓国仮面劇の神学的理解」、三四八〜三六八頁。韓完相、キム・ソンギ「ハンに対する民衆神学的試論、宗教および芸術体験を中心に」、九七頁、ヨム・ムウン「詩人金芝河が失ったものと残したもの」、三三七頁。
26 徐南同、前掲書、一五六頁。〔邦訳：一七〇頁〕。
27 金容福博士還暦記念論文集出版委員会編『民衆と生命』、四三頁。
28 金容福『韓国民衆とキリスト教』、一一三頁。
29 同、一二〇頁。
30 同、一二一頁。
31 同、一六〇頁。
32 徐南同、前掲書、一七三、一七六、四〇六頁。〔邦訳：一八四頁、一九二〜三、四〇六頁〕。
33 キム・ジチョル、前掲書、四六一頁。
34 同、四六五頁。
35 同、四六四頁。

36 ユルゲン・モルトマン「民衆の闘争の中にある希望」、三八七〜四〇三。この論考は本来一九七五年モルトマンが初めて韓国を訪問し発表した講演原稿であった。モルトモン『神学の方法と形式、わたしの神学の旅程』、二七〇頁。
37 D.Bonhoeffer, *Widerstand und Ergebung*, p.242,244,247. モルトマン、前掲書二八二頁より再引用。
38 モルトマン、前掲書、二八二頁。
39 同、二八〇頁。
40 安炳茂、前掲書、三二一〜三三二頁。〔邦訳：六六頁〕。
41 EMW「民衆神学者とドイツ神学者の対話」、四〇七頁。
42 同、四一八頁。
43 同、四二一頁。
44 イム・テス、前掲論文、五六〜七八頁。
45 同、七七頁。
46 イム・テス「徐南同のイエス理解、民衆理解に対する新たな考察」、一七六〜一七〇頁。
47 朴在淳、前掲論文、一四〜一五頁。
48 同、二一頁。
49 同、二七頁。
50 同、二二頁。
51 同、二四頁。
52 同、二七頁。

53 安炳茂、前掲書、一二二頁。〔邦訳：一八七頁〕。
54 同、三二～三三頁。〔同：六六頁〕。
55 権鎮官「民衆の存在様式と歴史の救い」、三四頁。
56 同、三四頁。
57 同、三八頁。
58 権鎮官『イエス、民衆の象徴　民衆、イエスの象徴』、六四～八四頁。
59 金煕献『民衆神学と万有在神論、民衆神学とプロセス神学の対話』、六四頁。
60 同、一七九頁。
61 同、一八二頁。
62 同、一八五頁。
63 同、二〇一～二〇二頁。
64 同、七一、九七頁。
65 同、六五、六七頁。金煕献『徐南同の哲学』、九〇頁。
66 姜元敦「徐南同神学を現代化する二つの視覚：万有在神論と解体主義」。
67 徐南同、前掲書、七九頁。〔邦訳：一一〇頁〕。
68 同、一七一頁。〔邦訳：二四二頁〕。
69 安炳茂、前掲書、一二四頁。〔邦訳：一九一頁〕。
70 こうした立場として、金鎮虎「史的イエス研究に対する解釈学的考察及び民衆神学の〝事件論〟的展望」：イ・サンチョル「論難の中心民衆メシア論」を例示することができる。

71　徐南同「現在的キリスト」、六三～八四頁、同『民衆神学の探究』、二一八頁以下。〔邦訳：二四〇頁以下〕。

72　徐南同、前掲書、一七一頁。〔邦訳：二四一頁〕。

解　題

香山洋人

1　本訳書の背景

本書は、「恵岩（ヘアム）神学研究所」紀要《神学と教会》十八号（二〇二二年秋、特集：民衆神学に対する省察と展望）に掲載された論文の中から五編を選び解題を付したものである。アジア神学また現代神学を代表する神学として日本でも注目されてきた韓国の民衆神学だが、二〇一六年にかんよう出版から『安炳茂著作選集』の刊行が始まることで再び注目が集まっている。本書はそうした民衆神学の全体像を振り返ると同時に最新の研究状況を紹介することを目的に企画された。《神学と教会》十八号の編集責任者で執筆者でもある姜元敦（カン・ウォンドン）博士との協議を経て選ばれた論文五編はすでに訳出され《キリスト教文化》誌に掲載されているが、単行本化に際し論文の解題に加え《神学と教会》十八号全体とその背景の紹介を付すこととした。

1　「恵岩神学研究所」

韓国の学術世界が「民衆神学」を取り上げるのは実に久しぶりだが、それは二〇二二年が民衆神学創始者の一人である安炳茂[1]（アン・ビョンム、一九二二～一九九六年）の生誕百年に当たっていたことによる。この年の十月、「韓国民衆神学会」等五団体の共同主管で「安炳茂生誕百周年記念国内学術大会」が開かれた。この大会には会場となる韓神（ハンシン）大学神学大学院の他に、彼の功績をたたえ民衆神学の発展を目的とする「心園（シムウォン）事業会」（心園は安炳茂の号）、安炳茂が創立し学術誌《神学思想》など民衆神学関連書籍の出版を行う「韓国神学研究所」、同じく安炳茂が創立した「香隣（ヒャンリン）教会」、また「第三時代キリスト教研究所」などの在野研究団体と「キリスト教社会宣教連帯会議」などの社会運動団体を含め合計三〇近い団体や教会が参加した。[2] 民衆神学の流れをくむこれらの団体や教会が安炳茂の生誕百年を祝うのは自然なことだが、「恵岩神学研究所」によるこの企画は異色のものと言えよう。

今回訳出した論文が掲載された《神学と教会》十八号は、「恵岩神学研究所」が主催した二回に渡るセミナーの記録（発題と討論、計六編）と後日投稿された学術論文、特別寄稿とで構成されている。セミナーは「韓国キリスト教の歴史的遺産としての民衆神学」を主題に、「民衆神学の時代的妥当性とその問題点」、「民衆神学の意義と新たな時代的展望」の二部構成で行われ、それぞれ発題と指定討論者による発表が行われた。同研究所は韓国神学大学（当時）で教会史を教えた李章植（イ・ジャンシク、一九二一～二〇二一年）の設立による。「恵岩」（ヘアム）は彼の号である。教会史研究者であった李章植は大学引退後ケニアに渡り神学教師として十四年を過ごして帰国、二〇一四年に「恵岩神学研究所」を設立した。「韓国教会と神学の教団別分離と閉鎖性を克服し、～韓国教会と神学の一致を追求」することを目的とした教派から独立した研究所であった。同研究所は設立者の意図に従い、保守と進歩[3]両派の参加によるセミナーを行いその成果を《神学と教会》誌を通して発表してきた。研究所の諮問委員は、社会参与に積極的な基督教長老会を背景としかつて安炳茂が教鞭をとった韓神大学（旧韓国神学大学）の他、大韓イエス教長老会（統合派）を背景とする崇実（スンシル）大学、同神学校を母体とする総神（チョンシン）大学、ウェスレアンホーリネス系のソウル神学大学、改革派のカルビン大学などの保守系、エキュメニカルな性格を持つ延世（ヨンセ）大学と梨花（イファ）女子大学など多様な背景を持つ神学者（現職を離れた名誉教授たち）によって構成されている。紀要論文集《神学と教会》の編集委員も同様に多様な顔ぶれである。神学的な色分けが明確で教派間の対立が深刻な韓国のキリスト教界において、これは稀有な出来事と言えよう。二〇二二年に行われたセミナーもこれに従い、民衆神学に対して支持と批判それぞれの立場から発題と討論が行われた。二〇二二年からはチュービンゲン大学名誉教授のユルゲン・モルトマンが名誉諮問委員として名を連ね《神学と教会》に寄稿しているが、これは李章植の没後、金均鎮（キム・ギュンジン）が第二代所長となったことと関係している。モルトマンのもとで学位を取得した彼は、モルトマンの著作の韓国語訳者として交流を続けている。同研究所は二〇二三年六月に活動を中止、二〇二四年から「韓国神学アカデミー」と改称し活動を再開している。《神学と教会》十八号は「恵岩神学研究所」として発行する最後の研究紀要となった。

2　学術セミナー「韓国キリスト教の歴史的遺産としての民衆神学」

セミナーでの発題と討論の原稿はすべて《神学と教会》十八号に掲載されている。また、当日の様子を記録した動画も公開されているので活字にされていない議論の様子も踏まえその内容を紹介しよう。

(1) 第一回セミナー「民衆神学の時代的妥当性とその問題点」

第一回セミナー（二〇二二年十月十七日）の発題は崇実大学名誉教授の金英漢（キム・ヨンハン）が行った。彼はハイデルベルク大学で学び、専攻は組織神学と哲学である。韓国改革神学会、韓国福音主義神学会、韓国キリスト教哲学会などの会長を歴任、イエス教長老会統合派所属である。掲載された原稿の各段落の見出しを見れば、「伝統神学に対する反動神学」「学問的神学ならぬ事件神学」「社会経済史的イデオロギーによる歴史解釈」「聖書テクストを離れコンテクストを重視」「救済史ではなく民衆事件」「聖書の神を人間の神に」など、これまでなされてきた保守的立場からの批判を総合した内容と言えよう。一方、民衆神学の貢献として、伝統神学や保守的教会指導者が不条理にあえぐ民衆の現実に無関心で「魂の救い」一辺倒であったことへの批判、そして神学が社会と歴史に参与するという現場性を強調した点や「解放の神学」と並び世界の教会に対し韓国の神学を知らしめた点をあげている。そして民衆神学の今後に対する提案として、脱イデオロギー化、また「救済史」のような聖書的概念の受容をあげている。ここで批判されるイデオロギーとは社会経済史的分析であり具体的にはマルクス主義を意味している。マルクスは世界を単純に二分法的対立関係で捉え、そこで正当化される階級闘争がもたらすものはプロレタリア独裁という名の新たな独裁体制であり、その実態は旧ソ連の人権抑圧や中国の文化大革命において明らかだと批判する。また民衆神学が重視する「オクロス＝意識化された民衆」概念もイデオロギー化されたものであり、聖書においてオクロスとは単なる「群れ、群衆」に過ぎないと批判する。彼らはイエスに従ったかと思えばピラトに扇動されイエスを十字架へと追いやった者たちだからである。「（民衆を通してイエスに出会うのではなく）イエスに救済者、救い主として出会うことで、初めてイエスが救った隣人、民衆と出会うことができる。その時民衆神学は神学的アイデンティティを持つ」[4]という彼の主張はどこまでも教義学的であり、「罪、贖罪、イエスの復活」を強調しない民衆神学はキリスト教神学ではなく「民衆社会学、民衆運動」であり、それは神学運動ではなく社会運動に過ぎないという徹底した批判が金英漢の立場である。

セミナーでは金敬宰（キム・ギョンジェ）、尹哲昊（ユン・チョルホ）の順で討論が行われたが、先に長老会神学大学名誉教授尹哲昊の論点を紹介しよう。彼はプリンストン大学、ノースウエスタン大学で学び、専攻は組織神学である。イエス教長老会統合派所属でオンヌリ教会の重鎮として知られる彼の論旨は金英漢を支持する内容で、民衆神学の問題点は、十字架による贖罪を民衆事件とすり替え、神性より人性を、罪ではなくハン（恨）を重視したことにある、と重ねて指摘する。安炳茂のオクロス理解には誤りがあり、それに基づく「民衆キリスト論」は民衆の理想化である。安炳茂がメシア性を指摘する「苦難を受ける民衆」には自身（民衆）を救う力はない。また彼は、イザヤ書の「苦難のしもべ」はキリストを暗示するのであって民衆を意味してはいない。したがってキリストの代理行為がなければいかなる救いも実現しない、と主張する。その上で尹哲昊は、七〇～八〇年代とは異なり成熟した市民社会を目指す現段階における神学の課題は「闘争ではなく公的フォーラムにおける相互の対話」であり、必要なのは成熟した公共神学 public theology だと提案する。[5] 一連の批判の最後に彼は、安炳茂が「机上の神学者」ではなく民衆の声を代弁するために「ガリラヤ教会」[6]を設立し、弾圧や投獄にもめげずに闘った「現場の神学者」であり運動家であった点をあげ、韓国の教会とキリスト者はこの姿をこそ称える必要がある、と指摘して応答を締めくくった。[7]

本書に論文の訳出もある韓神大学名誉教授の金敬宰は、延世大学、高麗（コリョ）大学、クレアモント大学、ユトレヒト大学で学び、専攻は文化神学で基督教長老会の牧師でもある。「自分は民衆神学者ではなく、民衆神学者になれなかったしその資格がない者だ」と自己紹介する彼は、三つの論点を提示した。第一に、民衆は一般的な市民や大衆ではない。第二に、民衆神学はマルクス主義ではない。第三に、互いに聞き合い変化するという解釈学的視点なくしてこの対話は成立しない、である。金敬宰によれば「民衆神学はマルクス主義イデオロギーを基盤とする」という金英漢の批判は誤りである。民衆神学が社会経済史的分析を重視するのはそれが史的イエスや福音書の「生の座」を探求するためである。現代の聖書学的アプローチは必然的に社会経済史的分析を伴うのであり、マルクスの方法論を受容したとしてもそれが史的イエス探求と現実の社会分析に有効だからである。こうした聖書学的な成果を無視し贖罪論のような教理の枠組みだけで批判が展開されるなら対話が成立しないと語る。訳者の言葉で補足すれば、民衆神学はマルクス主義を受容したから伝統教理に疑問を呈したのではなく、聖書学の成果を踏まえ社会科学的な手法を踏まえながら状況分析と問題解決の糸口を見出そうとしたのである。

続く討論では、「イデオロギー的である」という言葉を「マルクス主義である、キリスト教的ではない」という意味で使用する金英漢の主張が一つの争点となった。金敬宰は、安炳茂にとってマルクス主義は韓国のキリスト教が克服すべき課題として認識されていたと指摘した。司会者の金均鎮は、安炳茂や徐南同（ソ・ナムドン、一九一八〜一九八四年）の出発点はマルクス主義の理論ではなく、当時、田舎から出て都市の工場で悲惨な状況に置かれていた若い労働者たちを何とかしよう、人間的な労働環境に変えようということでしかなかったと指摘し、必要ならキリスト教神学はマルクスからも学ぶべきであり二分法的な反共イデオロギーは学問的ではないと指摘した。

掲載された原稿を読む限り、金英漢は民衆神学の方法論をイデオロギー的偏向と批判しそれゆえ神学ではないと断じていることは確かである。しかし、議論がマルクス主義の問題に集中することに異論を唱えた金英漢は、自分の真意はそこにはなく民衆神学が学問としての普遍性を獲得するためには民衆という狭い概念にとらわれず市民社会にふさわしい神学として新たに展開する必要があると主張した。これに対し金敬宰は、民衆神学は普遍的神学、世界に通用する神学であることを望まない。むしろ民衆神学は特殊神学であるし市民や大衆を主題とする神学ではない。軍部独裁が終わり民主化した今も、そして世界のどの先進国であっても虐げられ苦悩する名もなき民衆がおり、かつて民衆神学者たちが胸を痛めた人々は今もいる。そのような人々のための特殊で狭い範囲の神学が民衆神学である。キリスト者、神学者、牧会者に対しこの時代の貧しい人々に目を向けよと呼びかけるのが民衆神学である、と語った。

このセミナーは保守派による民衆神学批判という設定のはずだが、金英漢の主張は神学的な保守主義というよりも反共主義的立場を背景にしていると理解すべきかもしれない。神学的保守主義が反共主義という漠然とした政治姿勢を無批判に許容するとは思えないからである。韓国のキリスト教界において、南北分断という現実を背景とした政治的命題（反共主義）が多大な影響を及ぼしているのは事実である。[8]そしてマルクス主義、共産主義を嫌悪するあまり、社会的な課題に取り組もうとする際に参照される社会学、経済学、政治学的な知見をも嫌悪の対象とし、社会科学を批判し反共を唱えることが真の宗教性であり聖書的信仰であると言わんばかりのイデオロギー的偏向に陥っているように思えるのである。大韓民国建国以降「反共主義」を国是とする政治体制が続く中で、権力者は自分たちに対する批判を「容共」とみなし無条件で弾圧した。韓国社会は「反共か容共か」という政治的に構築された二分法にとらわれる歴史が続いたが、教会においてもこうした影響は今も色濃く残っていると言えよう。

(2) 第二回セミナー「民衆神学の意義と新たな時代的展望」

第二回セミナー（二〇二二年十一月十四日）は民衆神学の立場による発題で始められた。姜元敦の発題は、内容は簡略化されているものの本書に掲載された論文とほぼ同趣旨である。一方、発題原稿独自の内容もある。例えば民衆神学と解放の神学の違いである。民衆神学は「民衆」を神学の焦点とするが解放の神学は貧しい人々の「解放」をターゲットとする。民衆神学は民衆を媒体に現実を把握するが解放の神学は貧しい人々の解放という神学的関心に立ち、その現実を社会経済的貧困と捉えた上でそうした貧しさからの解放を目指す、と説明する。これは「民衆神学は解放の神学の亜流だ」という多くの批判に対する応答であると同時に解放の神学への批判でもある。姜元敦は、民衆はただ貧しく虐げられた存在ではなく複合的かつ複雑な存在であり、それ自体が文化であると表現する。したがって民衆神学は文化神学的でもあり、社会史的分析やマルクス主義的現実分析、さらには精神分析学をも神学的に受容するなど複合的で多面的な神学であると考えている。[9]

「民衆神学の未来に向けた提言」と題された部分は本書掲載の論文とは異なる語り口であるので簡単に紹介しよう。[10] この「提言」は他の民衆神学的言説への批判である。姜元敦は、刻々と変化する民衆の現実への対応こそが重要であり、民衆神学の重要なモティーフである民衆の主体性や民衆のメシア性をあたかも教理であるかのように固定化してはならないと述べ、いくつかの論点を提示する。第一に「この時代の民衆は誰か」という問い方への批判である。かつては労働者、今は障がい者、外国人労働者、いや女性が民衆だという議論を指して「モデルプラトニズム」と呼んで批判する彼は、そうした立場は抑圧され疎外される民衆だけを見て抑圧や疎外の装置、民衆を巡る現実関係を無視する「民衆フェティシズム」であるとして批判する。第二に、民衆神学の真理性は実践において証明される。したがって、安炳茂や徐南同の方法論を継承することが正しいのではなく、この時代において民衆の現実を効果的に変革し得る方法が民衆神学として正しい方法だと主張する。第三に、民衆神学は主体的神学である。その前提は神学者自身が神学のテクストであること、民衆神学はテクストとテクストの交流の中で生じる神学だという認識である。その上で、民衆神学は今日の民衆の現実から行われなければならない。もちろん多様な神学や学知との交流は必要だが、今日の民衆の現実に立つ神学者自身の主体性が不明確な状態で他のいかなる知見を参照してもそれは無意味である。ここでは具体的にアラン・バディウ（Alain

Badiou）の主体論を参照する例が示されるが暗に批判されているのは権鎮官（クォン・ジングァン）である。この提言部分は次のようにまとめられている。重要な点は民衆の現実の正しい把握であり、それは金融的収奪体制、格差社会化、気候変動などが有機的に絡まり合った危機複合体的現実である。こうした現実の中で民衆が主体となって危機複合体を乗り越える運動を支えるための神学的言語を提供することが民衆神学の課題である。それは「資本世 capitalocene」から「生命世 biocene」へと至る民衆の運動を支える生命神学であり、そのための政治的形式、文化的形式、生態学的形式を規定する社会倫理的試みとならねばならない。

一人目の討論者、前カルビン大学教授のオ・ソンジョンはソウル大学、総神大学、チュービンゲン大学で学び、専攻は新約聖書学である。彼はカルビン大学教授、ヨンモク神学院院長を歴任し、大韓イエス教長老会合同派の牧師でもある。発表の中心は安炳茂のオクロス理解に対する批判、民衆に対する歴史的評価への異論、そして聖典としての聖書をどう理解するか、である。状況神学としての重要性、民主化など社会的課題への取り組みについて民衆神学を評価すべきであることに異論はないが、その出発点である聖書理解の問題、これが民衆神学の決定的問題点である、とオ・ソンジョンは語る。民衆神学者たちは、マルコ福音書のオクロスをあえて「民衆」と訳したが、既存の韓国語聖書や英訳聖書がすべてそうであるようにこの語は「群れ、群衆」を意味している。民衆神学が言うようにオクロスがそれほどまでに重要な概念であれば福音書自身がそう扱ったはずだが、実際はそうではない。オクロスを「民衆」とするのは意図的かつ主観的な聖書解釈であり、そこで用いられる民衆概念も辞書的な意味を離れ階級的、政治的な意味を読み込んだ一つの造語と言わざるを得ない。また、八〇年代民主化運動の主体は民衆ではなく民主化運動に参加した学生、活動家、労働運動指導者、野党政治家であった。キリスト教徒の大部分は教勢拡大のために祈る霊的な活動に熱心だったのであり民主化の主体ではなかった。こうして民衆神学の基本的な主題に疑問を提示したオ・ソンジョンは姜元敦の発題について次のような疑問を提示する。この時代の複合的な危機と民衆の苦しみに対し唯物論的神学によるキリスト教倫理的アプローチが必要だというが、これはキリスト教以外のアプローチと同じであり神学の課題ではない。必要なのはより包括的かつ本質的な神学固有のアプローチではないか。真に必要なのはキリストの贖いによって新たに生まれ変わったキリスト者が聖霊の力によって自らと世界とを変革することであり、民衆神学は福音の本質をキリスト教倫理に矮小化している。民衆神学が進むべき道はむしろ使徒言行録に示された使徒たちの行動のようなものではないか。そして最後に、民衆神学の問題はマルコ福音書と出エジプト記だけを典拠にするところにある。また、民衆神学の主張通り、イエスは民衆解放のために闘い処刑された政治的存在であったにも関わらず福音書がそれを歪曲し万人のための贖い主としてしまったとするならば、パウロ書簡や使徒言行録はもとよりすべての伝承は改ざんされたものとなる。それでは聖書に基づいた神学として民衆神学は成立しないのではないか。神学であるためには聖書全体を典拠にしなければならない。「民衆神学の致命的弱点は主観的な政治・社会的聖書解釈とともにキリスト論と救済論に現れた正統教理からの離脱」[11]である、これがオ・ソンジョンの批判の要点であり、これらは民衆神学に対する従来の批判にも見受けられた内容と言えよう。

二人目の討論者、梨花女子大学教授の朴炅美（パク・ギョンミ）は梨花女子大学で学んだ新約聖書学者で、「韓国神学研究所」の所員として安炳茂の『民衆神学を語る』の聞き手のひとりである。邦語では『安炳茂著作選集』の出版を記念して開かれたシンポジウム「民衆神学とは何か、日韓の神学的対話を求めて」での発題[12]の他、『安炳茂著作選集二　歴史と解釈』の解題を担当している。彼女は姜元敦の発題に対し基本的な同意を示しているが、民衆神学的立場から批判的論点を提示している。

一点目は民衆神学の思想史的背景とその意味である。姜元敦は民衆神学の背景として一九六〇年以降の社会状況を示したが、むしろそれ以前、日本による植民地支配と闘った独立運動家の伝統を継承していると考えるべきではないか。その上で、安昌浩（アン・チャンホ、一八七八〜一九三九年、啓蒙思想家、独立運動家）、柳永模（ユ・ヨンモ、一八九一〜一九九〇年、教育者、思想家、儒教的キリスト教で知られる）、咸錫憲（ハム・ソッコン、一九一〇〜一九八九年、思想家、民主化運動家）の思想が重要となる。徐南同の「二つの物語の合流」と「共時的―聖霊論的解釈」においては参与の問題が重視されるが、それは「われわれの実存的で告白的な生と精神、真摯さと純粋さが前提」であり、「自分自身を問い直す主体的な反省と聖霊論的実践の生の中でのみ意味を持つ」[13]と指摘する。かつて柳永模は、イエスだけが神の一人子ではなく自分も神の子としてイエスとともに父なる神、聖霊との三位一体的関係と交わりの中に生きなければならないと考えていた。このように徐南同の「共時的―聖霊論的解釈」の思想的根とそれが持つ「信仰告白的、霊的次元の重要性が強調される必要がある」[14]と指摘する。朴炅美にとって民衆神学は長い民衆思想の伝統を継承する神学なのである。

次に民衆の主体性、知識人の自己理解の問題が論じられる。安炳茂や徐南同は民衆を定義することを拒否した。そこには民衆は誰かに助けてもらう存在ではないという主体性の強調と知識人としての自己理解の課題があった。民衆は個人としても集団としても立派で正しい存在ではない。しかし救済史の流れの中で民衆は「神の介入と導きを受け人類史を導く生命の源として超越的な深さと高さを帯びる存在」であり、荒野を進むイスラエルの民のように「不安定で欠点の多い存在でありながらも変化の主体であり救いの主体」だったのである。民族解放の英雄を期待したり外国の勢力に頼ったりするのでも、神を信じさえすれば救いと解放が実現するということでもない。「神、そして聖霊は民衆の自己教育、自己解放と救いの過程と事件の中に介入し参与する。その過程は徹底的に民衆の自己救済であると同時に徹底的に神による救いの業である」[15]。民衆救済論は神による救済行為のみを一方的に強調する主流神学に対する挑戦であり、既存の救済論に対する反駁として民衆の重要性を強調した。「救済事件においで神の介入と参与を排除する民衆神学は想像することができない。それはイエス事件を民衆事件と、民衆事件をイエス事件と告白する逆説的な宣言」である。[16]また知識人は民衆ではないという安炳茂の立場も近代史の流れの中で理解すべきである。植民地時代の独立運動や六〇年代までの民主化運動活動家たちは民衆と自分自身を分離する必要がなかったのであり、福音書におけるガリラヤ民衆とイエスの関係もそうであった。しかし一九七〇年代以降、急速な産業化とともに貧富の差が進み社会的階層としての民衆が誕生した。経済的な豊かさの側にあった知識人、教授や学者は自分たちは民衆ではないと自覚せざるを得なかったのである。姜元敦は金容福（キム・ヨンボク、一九三八〜二〇二二年）の「民衆の社会伝記」概念を民衆の対象化と批判するが、民衆の社会伝記とは個人史ではなく歴史の流れを含んでいる。したがってそこから立ち上がる民衆の社会伝記は民衆の主体化について語っているのであり民衆の対象化ではない。[17]

次に朴炅美は唯物論の問題を論じる。姜元敦は観念論と形而上学を解体し唯物論を基盤とすることを提唱するが、それによって民衆の主体性までもが解体される危険性がある。この時代において唯物論とは新自由主義の論理である物質万能主義と同義であってその前で神学や哲学は無力である。「民衆の主体性を哲学と神学において論じるためには、〜人間の生命と精神、歴史と社会に対する形而上学的で超越的な思惟が積極的に展開される必要がある」[18]、と朴炅美は指摘する。初期民衆神学者たちは「反神学、脱神学」と言ったが、彼らにとってキリスト教の伝統的言語と告白は豊かな資源だったのであり、教会と信仰の場を離れて民衆神学の言語が変革の動力となることは困難である。彼らは「民衆事件に照らしキリスト教伝統を創造的に再解釈することで時代の要求に答えた」のである。新自由主義の嵐が吹き荒れる現実に対し民衆神学が希望を語るためには、「ひたすら神に付き従い歴史の最底辺で生を紡ぎ続ける道しかない。この道においては、謙遜かつ素朴に地に根を張った共同体的な生を援護する聖書とキリスト教の伝統の豊かな言語と象徴が必要であり、それらは「姜元敦が提唱する」気候危機時代の民衆の生命神学の貴重な資源ともなるであろう」[19]と結論づけた。

続く討論では、前回セミナーの発題者でもある金英漢が、民衆の主体性や歴史変革の主体としての民衆は知性史的な理解としては許容可能でも救いにおいても民衆が主体であるという理解は神学として成り立たない、つまり民衆神学は神学にはなり得ない。民衆学、民衆社会学ではなくなぜ神学でなければならないのか、と問いただした。また、司会の金均鎮は、自分が直接接してきた民衆の現実は利己的で暴力的で倫理的にも問題があり、こうした実際の民衆の姿を想起する時、この民衆が自らの救いにおいても主体となるとは考えられない。民衆を主体とする救済論には無理があると指摘した。

これに対し姜元敦は、民衆神学には宣教論的、社会倫理的観点がある。安炳茂、徐南同は罪を語る前に「いわゆる罪」について論じた。それは支配者たちが自らを正当化するため民衆に押し付けた烙印のことである。政治的に捏造された罪、「いわゆる罪」と宗教的罪とを混同してはならない。また、民衆は完全な人間ではなくもちろん悪事も働くが、こうした倫理的罪と宗教的罪との違いについても議論が必要である。民衆神学者は民衆がメシアだと断言したのではなく「メシア的役割を果たす」と言ったのだと応じた。

朴炅美は次のように応じた。金英漢のように「それは神学ではない」と言ってしまえば神学同士の批判的対話は成り立たない。では神学とは何かというところから議論し直す必要がある。民衆神学、解放の神学、フェミニスト神学などの現代神学は正統とは何かを問う。Ortho-doxy ではなく Ortho-praxis、これが現代神学の共通点である。かつて土着化神学は、土着化前のキリスト教の本質を想定しそれが諸文化の中でどのような姿を取るかと考えたが、民衆神学などの現代神学は土着化以前の本質としてのキリスト教のようなものを前提とせず、すべてのキリスト教がすでに土着化した状態だと考える。過去のテクストを参考にしつつ目の前の状況の中でOrtho-praxisを実践しながらテクストを生み出していく、これが神学である。また民衆理解について、安炳茂、徐南同らは個人的体験においても神学思想においても社会主義的、共産主義的、階級闘争的民衆理解を明確に拒否し、そのことで批判を招きもした。しかしこの場に来ると民衆神学は普遍性のない階級的思考に陥っているという批判を聞くが、実にアイロニカルだ。そして金均鎮の発言に対し、民衆はたしかに罪人であり偶像化すべきではないが、力無き者の犯す罪の結果は小さく、権力者の罪は大きな結果を招くという点を忘れるべきではない。そして救済論について、もちろんすべては神の業だと言ってもいい、しかし民衆の存在なくして神の業は生じ得ない。目の見えない人の治癒の物語において、見えるようになりたいという民衆の願い、神の業の受容がなければ何も起こらなかった。したがって、救済事件において「半分は民衆が、残り半分は神が」担っているのではなく「百%を民衆が、そして百%を神が」担うという逆説的な事件、これが救済事件である。民衆救済論は神学者たちの戦略的表現でもある。彼らは、神のみが救いの主体であると強調し民衆の存在を無視していた当時の教会に対しチャレンジした。民衆神学者たちが、救いの事件において神は何もしないと言ったことは一度もない。神の働きを否定したのなら救いである必要はないし民衆解放と表現すればいいがそうではなかった。時代状況の中で神学的パラダイム転換を図る言葉が民衆救済論であった。

金英漢は、民衆神学の問題は既存神学に対して否定的な態度をとった点にある。なぜ「反神学、脱神学」と言わねばならないのか。「Ortho-doxy同様にOrtho-praxisが重要だ」と言うべきところ、

「Ortho-doxy ではなく Ortho-praxis が重要だ」としたところに問題がある。事件神学、証言神学としての重要性は認めるが、正統神学を解体し教会を解体しようとする試みは神学として認めることができないと論じた。

朴炅美はこれに対し、「反神学、脱神学」が物議を醸すのは事実だが、民衆神学者たちは自らが伝統的な神学を行う中でそれがなすべき実践を妨げていることを見出し、それを「反神学、脱神学」と表現した。民衆救済論同様、当時の現実を踏まえた戦略的表現であった。また、安炳茂は生涯に三つの教会を作っており徐南同も大学教授になる前は牧師であり、彼らは常に教会の中にいたのであってキリスト教を離れ教会を否定したことはない。むしろ彼らはあまりにキリスト教的であまりに聖書的であった。「反神学、脱神学」という言葉から反教会的だと断ずる必要はない、と応じた。

姜元敦は、安炳茂や徐南同が伝統神学を徹底的に学んだ人物だったのに対して、そうした彼らが民衆との出会いを経験し、今まで自分たちが学んできた方法でいいのか、教会の役割は今まで通りでいいのかという大きな問いにぶつかった、と応じた。そうした彼らが解体主義的戦略として「反神学、脱神学」を提起した。オ・ソンジョンが歴史変革の主体はキリスト教ではなかったと言ったがそうではない。重要な現場には多くのキリスト者がいたし彼らは重要な役割を担っていた。民衆神学者たちはその事実を知りつつ組織としての教会、空間としての教会の中には変革の主体がいないという現実に問いを投げかけた。民衆運動に参与するキリスト者は教会の中では少数派であり、民衆と連帯する教会はほとんどなかった。はたして現場に立つキリスト者と教会の中にこもる人びとが同じ神を信じていると言い得るのか、ここに神学的テーマがあるのではないかと。

オ・ソンジョンは、正統の問題は異端との関係で生じたが、その結果として使徒信条的信仰がキリスト教の正統信仰となった。モルトマン神学も批判の余地はあるにせよ十字架による救い、神による罪の赦しを否定はしない。しかし民衆神学は使徒信条的、正統的ではない理解を示した点が問題である、と指摘した。これに対し姜元敦は、もし「三位一体の神を信じるか」と問われれば「どの三位一体か」と問い返すであろう。聖書的神学、正統的神学、正統的キリスト教という一言で何かを表現することは不可能である、と応じた。最後に金均鎮は、聖書の中に多様な神学があり、正統神学か否かを判断する基準は聖書的神学か否かの一言では十分ではない。また、たしかにモルトマンは神による赦しを否定するならそれはキリスト教ではないと言っていた。しかし、神の救いを歴史全体に見る観点とそれが教会の内側だけに生じると見る観点とではまったく違う。これらは対立する他ないのか、調和の道はないのか、と問いを投げかけて議論を締めくくった。

恵岩神学研究所所長である金均鎮の最後の問いかけはこの企画全体を象徴する言葉であり、まさに同研究所の理念を踏まえたものと言えよう。しかし議論を重ねることによって明らかになるのは両者の対話の困難さではなかろうか。得てして批判者は民衆神学を単純化するがこれは批判的議論の定石とはいえ丁寧さに欠ける面も感じられる。例えば「脱神学、反神学」について、安炳茂は「西欧的な意味の学問（Wissenschaft）は壊れなければならない」と言ったのであって学問全体を拒否したわけではない。[20]

また姜元敦が指摘しているように民衆神学者は「民衆はメシアだ」と断言したのではなく「民衆のメシア的性格」を語り「民衆がメシア的役割をする」「そういう意味で民衆はメシアなのです」と言った。それを「世の救い主キリスト」のような表現に当てはめ「民衆神学は民衆が万民の救い主だと主張する」と言い換えておいてそれを否定するような批判には意味がない。[21] もちろん批判者たちの言葉には傾聴すべき内容がある。例えばそれは民衆神学の「解体主義的戦略」の向こうにあるもの、すなわち人間誰もが直面する実存的苦悩の問題や「主体」を形成する過程における個々の課題、また使徒信条のような既存の枠組みをどう捉えるかなどについてである。しかし訳者として、そしておそらく本書の読者の多くにとって興味があるのはむしろ民衆神学内部の議論ではなかろうか。セミナーにおける姜元敦に対する朴炅美の批判はさらなる議論の入口となるに違いないし、本書に掲載された論文の中にそうした議論を見出すこともできるが、民衆神学全体の流れを包括的かつ批判的に論じた姜元敦に対する民衆神学的立場からの批判的受け止めは本書には含まれていない。訳者は「解題」でその点を意識しておこうと思う。

民衆神学内部の批判的討論の必要はすでに安炳茂と徐南同の間で意識されていた課題でもあった。両者には研究領域の違い以上の違いがあった。しかし当時は互いの違いを強調するよりも民衆神学を作り上げることに集中することを選んだということだが、徐南同の早逝によって両者による議論は実現しなかった。安炳茂によれば両者の違いとはテクストとコンテクストを巡る問題であり、[22] 一方徐南同は、安炳茂とは聖書解釈上の差異があると言っている。[23] しかし両者の作品を読んで感じるのは、時代的使命で結ばれた強固な同志的連帯感であり、互いが互いの最良の理解者であるという深い信頼感である。

3　特別寄稿

《神学と教会》十八号は上記セミナーの記録に続き、研究論文七編、特別寄稿二編が収録されている。研究論文のうち姜元敦、金英漢の二編は上記セミナーでの発表と同趣旨であり、当日の討論を踏まえてはいるものの大幅な修正はない。金均鎮、金敬宰、金鎮虎（キム・ジンホ）、崔亨默、鄭一雄の五編はこのために書き下ろされている。特別寄稿は、ユルゲン・モルトマン、フォルカー・キュスターの二編をドイツ語から韓国語に訳したものである。モルトマン論文の内容はほぼ「支配階級のための民衆神学」[24]からの抜粋であり、韓国初訪問とその後の神学者たちとの交流の部分については自伝[25]がベースとなっている。したがってこれらは邦訳もありすでに読者の知るところであるから重訳を避ける意味からも本書には含まれていない[26]。キュスター論文もドイツ語からの重訳になることを考慮し本書には含まれていない。しかし、キュスターは邦訳も無く日本ではあまり知られていない研究者であるので要旨を紹介しておこう。

(1) フォルカー・キュスター「多文化的観点から見た民衆神学」

フォルカー・キュスター（Volker Küster）はハイデルベルク大学で学び、オランダのカンペン大学教授などを経て現在はマインツのヨハネス・グーテンベルク大学プロテスタント神学部教授である。主な著作に *A Protestant Theology of Passion: Korean Minjung Theology Revisited*（Brill Academic Pub.

2010)、*Gott - Terror: Ein Diptychon* (Kohlhammer, 2018)、*Theologie und Kunst unterrichten, Contact Zone* 23 (Evangelische Verlagsanstalt, 2021)、*The Many Faces of Jesus Christ: Intercultural Christology*, Revised Edition (Orbis, 2023) 等がある。これまでドイツ語圏ではモルトマンを中心に民衆神学が研究されてきたが[27]、現在ドイツ語、英語圏でもっとも多く民衆神学に言及する研究者はキュスターであろう。彼は韓国で出版された論文集にもたびたび寄稿あるいは翻訳が掲載されており[28]、二〇〇六年の「安炳茂十周忌追慕国際学術セミナー」の講演者の一人であった[29]。《神学と教会》十八号に寄稿された「多文化的観点から見た民衆神学」には「個人的中間決算」の副題があり、民衆神学との出会いや韓国での経験などを振り返りながら文化間神学的立場から民衆神学を論じている[30]。

エルネスト・カルデナルに関心を持っていた彼が初めて韓国に渡った一九八七年夏は民主化運動の盛り上がりが頂点を迎えた時でありソウルの街は騒然としていたことであろう。彼は民衆神学者たちのサークルに迎え入れられるがその中心は英語が堪能な金容福であった。一年に渡りキュスターは金容福のもとで韓国の教会史、日本による植民地支配、民衆神学などについて学び、その結果南米の解放の神学ではなく韓国の民衆神学を今後の中心的課題と決めたという。彼は歴史の主体としての民衆という概念の背景、そして安炳茂の神学に触れながらモルトマンやドイツの神学者たちと論争になった「民衆とメシアの同一視」について次のようにコメントする。

それは究極的に解釈学の問題である。神がイエス・キリストにおいて苦難の只中に現存することは民衆神学のアイデンティティを形成する告白である。民衆は神と仲間である人間の前で究極の尊厳を帯びており、そうした尊厳は貧しさと抑圧の中を生きる生活条件の対極にある。また個人が民衆の苦難を代理し具現する民衆事件はキリストに従うこととして解釈できるであろう。おそらく南米の解放の神学であれば、このテーマにおいてカトリック教会に深く根付いている殉教の神学を描き出すことであろう。これらすべてはキリスト教の伝統的な解釈の枠組みである。これらの解釈の枠組みが「イエスは民衆であり、民衆はイエスである」という同一視に要約された結果、それらの枠組みが実際よりも更に衝撃的に聞こえたに過ぎない。[31]

キュスターーは、民衆神学が解放の神学と異なりマルクス主義的社会分析を受け入れなかったのは南北分断という背景があるからだと述べている。上述のセミナーではマルクス主義的偏向と論じられた民衆神学だが、キュスターーはそうした傾向を認めていない。たしかに解放の神学との比較においてこの理解は正しいように思われる。キュスターーは安炳茂、徐南同の神学を次のように評価している。

イエスと民衆の関係に対する強調、神人協働の十字架神学、聖書と韓国の文化的・宗教的伝統の結合、ストーリーテリング、民衆主体の歴史観などは第一世代民衆神学の連続的な遺産である。ここにプロテスタントの解放の神学の輪郭が明らかになった。それはわたし自身が神学を行う土壌となった。[32]

次に紹介されるのが安炳茂、徐南同以降の変化する状況に応じた神学者たちである。第二世代の民衆神学者として紹介されるのは姜元敦、権鎮官、チョン・ヒョンギョンである。[33] そして新しい世代としてホ・ジュミが紹介されるが、彼女はマインツのキュスターのもとで学位論文を書いている。ホ・ジュミのテーマは結婚移住女性（Migrant Married Women）だが、彼女の研究はかつて韓国からハワイへ移民した女性、米軍男性と結婚した女性の物語も交えつつ、「小説と映画のストーリー、マスコミ報道、社会学的データを互いに精密に結び合わせ女性たちの物語を表現」するもので、苦難への集中から抜け出し終末論的緊張における実践へと向かおうとする重要な作品だと評価する。[34] キュスターはチョン・ヒョンギョンとホ・ジュミを「民衆神学の男性支配的性格に批判的問い」を投げかける存在として紹介しているが、これまで多くの韓国の女性神学者によって提起されてきた同様の批判について言及がないのはやはり言語的な障壁によるものであろう。

次にキュスターは「脱植民地主義的観点から民衆神学を検討する」と題し、アジアのポストコロニアル神学を主導するクォク・プイラン（Kwok Pui Lan）、スギルタラージャ（Sugirtharajah）、また民衆神学の中でいち早く日本による植民地支配を論じた金容福に言及するが、今や韓国が植民地主義的支配の側にあることに着目した上でインドネシアの神学者バナウィラトゥマ（J. B. Banawiratma）の次の言葉を紹介する。「われわれが追慕する徐南同が生きた時代に民衆は虐げられた韓国民衆、特に韓国の国家権力によって虐げられた民衆だった。いまは、韓国企業と韓国の経済政策によって抑圧される非韓国人民衆が存在するのである」。[35]

「文化間神学の観点から見た民衆神学」では、様々な地域の異なるコンテクストにおいて民衆神学に対応する文化間神学的言説がどのように展開されているかが概観されている。[36]

ドイツ：ここではモルトマンと安炳茂の関係をきっかけとした民衆神学者とＥＭＷ[37]神学委員会間の書簡のやり取り（一九八九年）が紹介されるが、キュスターによればドイツの神学者たちは「国民社会主義者たちによる民族神学の神学的トラウマを民衆神学とその代表者たちに投射し、ドイツアカデミー神学の観点から民衆神学の代弁者たちに訓戒するかのような態度」を示したのであり、「民衆神学者たちはドイツ神学とは異なる方法で返答を試みたが、それは結局理解されることはなかった」[38]とまとめている。こうした失敗した対話とは対照的に、イ・ジョンヨンによる論文集は成功的事例と捉えられたたび言及されるが、これについては後述する。

北米：ここでは冒頭に、民衆神学はわれわれの神学ではないのであり、「われわれはそれに自分たちの主題を強要するとか自分たちの伝統的な西洋神学の範疇からそれを解釈する資格はない」というロバート・マッカーフィー・ブラウンの言葉が紹介される。[39]これはＥＭＷ神学委員会とは対象的な姿勢と言えよう。またレティ・ラッセルによる次の評価、「フェミニスト神学は経験の権威に訴え、神学の古典的規範が〝神学〟とは何かを決定することを拒否するという点で民衆神学と意見を一つにする」[40]を紹介し、これがイ・ジョンヨンによる論集全体の見解を取りまとめる意味を持つと評価する。

台湾：ここで言及されるのはソン・チョアンセン（C.S.Song、宋泉盛）である。キュスターは彼の「メン婦人の涙」こそ最も民衆神学的作品だと評価し、政治神学者としてのソン・チョアンセンは「民衆神学と愛国心を共有する。彼は自らが選んだ亡命の地において生涯のほとんどを過ごし、台湾の自決権のために亡命者の運動に積極的に参与した」と語る。台湾の状況は韓国と類似した社会政治的変化を帯びていると指摘するキュスターは、台湾の新たな政治神学として Wang Hsien Chi の「祖国の神学」と Husag-Po ho の「自己決定の神学」を紹介する。[41]

香港：ここでは自由選挙のための傘運動（二〇一四年）が韓国の民衆運動及び民衆神学との類似点があると考える Wei-Ching Angela Wong、香港の学生デモの記憶を語るクォク・プイラン、一九八七年の韓国民主化運動と二〇一九年の香港学生デモの比較を論じたキム・ミナが紹介される。

中国：ここではキュスター自身の経験を踏まえ、「わたしは数年前中国で共産主義宗教学者たちと対話し彼らが解放の神学、特に韓国の民衆神学に大きな関心を持っていることを知った。それらの神学が社会分析と献身的参与を重視するからである。三自教会と天主教愛国会が解放の神学に対して示した態度は中国がすでに解放されているとはいえ貧しい人々のための優先的選択を両者が共有していることを示している」、と記している。[42]

インド：ここではダリット神学と民衆神学との交流の歴史が紹介される。一九九〇年代初頭に始まり二年に一度開催されてきた彼らの討論だが、「それぞれのコンテクストにおいてダリッド神学と民衆神学を概観する研究が繰り返されてきたような印象で、～相手の神学を直接参照するような研究は見いだせず」、文化間神学において必要な相互理解のための作業も不足していた、というのがキュスターの評価である。[43]

パレスティナ：ここではWCCの「カイロス文書」を重視した金容福に対する批判が展開されている。キュスターはドイツ人神学者として「ドイツが自らの罪の歴史を見つめ、ユダヤ教に対するキリスト教の態度を真剣に振り返る必要」があるとした上で、この作業を一般的な態度として行うことは不可能だと指摘する。それは、イスラエル軍の暴力やガザ地区の現状がアラブ諸国の反イスラエル感情とハマスの暴力を招いているからであり、ユダヤ人を敵対視する西欧キリスト教の発明である人種差別が、今や再征服主義や植民地主義と共に輸出され植民地の人々に適用されるという複雑な状況があるからである。神学は常にコンテクストに結び付けられると同時に政治的である他はない。これによって神学はある種の曖昧さを引き受ける他はない、とキュスターは述べている。[44]

論文の最後にキュスターはクォク・プイランとヨルグ・リーガーの『宗教を占拠せよ』[45]を紹介しながら、そこに民衆神学のオクロス論と民衆理解が深くつながっていることを指摘し、「神は関係の中に現存する」という彼らの表現に同意を示しつつ、「状況神学が脱植民地主義神学を予見していたように、文化間神学は、文化、宗教、人種、民族、階級、ジェンダー、包括性などに関する観点を統合する領域横断的な神学である。一九七〇年代と一九八〇年代韓国のコンテクストに花開いた民衆神学は二十一世紀には文化間神学のネットワークに参与することで新たにされ、アジアにおいてダイナミックな神学を形成する際の重要な役割を担い続けるであろう」[46]と結論づけている。

（2）イ・ジョンヨン『世界的観点から見る新しい神学：民衆神学コメンタリー』

ここで、キュスターがしばしば言及するイ・ジョンヨンが編集した論集について触れておきたい。副題が示すように英語圏に向けられた民衆神学の解説書という性格を持つ同書には、民衆神学に関する貴重な声が収められている。編著者のイ・ジョンヨン（Jung Young Lee、一九三五〜一九九六年）は朝鮮戦争直後に渡米、ギャレット神学校、ボストン大学で学び、ノース・ダコタ大学とドリュー神学校で教えた神学者である。日本では森本あんりが「アジア的三位一体論」を展開する「ジュン・ユン・リー」として紹介している。[47] イ・ジョンヨンの専門は組織神学であり民衆神学に対しては一定の批判を持ちつつもアジアから生まれ出た神学として取り上げ、生産的な討論の場を生み出した。同書に執筆しているのは、ホセ・ミゲル・ボニーノ、ロバート・マッカーフィー・ブラウン、ハーヴィー・コックス、レティ・ラッセル、ジョン・カブ・ジュニア、小山晃佑、C・S・ソンなど日本でもよく知られた顔ぶれである。[48] イ・ジョンヨンはこのプロジェクトの企画者としてこれら著名な神学者たちを集めることに成功しただけでなく、自らも「民衆神学：批判的入門」と題する論文を掲載している。ここでは民衆神学に対する彼自身の思いが表現された部分だけを紹介してみたい。

わたしはノースダコタのグランドフォークスというアメリカ空軍基地の町にある小さな「民衆教会」で、アメリカ軍人と結婚した貧しく、弱く、抑圧された韓国人女性のための牧会を受け持っていた。そこでの数年間の牧会生活においてわたしは「民衆神学」の重要性に気付いたのである。本書を通してわたしが意図した内容は、わたしがかつて受けた神学教育よりもむしろ今行っている牧会活動と関連している。

本書を編集した目的は民衆神学とこの時代の重要な神学的思想との対話を行うことである。したがって本書に執筆した著者たちは世界の様々な地域の多様な神学的観点を代表する人々である。〜著者たちはそれぞれの分野において最も権威ある学者である。しかし、その中の誰一人として民衆神学に対する専門的知識があるわけではない。わたしはCCA神学委員会が編集した"Minjung Theology: People as the Subject of History"、また民衆神学に関する英文資料をそれぞれの観点から読み評価するようにと依頼した。民衆神学が持続的な発展過程にあることを著者たちは知っており、彼らの論文は民衆神学の展開過程で生じた様々なテーマへの考察の形を取っている。[49]

一方彼は、民衆神学について文献だけを頼りにした同書の限界について次のように述べている。

最近わたしはソウルで安炳茂教授と同僚研究者たちを訪ねた。安炳茂教授は民衆神学運動の主要人物とみなされている。幸いにもそこで民衆神学の展開に対するわたしの関心をもとに質問する機会が与えられた。するとすぐに、この論文集に収められた神学的思考は民衆解放運動に積極的に参与する韓国の神学者たちの考えに比べさほど重要ではないことを知ることとなった。彼らの関心は神学的システムにおける一貫した構造や批判的省察ではなかった。むしろ彼らはただ変化する民衆解放闘争における諸条件への省察に関心を寄せていたのである。彼らは「よそ者」の批判に耳を傾けるのではなく、自らの思考を制限する枠組みからの自由を願っていた。彼らの思考は民衆が進化するように進化していた。彼らの思考は民衆が変化するように変化していた。

安炳茂教授との対話を通じて、いわゆる真の民衆神学者とそうでない民衆神学者との間にある明らかな区分を確信した。民衆運動に深く関わってきた神学者たちは真の民衆神学者とみなされ、彼らは民衆神学を発展させる勢力の内的中核を形成していた。一方、解放のための民衆闘争に実際的かつ直接的には関わっていない民衆神学者は民衆神学の発展に対する思索にのみ関心を持っていた。故徐南同教授と安炳茂教授は前者に属しているのである。

書籍と論文だけを通して民衆神学を理解しているわれわれは両者の区分に失敗していた。したがって本書においてわれわれが行うほとんどの作業は民衆神学の諸概念に対する神学的省察である。それは明らかに学者としてのわれわれに不満を抱かせるものだが、それはわれわれにとっての短所であると認めざるを得ない。なぜならわれわれは韓国における民衆の実際的な経験に直に接することができないからである。[50]

欧米で民衆神学が知られ始めたころ、欧米に留学した韓国人の中には指導教授から民衆神学を研究テーマにすることを勧められるケースがあったという。欧米の研究者にとって言語の障壁を超えて民衆神学の情報を入手できる機会であり、留学生にとっては学位取得の近道となるという理由から、保守教団に属し民衆神学を異端と考えていながらも学位論文では民衆神学をテーマとすることもあったという。また韓国内でも、民衆神学への世界的な注目を受け民衆運動とは無縁のまま学内に「民衆神学研究所」

を設立する研究者も登場した。イ・ジョンヨンに限らず、韓国外の研究者が参照した文献が限定されていたことは確かだが、それが置かれた状況への理解が不十分な状態で民衆神学を解釈することに大きな困難が伴うのはもっともなことであろう。

4　鄭一雄「民衆神学と民衆教会論に対する批判的省察」

《神学と教会》十八号掲載の研究論文中、本書で訳出されないのは金英漢「民衆神学の問題点とその妥当性」、鄭一雄「民衆神学と民衆教会論に対する批判的省察」である。金英漢については第一セミナーの内容紹介で触れているので、ここでは鄭一雄論文の内容を紹介しよう。彼は総神大学、ボン大学で学び専門は実践神学、教育学、特にヨハン・アモス・コメニウスの研究で知られている。総神大学総長、韓国改革神学会会長、福音主義神学大学総長協議会議長などを歴任。大韓イエス教長老会合同派の牧師、恵岩神学研究所の諮問委員でもある。

彼は「民衆神学がどの程度韓国の神学界に共感を与え、神学としての独創性と韓国的神学として立場を確立した」かどうか議論の余地があるした上で、金英漢、金均鎮同様「民衆神学の妥当性に対する問いはその当時も保守的神学者によって多く提起されたのみならず、進歩的神学者の中からも批判と疑問が提起された」点をあげる。[51]「聖書テクストを相対化かつ歪曲し、ケリュグマ的なキリストをおろそかにする」などキリスト教神学の基本条件を備えていないという批判は他の批判者たちと同主旨と言える。

鄭一雄は民衆教会の教会論に対する批判を中心に議論を展開する。批判が集中する点は「民衆教会」

の神学的基盤である。民衆神学者は事件の現場を「真の教会、聖霊の教会、第三の教会」など理想化し既存の伝統的な教会を批判するが、福音書が示すような信仰告白無き教会は教会の名に値しない。使徒たちの働きにおいてもキリスト教の歴史においても信仰告白が教会の土台だが、それを否定する民衆神学が提案する「民衆教会」には神学的洞察が不十分である。民衆神学が志向する教会は具体的にいかなるモデルといかなる礼拝形態を持つのかという問いに安炳茂は、村祭り、マダン劇、仮面劇、先祖に捧げるチェサ（祭儀）などとともに分かち合われる食卓がその原型であり、都市産業宣教会などの現場において民衆が苦しみの叫びとともに捧げる祈りがそれだ、と答えたが、これらは土着化神学的意味を持つとはいえ、宗教混成主義、文化混成主義でしかない。[52]また、聖書が語る悔い改めるべき罪の問題を個人的な宗教的問題とせず社会的構造悪とする点が民衆神学の問題であり、これでは民衆を抑圧する支配者には罪があるが民衆には罪がないことになる。イエスの公生涯の第一声は「悔い改めて福音を信ぜよ」であり、教会は民衆のためだけではなく全世界のすべての人のためにあるというのが伝統的教会理解である。[53]

鄭一雄は民衆教会論の肯定的側面としてキリスト教倫理や実践的側面において、また保守的教会の個人主義的傾向を批判し福音的な献身の姿を示した点において、世界に韓国の神学の存在を知らしめた点において、カトリックとプロテスタントという教派にとらわれない神学を提唱した点において認めている。[54]一方否定的側面として、伝統的なキリスト中心の神学と教会論を過度に民衆中心に解釈した点、民衆とイエスとの出会いにのみ力点を置いた点、韓国の歴史における民衆の事件、政治的苦しみを風刺した民衆文化や民衆芸能と教会の礼拝とを結びつけようとした点、民衆教会論は問題提起ではあっても具体的な提案はなく教会として存続し得る条件を示さない点、聖書解釈において社会、経済、政治、人間の問題を前提とした聖書解釈に偏り聖書テクストを重視しない点、そして民衆教会論が提唱された当時の問題はすでに解決しているため今や時代的有効性を失っている点、をあげている。[55]

鄭一雄が批判する民衆教会論は主にリュ・ジャンヒョンに基づいている。[56] ここでまとめられている民衆神学的教会理解は、訳者が見る限り妥当ではあるものの要約であるだけに表層的にならざるを得ない。こうした二次テクストを部分的に参照したためか、民衆神学的教会理解の核心的主題のいくつか、例えば「終末意識の回復」や「神の国」について検討されていないことも気になる部分ではある。しかし上述のセミナーにおいてもそうであったように、「神学とは何か」という基本的枠組みについて固執したままの議論はあまり生産的だとは思えない。鄭一雄は「民衆教会論」という表現を無前提に使っているが、安炳茂は期待されるような組織神学的な教会論を語ったことはない。「教会論には関心がなかった」と語っていた安炳茂が教会理解について論じた時、周囲の要求に従ってあえて答えるならこうなると断っている。[57] そして、民衆神学が発展することで真の教会の姿が浮かび上がるだろうと語った。つまり民衆神学にとっての教会は既存の制度や組織ではなく日々生じる事件なのである。「民衆神学に礼拝学はあるのか、牧会学はあるのか」といった問いに対しても同様であろう。一九八〇年代に急激に展開された民衆教会運動が次第にその活動の方向性に混乱が生じ始めた一九九〇年初頭、様々な「民衆教会論」が登場したがその多くは既存のプロテスタント教会の枠組みにどのように当てはめるか、どのように連帯するかという議論であり、それらの議論に対し安炳茂は不満を表明している。[58] これに対し、民衆神学にふさわしい教会論は従来の神学を構成する「脱ぎ捨てるべき歴史的外皮」を取り払うことから始められるべきだと主張したのは、キリスト教倫理学者でボンヘッファー研究者でもあった孫奎泰（ソン・キュテ）であった。[59] 鄭一雄が神学を神学たらしめると考える条件の多くは孫奎泰にとって「ギリシャ哲学と形而上学によって形成された教理体系」であり、韓国のキリスト教はここから出発する必要がないと考えられている。この発想は安炳茂や徐南同の基本的構想と同じものだと言えよう。[60]

やはり教会理解を巡っても、既存の教理的枠組みからの批判よりも民衆神学と共通の現場を持つ民衆教会や民衆運動からの批判がむしろ興味深いのである。一九八〇年代に入ると、安炳茂や徐南同を神学の師とする若き牧会者たちが、困難な開拓伝道の中で自らも労働者として働きながら「民衆教会運動」を展開した。そこから発せられたのは「民衆神学では民衆教会を運営することができない」という批判であった。それに応える目的で展開された新たな論述も、本書に収められた姜元敦論文に見られるような難解さにより現場の要求からかけ離れたものと受け止められることとなった。[61] 教会論について消極的だった安炳茂だが、彼は「民衆の教会を支援することからでも始めるべき」と言い、改革すべき事柄はすでに出尽くしているから「民衆神学の視点が新しく細部の改革について云々する必要はない」、それ以上の内容については「民衆が足を踏み入れられる場であること、神を教会の道具にしないこと、階層性を除去すること、信徒が率いる基礎共同体を受け入れること」を示すだけで、これ以上の具体的内容については教会自身が決めれば良いと言うにとどめた。[62] また彼は別のところでこう語っている。「少なくとも牧師は常に教会の教会らしさを自覚し悩みながら説教すべきである。突然、民衆神学の結論をすべて受け入れることはできなくとも、誰のための教会が真の教会かを考えながら、今日の教会の問題を解決していかなければならないと思う」[63]。民衆神学は現場の運動を指導するものでも改革の指針を提示するものでもなく、民衆の事件を証言するものだという一貫した姿勢がここにも見られるのである。それをどう受け止めるのか、受け止めてどうするかは聞き手の決断にかかっているのである。

「恵岩神学研究所」が企画したセミナーは民衆神学を再び神学的公論の場で論じようとする意欲的な取り組みであり、そのために多面的な議論が行われたことは高く評価されるはずである。しかし民衆神学の主張とそれに対する批判言説との齟齬は、「保守か進歩か」という立場の違いを超えたより本質的なもののように思われる。両者のすれ違いは、その神学言説がどのような状況で誰による誰に対する語りかという「生の座」の問題、そしてそれが何を目的とする語りかという問題、すなわち神学とは何かという大前提に関する根本的な問題を含んでいる。中村雄二郎は、普遍性、論理性、客観性を原理とする「科学の知」に対し、固有世界（コスモロジー）、事物の多様性（シンボリズム）、身体性をそなえた行為（パフォーマンス）を原理とする「臨床の知」を提唱した[64]。これらはすでに精神医学や文化人類学において重視されてきた視点だが、現実世界における人間の経験を基盤とする知のあり方の全体像を捉えようとした中村はこれを、「近代科学への反省のもとに、それが見落とし排除してきた諸側面を生かした知のあり方であり、学問の方法」として「臨床の知」と呼んだのである[65]。このアプローチは民衆神学を含む現代神学、解放の諸神学を理解する上で重要な視点を与えてくれる。いわゆる伝統神学が普遍性を重視する抽象的学知であるのに対し民衆神学はまさに「臨床の知」であり、伝統神学が見落とし排除してきた重要なテーマを再発見し、人間の現実との相互作用において歴史的身体性を重視するのが民衆神学と言えよう。「臨床の知」が重視する人間の経験、能動性、情緒、相互作用などはまさに民衆神学の聖書理解において重要な意味を持つものであり、民衆神学は新しい学知の系譜に位置づけられることでより正しく理解されるに違いない。スコラ神学に代表される教会の権威構造の中での神学的営為、そして中世ヨーロッパ以来今に至るまで大学の研究室を中心に行われてきた神学的営為が見落とし排除してきた人間一人ひとりの神経験に基づく聖書理解とそれを活かす神学、それが民衆神学であり種々の現場から生じた解放の諸神学と言えよう。真に生産的な議論は、民衆神学と伝統教理との対立関係を強調することではなく、両者の特徴を明らかにした上でこの時代を生きる人間一人ひとりの経験と照らし合わせる作業であろう。その上で民衆神学が「臨床の知、現場の神学」として今も正しく機能しているかどうかについて論じられるべきではなかろうか。[66]

2 解題

1 姜元敦「民衆神学の胎動と発展－主題と方法の変化を中心に」

姜元敦（カン・ウォンドン）は韓神大学神学部、同大学院で学び、ハンブルク大学で博士号を取得。韓国神学研究所翻訳室長、同学術部長、《神学思想》編集者、韓神大学や聖公会大学などの講師を経て韓神大学神学部教授としてキリスト教倫理、民衆神学などを教えた。物議を醸した『物の神学』（一九九二年）など多くの著作と論文がある他、訳書にE・シュヴァイツァー『コロサイ書注解』、グニルカ『エフェソ書注解』などがある。最新刊は『キリスト教経済倫理論－社会的で生態学的な経済民主主義の観点から提案する市場経済の規律について』（ドンヨン、二〇二四年）だが、これは千二百頁を超える大著で、博士論文以来探求してきた経済倫理の集大成、また『物の神学』の延長線上に位置する作品だという。彼は自らを「キリスト教社会科学者」と呼び、その方法論は「社会と経済的現実を政治経済学批判の観点と方法で分析し、社会と経済的現実の問題を解決する原則を倫理的に提示し、そのような倫理的根拠を神学的に後押し」するものだと説明する。[67] 邦語ではこれまで朴聖焌（パク・ソンジュン）によって紹介された内容がすべてであり、[68] 本書に収められた論文が初めての邦訳である。訳出した「民衆神学の胎動と発展－主題と方法の変化を中心に」はこれまでの民衆神学の全容を明らかにしようとする意欲作で、邦訳がなかった権鎮官、金熙献（キム・ヒホン）を含め民衆神学の主要な論者はほぼ網羅されてはいるものの、著者自身の主張が中心となるのは当然であろう。姜元敦にとって民衆神学は研究対象ではなく、神学者自身が神学のテクストでなければならないという言葉の通り自らの実践的営為そのものだからである。同論文は長編かつ論点も多岐に渡っているのであらためて内容を確認することはせず、ここでは内容理解に役立つと思われる点を訳者の関心に従って述べてみたい。

姜元敦は民衆神学の変化を段階的発展の過程として捉えているが、依拠するのはマルクス主義的歴史観であり社会分析理論である。師である安炳茂や徐南同とは異なりマルクス主義を積極的に受容し唯物論的神学を構築することが彼の中心課題となる。今日まで日本で知られる民衆神学が安炳茂であり徐南同であるのは両者の圧倒的な説得力を考えればもっともではあるが、それは邦語文献が両者に限定されてきたからでもある。したがって、日本の読者にとっての民衆神学は八十年代韓国の神学であった[69]。しかし民衆神学は生きた神学運動である。一九八四年に徐南同、一九九六年に安炳茂が世を去ったあとも韓国の神学者たちは民衆神学を継承発展させてきた。九十年代に入り、つまり不十分とはいえ民主化が実現した韓国において、あらためて民衆神学を評価、再検討しようとする動きが生じた時、「第一世代」に特別な権威が与えられたのは自然な流れであった。しかし姜元敦はそうした動きを一種のスコラ主義として批判している（五三頁）[70]。民衆神学は研究室で論じられる知の体系でも教会の教理でもない。繰り返し述べられているように彼にとって民衆神学とは「民衆に神学の焦点を当て、歴史の前で民衆とともに神学する」ことであり社会との関係の中で機能する学知、現在進行系の実践知なのである。したがって民衆を取り巻く状況の変化に伴いそこで行われる神学も異なる方法論と形式を必要としている。民衆神学の生命はこの時代における民衆の現実に正しく焦点を当てているかどうかにかかっているのであり、彼が他の論者を評価する基準も「民衆の現実を認識しその現実を打破する実践を理論的に下支えすることができるかどうか」（五七頁）なのである。

姜元敦を読み解くために考えたいのが神学の聞き手の問題、これは誰のための神学か、この神学を必要とするのは誰かという問いである。神学は学術世界を中心とした知的営為であり、安炳茂ら第一世代の作品の多くも学術論文の形を取っており、形式がインタビューであったとしても研究者同士の対話である。大学の研究室にとらわれない民衆神学も、民衆をテーマにするとはいえ民衆を聞き手とするわけではなく、民衆に焦点を当てたキリスト教神学として特定の読者に向けられているのは当然と言えよう。彼らの読者は専門的訓練を受け学術論文を読みこなせる人々、具体的には同僚神学者、教会の教役者や信徒、神学生、大学生であり、民衆神学はこれら既存の神学を知る人々、そして既存の教会に向けられた神学的チャレンジであった。

姜元敦ら第二世代は第一世代を神学の師とする人々であり第一世代民衆神学の聞き手だが、その後彼らが直面した現実はそれまでとはまったく異なるものであった。それは、姜元敦がしばしば用いる「部門運動」という言葉によって知ることができる。「運動の神学」を提唱した朴聖焌や「物の神学」を提唱した姜元敦が直面していたのは、民主化や統一の課題が具体的な社会変革の目標とともに新たなイメージを伴うようになった時代であった。安炳茂が署名者となった「三・一民主救国宣言」（一九七六年）においてまだ抽象的でしかなかった民主化は、軍部独裁の終焉、東西冷戦構造の克服と南北自主統一という具体的な社会変革のイメージによって捉えられるようになっていた。それは民族の希望という次元ではなく実現すべき革命の目標となった。こうして「民主化、自治化、分断の克服と統一成就」を至上命題とする社会変革運動が構築されるようになると、自由や正義を求めるあらゆる立場の個人、団体は「韓国社会の根本的な変革のための運動」すなわち全体運動に統合され、それぞれが「部門運動」として有機的な機能を持つべきだと考えられるようになった（三九〜四二頁）。

キリスト教の運動も全体運動の中の一部門運動であり、そこでの課題は全体運動の価値の共有と一部門としての固有の価値の明確化であった。当時、全体運動を通底する価値は社会科学的な社会変革運動の理論、すなわちマルクス主義の影響を受けた社会思想であり、社会変革に参与するキリスト教の運動も全体運動の言語を共有すべきだと考えられていた。これが「運動の神学」が描いた構想であり、全体運動の共通言語によって再構築された神学が「物の神学」であった。姜元敦の聞き手は自分たちの運動を「部門運動」として理解し得る人々、具体的には民主化運動に直接的に参与するキリスト者たちであった。彼らの多くは大学で民主化運動と出会い社会変革運動に開眼したキリスト者、あるいは第一世代民衆神学と出会うことで「事件の現場」で「イエス事件」に参与すべく身を投じた大学生、神学生、若手教役者であった。彼らが依拠していた社会理論、運動論に比べそれまでの民衆神学が実践的な理論を提供しないことは確かである。むしろ「全体運動」の脈絡においてキリスト教は旧体制の価値体系であり、教会は民衆を搾取する社会体制の一部分に過ぎなかったのであり、民衆神学といえども社会変革にふさわしい学知とは言えなかったであろう。

いわゆる「運動圏」のキリスト者にとって信仰者としてのアイデンティティが問われていたことは想像に難くない。革命の季節においてもキリスト者、神学者であることが積極的な意味を持つものであるためには全体運動に貢献する部門運動としての役割と責任を確かなものとすると同時に、運動に献身する上での信仰者としての内的根拠、すなわち神学的根拠の確立が急務であったに違いない。後に「運動の神学」と呼ばれる朴聖焌の主張は次のようである。「教会は、韓国社会の物質的土台を自らの存在基盤としており、韓国社会の性格と構造をイデオロギー的に体現している。したがって、教会を刷新するためには韓国社会を刷新しなければならない。同時に、その逆も成立する。韓国社会を変革するためにはキリスト教を変革しなければならない。～韓国のキリスト教の変革は、韓国社会の変革の有機的一部分である」[71]。ここでは「同時に、その逆も成立する」という部分について掘り下げるべきだが、その前に当時の状況を理解するための寄り道をお許しいただきたい。

七十～八十年代韓国の教会の在り方を考える上で欠くことのできないのが「西大門（ソデムン）民衆神学校」の異名を取る基督教長老会宣教教育院である[72]。前身は一九七四年に韓国神学大学教授文東煥（ムン・ドンファン）を中心に韓国神学大学付属施設として設立された基督教長老会の宣教神学大学院（夜間）だが、一九七五年、「緊急措置九号」[73]によって韓国神学大学の多くの学生が除籍、教授の多くも解職、宣教神学大学院も閉鎖された。これによって重要な神学教育機関を失った基督教長老会はすぐさま新たな機関の設置に取りかかった。大学卒業資格の代わりに「総会委嘱生」として神学教育を受けることで聖職按手の条件とすることを決め、総会立の神学校を設立した。土地建物と運営資金はカナダとドイツの宣教機関の協力を受け、一九七六年、ソウル中心部の西大門に基督教長老会宣教教育院が始まったのである。「緊急措置」によって除籍、逮捕投獄された学生たちはすぐには復学、再入学は許可されなかったが、「西大門民衆神学校」は「民主化運動で退学になった学生であれば入学資格がある」[74]と言われるほどその立場性は周知の事実であり、行き場を失った学生たちの受け皿となっていた[75]。教員も韓国神学大学の解職教授を中心に多彩な顔ぶれであり、初代院長は安炳茂（新約聖書）、第二代院長は徐南同（組織神学）、その他に金容福（キリスト教倫理）、朴炯圭（パク・ヒョンギュ、社会倫理）、徐洸善（現代神学）、韓完相（ハン・ワンサン、社会階層論）、文益煥（ムン・イッカン、旧約聖書）、金燦國（キム・チャングク、旧約聖書）、李萬烈（イ・マニョル、教会史）、文東煥（キリスト教教育）、朴鳳琅（パク・ボンラン、組織神学）、白楽晴（ペン・ナクチョン、文学）など、神学のみならず当時の知性を代表する人々が集結していた。[76] 教育の中心は、設立三年目の一九七八年から院長となった徐南同であり、彼が一九八五年に世を去ると同時に宣教教育院は事実上の解散となった。

「反独裁民主化闘争及び韓国社会変革運動の核心機関」[77]を自認する「西大門民衆神学校」のカリキュラムは韓国神学大学神学部とほぼ同じだったが、教員による講義形式ではなく討論中心の演習形式の授業が多く、夜には現場の活動家によるワークショップが開かれるなど、当時としては稀有な神学教育の場であった。卒業生の多くは教役者になったが、既存の教会ではなく開拓伝道によって民衆教会を設立する人々も多かった。学生の中にはそれまで神学に触れたことのない者も多かったが、「民衆神学校」の呼び名の通り教育方針は民衆神学を中心としていた。ある卒業生は、ここで徐南同院長から「ハン（恨）の司祭」という言葉を初めて聞き、その意味を知る中で民衆教会の牧会者としての道を決断したと言い、また「韓国のイエスは全泰壱（チョン・テイル）である」という徐南同院長の言葉を多くの卒業生が記憶しているという。[78] ここでの授業は知識や学問体系を移植するようなものではなく、民衆の現実を目の当たりにしたキリスト者がどう生きるのかという切実な問いに向き合うものだったと言えよう。

また、李萬烈は教会史の授業で全徳基（チョン・ドッキ、一八七五〜一九一四年、独立運動家でメソジスト牧師）について熱く語ったという。ある卒業生は、全徳基牧師は病者や貧しい人々を集めて食事を与えその中から独立運動家が輩出されたという話を聞き、これこそが民衆教会だと確信し自分の進む道を決断したのだという。[79]

「西大門民衆神学校」は教役者養成機関であり、実際にここからは多くの牧師が生まれ、民衆教会やキリスト教系社会運動、労働組合、NCCやEYCなどのキリスト教団体で民主化運動に従事する活動家を輩出した。[80] 大日本帝国による植民統治下、抗日運動に参加する民族主義的朝鮮人運動家の中には獄苦を経てキリスト教徒になる者があった。宣教師ゲール（J. S. Gale）は二十世紀初頭の抗日運動とキリスト教の関係について「監獄がキリスト教リーダーを育てる神学校となった」と述懐しているが、同じように朴正熙（パク・チョンヒ）政権の暴力が結果的に青年たちの意識を先鋭化させ、除籍や退学処分を通じ多くのキリスト者が民主化運動に身を投じることになったのである。「西大門民衆神学校」は正義を求める青年たちと民衆神学者たちの情熱と献身の霊性によって支えられていた。そこで人々は苦難にあえぐ人々の叫び声と神学者たちの熱い語りかけに導かれ現場へと派遣されたのである。[81]

本題に戻ろう。姜元敦が聞き手としたのは、「西大門民衆神学校」が輩出したような活動家の次世代と考えていいであろう。一九九二年に出版された『物の神学』には一九八六〜一九九二年の間に発表された二二編が収録されているが、これらは急変する社会状況への対応を模索する活動家キリスト者に向けられている。民衆教会運動は七〇年代から様々な形で始まっていたが一九八七年を境に変化が生じている。いわゆる「六月抗争」によって民主化が前進し、民主化運動や労働運動が公然化したことで、それらの運動に合法的空間を提供する教会の役割は不要となったからである。全体運動が大きく前進する中で部門運動としてのキリスト教固有の役割は何か、教会としてすべきことは何かという問いが浮上しそれに応答しようとしたのが「実践と唯物論に基づく神学」（物の神学）であった。民衆神学を「民衆運動を支える神学的言説」と捉える姜元敦にとって、知識人は民衆ではないという第一世代の理解は克服すべきものと考えられている。それでは神学者は歴史変革の主体的参与者ではなくなってしまうからである。

　ここで、神学者も「有機的知識人」（二二頁）として民衆運動の中に自分の位置を持つべきだという主張について考えておく必要がある。全体運動に対する知識人としての貢献、しかも神学者としての貢献とは全体運動に参与するキリスト者に対する関わり、すなわち運動に献身するための内的根拠の付与であると同時に教会改革を意味しているはずである。もう一度朴聖焌の言葉を思い返したい。「教会は、韓国社会の物質的土台を自らの存在基盤としており、韓国社会の性格と構造をイデオロギー的に体現している。したがって、教会を刷新するためには韓国社会を刷新しなければならない。同時に、その逆も成立する」。教会の変革を教会だけの問題と考えるのではなく社会全体の構造と関連させて考えることは当然であろう。しかし「その逆」は成立するのだろうか。社会変革のためには教会の変革が必要であるほどに韓国社会において教会は重要な要素として存在するのか。教会は社会の動きを左右し得るのか。

もちろんこれは日本のキリスト教の現実からは想像もできない問いの立て方ではあるが、社会変革に参与するキリスト教的土台が明確になることで既存教会の刷新も期待され、社会変革運動への支持も強固なものとなるという意味で捉えるなら現実味のある言葉となろう。しかし社会変革と教会の刷新が相互に必要条件だという指摘はあまりに論理的に過ぎるようにも思われるのである。また、「民衆の現実を認識しその現実を打破する実践を理論的に下支えする」使命がはたしてキリスト教神学によって遂行され得るのか、という点についても検討の余地がある。それは先述したように、キリスト者に対し社会参与の内的根拠を付与するという意味の先にある実践性を指すものであろうが、新しい社会を想像する変革運動そのものに論理的枠組みとエネルギーを付与するキリスト教神学、という構想そのものがかなり大胆なものであることは確かであろう。もちろんこれは八〇年代後半から九〇年初頭における問題意識ではあるが、姜元敦にとって社会変革の動力としての神学（あるいはキリスト教）という戦略的思考はその後も一貫している。しかし、「生態学と政治経済学の結合に根拠を置く生態学的経済学の観点から生態学的反資本主義の道筋を提示しこれを下支えする」（七〇頁）役割が「運動の神学」と「物の神学」を発展させた「唯物論的生命神学」によってどのように具体化されその有効性を発揮するのか、訳者には未知数である。それを知るためには二〇二二年の論文「統全－融合的生命神学の構想、人類世の危機を克服し生命世を開く総合的学問の模索」、あるいは集大成である「キリスト教経済倫理論」を学ぶことから始める必要があるが、重厚な学術論文の読者は社会変革の先頭に立つキリスト者の中でも限られた人々にならざるを得ないのではないかという問いは残る。[82]

姜元敦は民衆神学の発展の中で今の「第三段階」こそ最も多様で豊かであると捉えている（一〇頁）。最初に取り上げられる権鎮官は「民衆神学の神学的貧困を打破し民衆神学の組織神学的体系を構成」する立場と考えられており（五四頁）、キリスト教倫理的視点を失わない彼の作業は概ね肯定的に取り上げられている。[83] 一方、続いて取り上げられる金熙献、金鎮虎に対しては積極的な評価の部分が明確ではない。それは彼らの神学が社会変革に対する有効性、政治的実践への貢献において不十分だと捉えられているからかもしれないが、この点については後ほど訳者なりの考えを述べさせていただきたい。姜元敦は金熙献の立場について、民衆神学の形而上学的基礎設定を試みたと紹介しているが、邦訳の無い金熙献の主張については彼自身の言葉を通してもう少し詳しく見てみたい。[84]

金熙献は、一九八〇年代前半に韓神大で神学生として学生生活を送り、「運動の神学」を現場で受け止めた民主化運動世代である。彼にとって民衆神学とプロセス神学との対話は、挫折の中で信仰を失った一人のキリスト者の信仰回復の物語でもある。[85] 高校生として「光州民衆抗争」を現地で体験し神学生としてソウルで民主化運動の渦中を過ごした彼にとって民衆神学は特別な意味を持っているはずだが、「全体運動」の価値体系とキリスト者としてのアイデンティティを巡る葛藤はまさに彼自身のものであったに違いない。彼の問題意識は、社会主義が力を失い、ポストモダニズムがすべてを解体した後で生じた「宗教の帰還」現象という危機への対応である。信念と確信を喪失した人々に対し最も説得力ある答えを提供したのが保守主義であり原理主義的宗教であるとすれば、大きな物語でも解体主義的ポスト理論でもない新たな世界観として金熙献が提示するのがプロセス哲学であり万有在神論である。これまでの民衆神学の問題は社会の変化とともに脱近代的思惟へと進むことができなかったことであり、その代表的事例が「民衆メシア論」を巡る混乱であった。伝統神学が立脚する哲学的唯神論（超自然主義的理神論）的な批判に対し哲学的枠組みを変えること無く展開された民衆神学からの反論は失敗に終わったが、プロセス神学と万有在神論により再構築されたキリスト論であれば「民衆メシア論」の真意を説明できると金熙献は考えている。[86] 民衆神学が取るべき態度は脱近代主義神学としての土台を確かなものとすることであり、そのためには万有在神論の受容が欠かせない。[87] 民衆神学とプロセス神学はともに神と世界との関係を「非二元論的、関係論的」視点で捉える点において問題意識を共有しているからである。民衆神学の民衆中心論は二元論的哲学を背景とする支配構造と歪んだ倫理的相対主義に対する神学的批判であり、「今・ここ」で苦闘する人々が作り出したキリスト教的霊性でもある。この世界において「民衆の座」こそが神に従う道であり、これこそがポストモダン時代のキリスト教信仰にふさわしい聖書的な情熱なのである。第二世代の民衆神学は実践理論を重視するあまりそれにふさわしい「思惟の体系」を発展させられずに来たが、今や民衆神学は従来の関係論的思惟を継承発展させる必要があり、また、従来の信仰的論理を超えた信仰告白の体系とそれに基づく共同体とを目指さなければならないのである。そのために必要な土台が、万有在神論を民衆神学的に捉え直した「政治的万有在神論」だ、と金熙献は主張している。[88]

こうした主張はたしかに社会変革の理論というよりは哲学的神学の範疇に近いのかもしれない。しかし、民衆の現実に目を閉ざすこと無く聖書的信仰に固く立つキリスト者としての生き方とそれを可能とする教会を模索しようとする金熙献の企画は、社会の様々な現場で活動するキリスト者にとって確かな励ましとなるのではなかろうか。「歴史の主体としての民衆」というテーマに対する種々の批判に対しては金熙献の次の言葉は一つの答えとなるであろう。「安炳茂が自らの〝事件〟の神学から民衆を歴史の〝生命〟とみなし得たのは、政治経済学の科学的分析や歴史決定論的楽観主義に依存せず、事件を引き起こす神に関する信頼に基づくものである。〜民衆事件はまた神の事件でもありそれゆえ民衆事件たり得るのであり、民衆事件に参与する者には（それがいかなる有／無神論的哲学の言語をまとっているとしても）神の事件に参与する特権が与えられるのである」[89]。神と世界とを二元論的に分離しない立場をプロセス哲学の力を借りて神学的に語り直したことで、金熙献は「正統主義」神学との無益な論争から撤退している。民衆神学が注力すべきは神学的批判への対応ではなく「今・ここ」における民衆事件に参与するキリスト者たちを支援することだからである。

姜元敦の批判的評価にも関わらず、金熙献の試みは訳者にとって民衆神学の可能性を開くもののように思われる。恵岩神学研究所のセミナーから明らかなように、神学とは何か、キリスト教とは何かという基本的合意が困難な論争の場に留まるよりは、多様な価値観が乱立する中で一つの学派として一定の承認を得ているプロセス哲学を背景にすることで生産的な議論を展開する方が学知としての民衆神学にとっても正しい選択のように思われるからである。金熙献が選択する万有在神論的立場は、本書で金敬宰が論じたように韓国における民衆思想の系譜に立つものであり、その意味ではアジア神学としての民衆神学を語るうえでの重要な手がかりとなる。安炳茂が西欧キリスト教神学の土台であるペルソナ神学を放棄して前進したように、金熙献の立場は第一世代的な脱西欧化（＝脱近代化）の作業の継承と考えられる。それゆえ姜元敦は長大な脚注（八二～八三頁）によって徐南同と万有在神論とを結びつけようとする金熙献の立場を徹底的に批判したに違いない。姜元敦にとって第一世代神学の継承と発展はポストモダニズムによってではなくマルクシズムによって実現されるからである。徐南同が万有在神論的であったかどうかについての訳者の判断は保留するが、第一世代が近代主義に対する徹底した批判の立場にあったことは確かなことと言えよう。

姜元敦は、「多様で豊かな民衆神学の発展段階」における金鎮虎について、そのアルチュセール理解を批判し（五九～六〇頁）、民衆論理解の誤謬を指摘し（六〇～六一頁）、民衆から離れ市民社会へと着目点を移した点に不満を表している（六二頁）。訳者はこれらの批判や指摘の正否を論じる立場にないが、ここで取り上げられているのが一九九三、一九九七年の論文である点が気になっている。ポスト理論全体を批判する際に言及されるシン・イクサン、チェ・スンヤン、黄庸淵（ファン・ヨンギョン）（六二頁）は二〇一〇年代に書かれた作品への言及だからである。実はここに名前の上がっている論者たちは、二〇一八年に出版された『民衆神学、苦痛の時代を読む』の寄稿者たちであり[90]、金鎮虎はここに重要な論考を寄せているので簡単に紹介しておきたい。

『民衆神学、苦痛の時代を読む』は二〇一八年にブンド出版社の「アジア神学叢書十一巻」として出版された「第三世代民衆神学」[91]の論文集である。内容もさることながらローマ・カトリック系の出版社が「アジア神学叢書」の一つとして「第三世代民衆神学」を公刊したことは実に興味深い[92]。この中で金鎮虎が執筆した「エピローグ：〝運動の神学〟から〝苦痛の神学〟へ」は、これまでの民衆神学の流れを総括した上で「第三世代民衆神学」の意義を示している。

民衆神学は民衆の現実に向き合うことを主題とするがゆえに絶えず変化し続ける運命にある。姜元敦がそれを発展段階として捉える際にも論者の世代（年齢）ではなく崔亨黙の世代論同様、方法論や依拠する論理的基盤によってそれぞれを特徴づけようとしているように、ここに現れた神学傾向の違い、どの神学（哲学、理論）の系譜に立つのかという分類は、この時代をどう読むのかという解釈の違いを意味している。これらの違いを生み出す要素として一九八〇年の「光州民衆抗争」はまさに時代の画期であった。金鎮虎は八〇年代に登場した民衆神学の担い手を「理論運動家」と呼ぶが、彼らが大学に属する職業的研究者ではないからである。彼らは、民主化運動に参与するプロテスタントキリスト教の青年・学生たちから民衆神学とマルクス主義が矛盾しないことの論理的説明を求められていた。こうして生まれたのが朴聖焌の「運動の神学」であり姜元敦の「物の神学」であり、それらは熱狂的な歓迎を受け学習教材として数万冊単位で印刷されたという。彼らの作業はいわゆる運動理論を提供することではなくマルクス主義を前提とした「新たなキリスト教的世界観」を構築することであった。[93] しかし一九九〇年代に入り、社会運動の変化とともに教会系の社会運動も衰退していくと理論運動家に対する要求自体がなくなっていく。こうして理論運動家は活動の場を失うことになるが、到来した「一九八七年体制」に対する新たな民衆神学言説の必要を感じこれに応えようとしたのが金鎮虎らが提唱する「第三世代民衆神学」であった。[94]

安炳茂の民衆論の原点はオクロス論だが、金鎮虎にとってオクロスは単なる貧しい人々ではなく「散り散りにされた人々」「存在が粉々に砕かれた人々」「自我が分解した人々」であった。理論運動家が活躍した八〇年代は「所属あるものたちの巨大な連帯の時代」であり、その中で民衆神学が生み出した一つの結実が「民衆教会運動」であった。もちろんこの運動の基本的性格は連帯運動であり、既存教会からの支援を受けられない中、様々な現場をもつ民衆教会は有機的な関係を構築することで奮闘したのである。しかし時代の変化とともに民衆教会を取り巻く環境は激変する。時代の課題が「連帯」ではなく「差異」へと移ったからである。またこの時代は韓国が消費資本主義へと移行した時期でもあり、さらにはグローバリズムの流れの中で社会の課題も民主化から消費社会化、さらに新自由主義化という大きな転換が生じた。こうした変化の中、連帯の時代を生き抜いた民衆教会はそれぞれの方向性、たとえば教会の伝統を重視する立場、実験的な新たな試みを重視する立場、教会ではなく社会運動の道を選ぶ立場のような独自の選択を迫られることとなり、これまで形成されてきた「集団人格的な連合運動」の性格はもはや維持することができなくなった。こうして第二世代民衆神学を要求する主体自体が失われたのである。[95]

一九八七年体制、つまり一定の民主化が実現した社会は従来の民衆運動が求めて来た世界を不十分ながら実現していたことは事実である。これによりキリスト教社会運動は壊滅的な危機に直面する。ソ連邦の崩壊、東欧社会主義国家の没落は冷戦期の非妥協的マルクス・レーニン主義に依存する社会思想にとって深刻な打撃となった。こうして民主主義言説は一気に多様化したが神学はこれに対応することができなかった。その結果、キリスト者の活動家たちは市民運動へと移ることとなり、彼らを失った教会は急速に保守化した。こうして「運動の神学」的民衆神学は読者を喪失したのである。[96]

金鎮虎は新たな民衆神学の出発を次のように語る。「一九八〇年代の理論運動家系列の研究者の一部が一九九〇年代初頭から集まりはじめ、彼らの中の一部は新たな類型の教会の教役者となり、またキリスト教の外部から韓国社会を批判的に論ずる言説の場に参入し民衆神学的言説を繰り広げていた。まさに彼らが一九九七年に〝第三世代民衆神学〟の出発を宣言したのである。〜第三世代民衆神学研究者たちは、媒体も読者も失われた言説的廃墟において、さらには活動の場を追われた流れ者として」新たな声を生み出してきた。[97] 彼によれば「第一世代民衆神学を〝証言の神学〟、第二世代を〝運動の神学〟と呼ぶなら、第三世代を指す言葉は〝苦痛の神学〟」であり、苦痛のメカニズムを読み解くことが第三世代民衆神学の課題だという。[98] たしかに金鎮虎は社会的集団としての民衆ではなく、その民衆が経験する「苦痛」のメカニズムを重視している。それは、咸錫憲が読み解きこれまでの民衆神学が注視してきた民衆の「苦難」ではない。「苦難」は多分に「語られた物語」であるのに対し「苦痛」は現象学的現実だからであろう。「苦痛」への着目はそれを生み出す「他者化」のシステムへの着目を要求するがここで民衆神学が本来の力を発揮する。安炳茂のオクロス論は現代社会が生み出した「他者化」に対する最も適切な神学的分析だからである。

では、第三世代神学の聞き手は誰か。金鎮虎は、第一にそれは教会であるという。教籍も職位（位階制）も曖昧な伝統的ではない教会が「第三世代的感受性」によって民衆神学を具現化する場となっている。第二は学問の垣根を超えアカデミズムに固執しない自由な研究共同体であり、そして第三はキリスト教以外のメディアだという。こうして第三世代民衆神学は、教会、教派、宗派をも超えた新たなアイデンティティを追求する宗教者や宗教への真摯な問いを持つ非宗教者を含む言説空間での発信を模索している。[99]

姜元敦は、「第三世代」による方向転換は「マクロ言説からミクロ言説へ議論の焦点」を移すことであり、これでは民衆の現実を正しく把握することはできないと考えている。彼にとっての民衆は「現実関係の総和」であり社会変革の主体として「陣地戦と機動戦」を戦う勢力だからであろう。人間の苦痛の現実への着目は大局を無視したミクロ言説と捉えられるかもしれないが、金鎮虎自身が言っているように、人間社会はそれが国家のような大きなものであったとしてもミクロとマクロ両空間の相互関係を通じてダイナミックに形成されている。[100] 議論の焦点を移すことは多様なアプローチを可能とすることではあっても、民衆が置かれた社会的現実から目をそらせることにはならないのではなかろうか。

姜元敦は、第三段階へと発展した民衆神学においても、市民社会との融合やミクロ言説に取り組む立場ではなくマクロ言説としての「運動の神学、物の神学」の発展型である「唯物論的生命神学」が中心であると考えている。訳者はこの立場に対する十分な理解を持ち得ないでいるが、「唯物論的生命神学」のアプローチはマルクス再評価の流れとともに時代の流れに呼応した重要な視点と言えよう。二〇〇八年のリーマンショック以降、経済格差の問題が大きな社会的テーマとなる中で、マルクスへの再注目は一般の読書人の間にも広がった。また二〇一六年、アメリカ大統領選挙予備選におけるバーニー・サンダース現象のように青年層が資本家を批判し社会変革を主張したことは、それまでのアメリカにおける社会主義嫌悪の風潮が変化しつつあることを物語っていた。また、二〇二一年に登場した斎藤幸平の『人新世の資本論』が脚光を浴びその後もロングセラーを続けていることも、マルクス主義への再注目の流れとして大変興味深い。リーマンショックとコロナ禍を経て「バブル経済とソ連を知らない世代」の心にマルクスの言葉が届いている。日本の神学界がこれをどう捉えているかは寡聞にして訳者の知るところではないが、姜元敦はこの時代に必要な新たなキリスト教的世界観として民衆神学の新たな展開を試みていると言えよう。彼の最新刊『キリスト教経済倫理論』はそうした取り組みの総決算であり、キリスト教神学の枠組みを大きく超えた学際的研究として注目されている。キリスト者であるならば必然的に政治や社会のあり方（ここではさらに経済、金融、貿易などの問題）について関心を持たざるを得ないという著者の立場は「物の神学」以来一貫している。第三部の「社会的で生態学的な経済民主主義に向けて」は主にマルクスのコモンズ概念を中心にした生態学的マルクス主義社会理論を展開し、第七部ではベーシックインカムが論じられるが、これは社会変革を中心とした従来の立場とは異なる視点と言えよう。彼の基本構想は社会が市場経済を選択した以上、この制度が民主的であるように統制するシステム、倫理的規範が必要だという問題意識であり、それはグローバル経済全体を統制する規範でなければならないと結論付けている。当初、書名を「経済倫理論」と考えていたが出版社の提案で「キリスト教」を付したというエピソードは、キリスト教の立場を特別なものとして主張するのではなくキリスト者としての倫理的責任としてこの時代に経済を論じることは必然であるという著者の主張を裏付けている[101]。神学領域に留まらない学際的な取り組みは今の民衆神学の特徴ではあるが、その中でも経済学に踏み込んでいるのは姜元敦一人であり、世界的にも貴重な取り組みの一つではなかろうか。

2　金均鎮「韓国キリスト教の歴史的遺産としての民衆神学」

金均鎮（キム・ギュンジン）は、高校生だったある日、咸錫憲の演説に感銘を受け信仰によって韓国の将来に仕える道を決意、神学校へと進んだという。彼は、チュービンゲンで師事したユルゲン・モルトマンの多大な影響を受けつつも、一方でルター、ヘーゲル、カール・バルトなどを論じている。『キリスト教組織神学』（全五巻、一九九九年）、『金均鎮著作全集』（全十一巻、二〇一四〜二〇二三年）などの体系的かつ広範囲に及ぶ神学論集の他、モルトマンを中心とした訳書がある。民衆神学に対しては批判的な視点を持ちつつも高く評価するのは師であるモルトマンとよく似た立場と言えよう。

恵岩神学研究所所長として金均鎮が企画したセミナー、そして論文題目でもある「韓国キリスト教の歴史的遺産としての民衆神学」という表現について、訳者は違和感を禁じ得ない。それは「歴史的遺産」という表現が今この時代における価値を軽視するかのように感じられるからである。民主化以降民衆神学の役割は終わったと多くの批判者は主張する。もちろん訳者はこれに同意していないが金均鎮はどうか。ここでは民衆神学を「忘れてはならない尊い遺産」と呼ぶ金均鎮が民衆神学のどこに現代の韓国キリスト教にとっての重要性を見出しているかに注目してみよう。

韓国のキリスト教を理解する際に注意すべき点の一つに韓国のプロテスタントキリスト教全体を支配

する福音主義的傾向がある。韓国のプロテスタント教会は歴史的に、そして今現在も、逐語霊感説を中心とした原理主義的神学に立つアメリカ宣教師の影響を受け続けている。訳者にとって韓国の平均的プロテスタントキリスト教は保守的福音主義なのである。韓国でカール・バルトは進歩的あるいは革新派とみなされることが多いのはその一例であろう。ペンテコステ派はもちろんのこと、長老教会やメソジストの主流派も敬虔主義かつ個人主義的傾向が強く、文献批評的聖書解釈は一般的ではない。そのため韓国で聖公会は「進歩的教団」とみなされることがあるが、それは社会参与などの実績を指してではなく保守的福音主義ではないという意味だと訳者は考えている。こうした感覚を前提に、訳者の関心は保守的福音主義あるいは正統主義による民衆神学批判ではなく、リベラルな立場、エキュメニカル運動や諸宗教間対話を受け入れ文献批評的聖書解釈を前提とする神学が民衆神学をどう考えているのかという点に向くことになる。その意味で、金均鎮による民衆神学批判は予想以上に正統主義的と言うべきであり、したがってここでは金均鎮による民衆神学批判ではなく彼が民衆神学の何を評価するのかという点に力点を置こうと思う。

先述したセミナーでの発言のように、金均鎮による民衆神学批判の中心は人間の有限性の問題であり、たしかにそれは正統主義的で教理的な視点からの批判となるが、その中で特に重要と思われるのは彼が民衆神学の主張を「現実性を持たないロマン主義的夢」（一一〇頁）と評する点にある。彼にとっての現実主義とは人間は有限だということであり、その背後には希望は超越的な次元においてのみ現実となるという正統主義的神学があるように思われる。ここでは救いあるいは歴史変革の主体としての民衆というテーマは否定され、悔い改めと贖罪者への信仰が不可欠となる点で「保守的」と呼ばれる立場との相違は見られない。彼岸的と思われがちな保守的正統主義の宗教観が実は現実的なのであり、民衆の生活、政治や経済を論ずる此岸的と思われがちな論者が実は非現実的でロマン主義的夢想家だというアイロニカルな問題提起は、それに賛成するか否かを問わず重要な意味を持っている。保守主義とは多数派にとっての現実主義のことだからである。もちろんここで問われるべきは「現実」とは何か、論じられるのは誰にとっての現実かということになるが、ここに共通の出発点を構築することができない限り両者は互いを無責任な「夢想家」呼ばわりする他はない。失敗に終わる議論は往々にして現実を共有していない。それはそれぞれ異なる聞き手が想定されていることを意味してもいる。互いに異なる風景を見ながら論じ合うようなことをしても生産的な結論を生み出すことは難しい[102]。したがって現場が異なる者同士の議論がうまく噛み合わないのはごく自然なことであり、権威ある人々や教会の忠実な信徒を聞き手とする神学と、不条理な苦しみに直面する弱く貧しい人々とともに生きようとする聞き手に向けられた神学との議論がかみ合わないのは当然のことと言えよう。

さて、金均鎮にとって民衆神学による「教会と神学」に対する貢献は次の五点、「真の意味での状況神学、現場神学であること」、「イエス事件の公共的、啓示的意味を明らかにしたこと」、「偽りの霊魂主義と物質主義の告発」、「弱者への関心」、「十字架にかけられたイエスの強調」である。これらはすべて韓国のキリスト教の現状に対する批判として論じられており、すなわち金均鎮は、「状況と現場を無視して公共性を失い偽善的な霊魂主義と拝金主義に陥って弱者を無視する教会」、すなわち「イエスの生と死を直視しない教会」の姿を問題としているのである。これら韓国のキリスト教の現実に対する憂慮は彼の神学において中心課題となっている。「社会的信頼を失ったまま、老人の集まりのように変貌しつつある韓国の教会の現状」を踏まえて彼は、総体的な危機状況に突入した世界と急変する時代的変化の中でキリスト教神学の新しい時代的課題と使命に応じるためには保守と進歩を併せる統合的神学の場が必要であり、時代状況を意識する神学研究機関として民族の未来のための学問的基礎を重視する「韓国神学アカデミー」が必要であるとその設立意義を述べている。[103] 多くの日本のキリス者にとって韓国の教会はいまだに羨望の対象かもしれないが「社会的信頼を失ったまま、老人の集まりのように変貌しつつある」韓国の教会の現実に目を開かなければ、日本の教会が真に韓国の教会から学ぶことは困難だと訳者は考えてきた。[104] 韓国のキリスト教は日本に比べれば遥かに信徒数が多く「教勢」も盛んだが、そのことだけを誇る声にではなく、危機意識を鮮明にした謙虚な姿、問題を克服しようとする真摯な姿にこそ日本のキリスト教が学ぶべき韓国の教会の実力があるのではなかろうか。そして、安昌浩、咸錫憲、金在俊（キム・ジェジュン、一九〇一～一九八七年、基督教長老会と韓神大学の創設に関わった神学者）のように社会全体の運命はキリスト教が担っていると信じていた旧世代の愛国的キリスト教のスケールの大きさにも日本の教会が学ぶべき何かを感じるのであり、金均鎮にもそうした志の高い神学者の姿を感じ取るのである。

彼にとって重要なことは神学が「実存的で告白的な生と精神、真摯さと純粋さ」（一〇五頁）を前提としていることだが、ここで名前が挙げられる許炳燮（ホ・ビョンソプ）、朴炯圭などは一九七〇年代初頭から工場労働者、都市スラム生活者などとともに生きた牧会者であり民衆神学の原点とも言うべき現場を生きた人々であった。[105] 金均鎮は民衆神学の個々の主張については批判的でも、ナザレのイエスのリアリティを重視しそこから韓国の教会を憂う姿勢においては同志的共感を持っているのであり、理論ではない生き方として結実する民衆神学の真実さに深く共感している。彼は多岐にわたって批判を展開しつつも、韓国の教会が社会的信頼を回復する道は「民衆神学の教えに従ってこの世的欲望を捨て史的イエスの後に従うことにある」と断言している（一四一頁）。

二度に渡るセミナーに登壇あるいは《神学と教会》十八号に寄稿した批判者たちとは異なり、金均鎮の立ち位置は安炳茂や徐南同に近い。それは散見される以下のような表現から感じ取ることができる。金均鎮は「民衆神学の人間観」に疑問を呈しながら「安炳茂教授のこれらの言葉に、筆者は一面の同意を示したい」（一〇四頁）と述べ、「イエス事件と民衆事件の同一視」を批判しながら「もちろんわれわれはイエスと民衆、イエス事件と民衆事件の同一視、同一化に対する民衆神学本来の意図に十分同意することができる」が問題はそれを表現する「誤解を受ける過激な言葉」の使用だと付言している。また彼は個人の罪の問題が未解決である点を批判する際、「独裁体制に対する闘争の中で個人の罪に対して論じる余裕がなかった」こと（一〇六頁）、「（罪からの救いへの沈黙は）社会的、経済的、政治的解放と民主主義回復を叫ぶ他はない当時の切迫した状況」による（一一三頁）と受け止めている。民衆神学に個人的救済が弱く社会的救済が強調されるのは「多くの労働者が非人間的労働環境の中で賃金を搾取され、病にかかっても病院に行くこともできず、言論は統制され、『労働者と学生が焼身自殺し、情報機関に連行されて拷問を受けた末に殺され、デモに参加した女子学生が警察に連行され拷問担当刑事たちに性的暴行まで受ける一九七〇年代当時の状況』」（一二七頁）に真摯に向き合ったからであり、「実に教会がなすべきことを民衆神学が代行」したのだったと述べている。このように民衆神学の真意を代弁しようとする姿勢に金均鎮の思いを汲み取ることができるのである。

ここで金均鎮が言及する「一九七〇年代当時の状況」について付言しておきたい。警察など公権力による性的暴行は特定の時代に限られたことではない。われわれの文脈に限れば、一九四八年の「済州島四・三事件」での女性への性的暴行と虐殺、一九八〇年の「光州民衆抗争」での女性への性的暴行がその代表例であり、おそらく拷問担当刑事がデモに参加した女子学生に性的暴行を加えるような状況は七〇年代あるいはそれ以前にもあったであろう。しかしそれが当事者によって告発され公論化したのは八〇年代のことである点は記憶する必要がある。一九八四年九月、「全斗煥（チョン・ドゥファン）売国的訪日阻止」デモに参加した慶熙（キョンヒ）大の女子学生三名が清涼里（チョンニャンリ）警察署に連行され、デモ鎮圧に特化された「戦闘警察」により裸にされ醜行を受ける事件があった。当事者の告発を受けすぐさま真相究明運動が広がったが被害当事者に対する警察の懐柔と脅迫により事件化は中断された。[106] そして一九八六年六月、「富川（プチョン）警察性拷問事件」が起こった。被害者はソウル大学衣類学科在学中に「農活」（農村活動）を経て工場労働者となった権仁淑（クォン・インスク）である。[107] 彼女は住民票偽造等により逮捕されたが、当時多くの学生活動家が労働運動への連帯のため休学し、労働者として工場に就職するために住民票を偽造、偽名を使った。高学歴では就職を拒まれるからである。

労働運動が盛んだった仁川（インチョン）地域で組合への弾圧があり逮捕された権仁淑は富川警察署に収監、捜査担当刑事の文貴童（ムン・グィドン）から性的暴行を含む拷問を受けた。被害者の告発により事件は公論化したが当時は告発側が名誉毀損で訴えられるなど起訴猶予となり、実行犯に懲役五年の判決が確定したのは民主化後に行われた再調査と再審を経た一九八九年六月のことであった。

本題に戻ろう。金均鎮による民衆神学への肯定的評価の視点は時代の空気の共有から生まれていると考えるべきであろう。もちろん彼は有名大学に在籍し学会の要職を歴任したアカデミックな神学者であり研究者だが、安炳茂や徐南同はもちろんのこと許炳燮ら民衆教会運動の先駆者とも言うべき人々を直接知る世代であり、彼らと同じ風景を見ながらキリスト教神学に取り組んできたことは間違いない。そうであればこそ、「一九七〇年代当時の状況」という制約のない今、山積する未解決の課題に対し改めて民衆神学からの回答が可能なのではないかと考える金均鎮は、民衆神学の学問的神学としての完成、学問的体系の完成を要求したのであろう。

「公共性を失い拝金主義に陥った」教会に対する批判が世論にまでなった発端は二〇〇七年のブンダンセンムル教会事件である。[108] 大韓イエス教長老会高神派のブンダンセンムル教会は、同年七月、政府による渡航自粛勧告を無視しアフガニスタンに「短期宣教チーム」二十三名を派遣したが武装勢力タリバーンにより拉致監禁、二名が殺害されるという事件が起こった。しかし拉致と残虐な殺害に対しテロリストに対する怒りが巻き起こった事件発覚直後の世論は次第に変化する。当時多くのプロテスタント教会が行っていた「無礼な宣教」への反発とともに、貧困地域への優越観に基づき、イスラム教徒の改宗を目的とした活動実態が明らかになることで批判の対象は「短期宣教」へと移り、そこからプロテスタント教会全体に対する批判的論調へと発展していったのである。この背景には、同年四月にMBCテレビが放送した純福音教会やクムラン教会のスキャンダルに端を発するマスコミの注目もあり、同年十二月に大統領に就任した李明博（イ・ミョンバク）が、自身が長老として所属するソマン教会信徒を優遇する政府人事を行っているとの批判へとつながっていった。本書の著者のひとりでもある金鎮虎がこうした流れを受けて韓国プロテスタント教会の歴史と現状を批判的に論じたのが二〇一〇年だが、[109]二〇一二年には、メソジスト大学教授で学界の重鎮と目される李正培（イ・ジョンベ）も教会の現状に対する厳しい批判を投げかけている。彼は、キェルケゴールやボンヘッファーに言及しながら教会を監視する神学の役割と神学者の責任を強調し、「神学者に批判的自意識と預言者的使命が無ければ、われわれは単独者でも抵抗者でもなく、想像力も失ったことになってしまう」と語った。[110]金均鎮はまさに批判的自意識と預言者的使命により教会を監視する役割を民衆神学に見出し、そして自らに課しているに違いない。

3　金敬宰「韓国民衆思想の系譜：新ヒューマニズムと自然・神・人的霊性、崔時亨、咸錫憲、徐南同の思想を中心に」

金敬宰（キム・ギョンジェ）の研究領域は多彩で著作も多方面にわたっている。代表的著作として『解釈学と宗教の神学』（一九九四年）、『アレオパゴスの法廷から聞こえるあの声』（二〇〇四年）、『垣根を超えて：大乗的キリスト教序説』（二〇〇五年）、『金在俊評伝』（二〇一四年）、『名前のない神』（二〇一五年）、『長空金在俊の生活信仰深読』（二〇一六年）、『ティリッヒ神学を反芻する』（二〇一八年）等があるが、ティリッヒ、諸宗教の神学、プロセス哲学、キリスト教と霊性に関する作品が目立っている。一方、大学教員としての研究教育活動の傍ら牧師としてこれまで五つの教会の牧会に携わってきた。今まで邦語では「特論Ⅱ　韓国キリスト教会における公共信仰と私的信仰」[111]、「韓国近代化を貫通する変革運動の主楽相の省察：共同体の生宇宙―神―人的霊性、社会的政治的改革を中心に」[112]があり、本書に収められた「韓国民衆思想の系譜」は「韓国近代化を貫通する変革運動の主楽相の省察」とやや重なる部分があるものの民衆神学を論じたものとしては初めての翻訳となる。

一九四〇年生まれの金敬宰は安炳茂、徐南同より一世代若く、金均鎮、金容福に近い世代だが、上述したセミナーでの、自分は民衆神学者になれなかったしその資格がないという発言にもあるように、民衆神学に対する深い敬意を持っている。しかし彼は、韓国神学大学の卒業生また教員として民主化運動とそれに対する弾圧の嵐の渦中を生きてきた神学者であり牧会者である。彼は、咸錫憲と金在俊を生涯の師と仰ぎその思想的影響を強く受けており、「シアル思想研究院」（咸錫憲記念事業会）の責任者を務め、安炳茂とともに「金在俊全集」（全十八巻）の編集に携わる他評伝も執筆しており、キリスト教の原理主義的、排他的、教派主義的傾向を鋭く批判し、社会正義とアジアの伝統的な思想や宗教を重視する両者の姿勢を受け継いでいると言えよう[113]。

金敬宰が民衆神学の源流として崔時亨に言及することは重要な意味がある。徐南同は韓国の歴史認識に欠落する民衆の伝統の再評価を提唱し、聖書の伝統と韓国の民衆伝統との合流を模索した。そこで彼はたびたび東学に言及するが、念頭に置かれているのは崔時亨の思想性ではなく、むしろ全琫準（チョン・ボンジュン、一八五四〜一八九五年、東学のリーダーの一人で武装闘争の指導者）に代表される武力闘争、「東学革命」であった。徐南同にとって「東学革命」は、「民衆運動の模範的な例」[114]であり、封建的社会体制に抵抗し、外国の資本侵略を排斥して「純然たる農民の力で成功」させた政治的革命であり、これにより民衆は「歴史の主体となる範を示した」と捉えられている。[115]徐南同にとって「人乃天（インネチョン）」の思想は政治的革命の次元を超えた〈メシア的政治〉[116]、すなわち政治革命を止揚する思想として評価されている。しかし、宗教としての東学主流派には徐南同が注目するような政治的革命に至る思想性は無く、それはむしろ東学の中の異端派によるものであった。[117]これまで民衆神学が東学の思想性よりは民衆的抵抗運動としての実践的側面に注目してきたのに対し、金敬宰は時代とともに変化した東学の運動そのものではなく宗教思想としての東学、そして実践的思想家としての崔時亨に取り組んでいる。さらに咸錫憲の思想とのつながりを解き明かすことを通して徐南同の民衆神学を韓国の民衆思想の系譜に立つものとして再照明しようとするのが本論文である。

今から三〇年前、徐南同の記念論文集としてまとめられた『転換期の民衆神学』の冒頭に掲載された討論会の記録の中で、金敬宰は民衆神学の進むべき方向性に関する重要な指摘をしている。それは、今（九〇年初頭）の民衆神学は閉鎖的で社会科学に偏りすぎている。民衆神学は西洋の伝統的神学を打破することには成功したがその次に建設すべきものをいまだに見出せていないのではないかという孫奎泰の問題提起[118]に続く発言である。金敬宰は、孫奎泰の意見に概ね賛成するが民衆神学に足りないのは文化神学的アプローチであると指摘し、次のように述べている。韓国の民衆思想史を振り返れば民衆運動は宗教性と政治性の乖離が生じたときに崩壊している。民衆神学が新しいコンテクストにおいて再び力を持ち発展するためには数千年に渡る民衆の苦難の歴史が生み出した社会政治的な抵抗の系譜とその根底にある精神性に研究の範囲を広げなければならないのではないか、と。[119]本書に収められた論文は金敬宰の数十年来の一貫した問題意識に立脚したものである。金敬宰は、崔時亨、咸錫憲、徐南同に通底する韓国の民衆思想の本質を「新ヒューマニズム」、「自然—神—人的霊性」という現代宗教学の視点で捉え直し、キリスト教の新たな方向性を示す万有在神論的世界観を浮かび上がらせているが、こうした作業は民衆神学陣営において十分とは言えない領域であるだけに貴重な研究と言えよう。[120]

東学は、崔済愚（チェ・ジェウ、一八二四～一八六四年）を開祖とし、当初「天道教（チョンドギョ）」と称したが、「天主教（チョンジュギョ）＝カトリック」と混同されるのをきらい、カトリックを含む西欧思想の別名であった「西学」を意識し「東学」と名乗った。彼の父はいわゆる没落貴族で、「庶子」であった崔済愚は貧しく不遇な前半生を送るが、ある神秘体験を経て宗教運動を開始する。彼は儒学の他あらゆる教えや宗教に学び、修行僧のような放浪生活を送った。東学はその思想性においては天主教と共通する部分が多かったにもかかわらず、外国による侵略を警戒する民族主義的な立場から天主教と対立した。また、東学が「左道」（未公認宗教、邪教）として政権から弾圧を受けたのに対し、天主教は度重なる大弾圧の結果次第に公認化されつつあったこともあり互いに反目し合う関係となっていた。天主教の信者たちは身分や性別にとらわれない解放的な共同体を形成するなど封建社会にあってまれに見る解放思想を実践しており、その点では東学が志向した「地上天国」の理想に通じるものであったはずである。このように社会思想の観点から東学とキリスト教の民衆思想を結びつけることは可能だが、崔済愚自身が直接的に天主教の社会思想の影響を受けたと論証することはできない。しかし興味深い点はいくつかある。例えば、米国長老会宣教師ジャンキン（William McCleary Junkin）の報告によれば、創始者崔済愚は各地を経巡りながら天主教が民衆の支持を得ている現状を見、これが正しい教えなのかと思い巡らすうちに病に倒れ、その中で得た神秘体験によって天主教が真の教えではないという声を聞き、ついに東学の教えに至った。東学は儒教、仏教、道教、キリスト教からそれぞれ影響を受けた一神教であり、仏教を否定し、礼拝には聖像などを用いず儀式は簡単である。続いて宣教師ジャンキンが紹介する東学の入信の儀式は次のようなものである。幹事役が入信希望者を呼び、二本のろうそくを灯し、その前に魚とパン、甘いぶどう酒を並べると、幹事役と入信希望者がともに声をそろえて「侍天主（シチョンジュ）」と二十四回唱え、最後にろうそくに深く礼をして儀式は終わる。また日常の礼拝では、祭壇に器を置き水を入れ、「侍天主」と唱えながら礼を繰り返し、最後にその器の水を「神の恵みの盃」として飲むのだという。[121] また英国人バードは全琫準について「その手段、先の読み方、戦力の配置方法、そして西洋的なタッチのいくぶん感じられる戦術からいって、近代戦法の知識が多少ともあるのは明らかだった」と評価しており、[122] また革命失敗後、教団としての統一的な姿を失って各地に分散した東学一派の中に「英学」と呼ばれる一団があり、それは弾圧をおそれてキリスト教（聖公会と言われている）に仮託しただけでなく、教理的側面からもキリスト教を受容した東学の異端派であったとも言われている。[123]たしかに東学は穏健な活動が奏功せず武闘派が力を得ることで武装蜂起を志向し、一時は解放区を樹立するに至ったが、[124]こうした政治性は東学本来のものではなかったと言うべきであろう。ジャンキンは、賢明な政治のもとであれば東学は一つの宗教としてその役割を果たすことができたであろうが、権力者の失敗によって彼らは革命へと進まざるを得なかったと述べている。[125]

このように、東学の歴史は、封建支配や外国勢力との闘いという政治的・武力的闘争、民衆的抵抗運動あるいは革命の観点から捉えることも可能であり、またキリスト教との関係においても実に興味深い内容が含まれてはいるものの、金敬宰はそうした側面からではなく、民衆思想の系譜をたどることで東学の思想性を再評価しようとしている。それは民衆神学が「一次的、単発的、特殊な政治神学」（一七九頁）としてのみ捉えられがちなことに対する金敬宰なりの反論であると同時に、民衆神学の主題を民衆思想の系譜から文化神学的に再評価する彼独自の試みであり、今後の研究においても重要な意義を持つものと言えよう。なぜなら、すでに見てきたように教理的な批判に偏りがちな神学的アプローチでは創造的議論が生じにくいからである。

「侍天主」に代表される崔済愚の思想について金敬宰は、「人間と神、個人と他者、人間と自然、人間と労働、人間と社会共同体、人間と地球生命の間における分離や疎外は存在論的に不可能なものである」（一六六頁）と述べ、これを徐南同の生態学的倫理と結びつけているが（一七八頁）、二元論的な思考の克服という意味ではまさに安炳茂の主張を想起させるものとも言えよう。「人間と神」のような立論は両者の差異に着目することを目的とするが、東学的なあるいは民衆神学者たちが重視した立場は両者の関係に着目する。したがってそれは間主体的な思想と言えるが、ここで想定されているのは西洋哲学的な認識論の問題ではなく、具体的な事件のことである。そこには長く文化的な背景をも含む「歴史」があり、その事件の意味を決定づける種々の要素を含む「状況」があり、政治的文化的な「権力関係」があり、当事者たちの価値体系の現れとしての選択（主体性）があるが、これらが交差するときに生じる想定外の諸要素をも含め、事件はそれを構成する部分を切り取って分解することでは解明できない動的な何かである。そこでは、現実には存在しない抽象的概念としての「人間」ではなく、歴史の中で共同体の一員として自然とともに生きる生活者としての人間が前提とされているのであり、常に流動的で権力的なダイナミズムを踏まえたうえで受け止めることが重要なのである。

金敬宰は自分にとって生涯の師は咸錫憲と金在俊であると述べている。彼は二人の師を評し、咸錫憲がルターであれば金在俊はカルヴァン、咸錫憲が詩人であれば金在俊は随筆家であると言う[126]。たしかに金在俊が社会変革を課題とした大学人であったのに対し、咸錫憲は大学でも専任職にはつかず自由な執筆活動を追求する思想家であり社会活動を重視する宗教家であった。彼は書斎の人ではなく、イスラエルの歴史にたびたび登場する預言者のように、人々の叫び声を聞きつければ憤然と人々の前に出て檄を飛ばし独裁政権の矢面に立った実践家である。彼自身、日本による植民地支配の苦しみを直接知る世代であり、解放後の混乱や朝鮮戦争の苦しみをも踏まえ「苦難」をその思想のテーマとした思想家である。彼の主著『意味から見た韓国歴史』は民衆の苦難の足跡を中心に語られており、苦しみの贖罪論的理解をもとにした歴史叙述と言えるが、「真理は苦しみの中に見出される」と考える咸錫憲にとって苦しみから逃れるために教会に行くということは「安価な救い」に他ならなかったのであり、ましてや信仰が社会的成功や権力につながると考える「繁栄の神学」とは正反対の立場に立っていたと言えよう。金敬宰は咸錫憲から「キリスト教を知るためには、苦難の神秘を知らなければならない」ことを学んだという。咸錫憲が追求したのは魂の自由であり、日本留学時代に心酔した内村鑑三のもとを離れたのも「無教会主義」が聖書にこだわるからであり、その点、形式を持たない神秘主義に近いクエーカーの集会に親しみを感じたのであった。

この論文のユニークな点は、これまで重視されて来なかった「民衆への回心」以前の徐南同の著作への着目である。日本ではもっぱら民衆神学者として知られる徐南同だが、韓国では「神学のアンテナ」の異名が示すように世界中の神学動向をいち早く韓国に知らせる役割を果たしてきた欧米通の神学者であった。「徐南同教授は新たな時代を切り開く課程で生まれた西欧神学者の神学言説を正しく伝えた。われわれは徐南同教授を通じて世界の教会の流れと神学的変化を知ることができ、われわれの位置はどこにあるかを知ることができた」という李在禎（イ・ジェジョン）の回想が示す通りである。[127] しかし金敬宰が主張するように、「われわれは彼の神学的イメージを〝神学のアンテナ〟あるいは〝韓国の民衆神学者〟に限定する過ち」を犯してはならず、[128] その神学思想の全体像を知ることが重要であろう。その意味で本書に収められたこの論文は、「物語の合流」という徐南同の神学的アイディアを踏まえつつ、民衆思想の系譜の中でその合流の姿を捉え、それを文化史的意味にとどまらず生態学的危機に直面した人類の課題を見据えた人間観と世界観の系譜において明らかにしようとする意欲的な取り組みであると言えよう。

金敬宰が主題とする「新ヒューマニズム」[129]は様々な切り口から論じられる概念だが、念頭に置かれているのは韓国を代表する宗教学者キル・ヒソンが提唱する「超宗教的霊性」の立場である。彼は無宗教と世俗主義を批判しつつ、重要なことは脱宗教化ではなく既存の宗教がその核とする霊性を中心に宗教的枠組みを相対化して本質に迫ることであり、その意味で唯一神論は克服されるべきだと考えている。彼によれば人間は誰もが霊的本性を持ち「聖霊（神の霊）」を受け入れる潜在的・先験的能力を持つのであり、さらにキリスト教がイエスにおいて語る「受肉（神と人間との完全な一致）」はすべての人間における現実でなければならず、その意味で彼の立場は「普遍主義的聖霊論」と言える。キル・ヒソンは彼の集大成とも言える著作の中で、イエス、マイスター・エックハルト、臨在義玄とともに崔時亨を実例としながら霊的ヒューマニズムを論じている。[130]金敬宰の崔時亨理解もこれと同一線上にあると言えよう。

民衆神学はキリスト教神学でありその関心の中心はたしかに社会経済的状況であり社会変革だとしても、徐南同が立脚する人間観、世界観は韓国の伝統的人間観であり世界観であった。そのことを金敬宰は、徐南同が「物語の合流」を論じる中で伝統宗教や民衆芸能を重視した点にではなく、民衆神学以前から彼が関心を寄せていた生態学的危機への着目に見出している。彼の環境思想は崔時亨的な思想、すなわち人間と天（神）は相互に内在的であり、それゆえ超越的なるもの、人間、自然界（被造世界）は等しく敬われるべきであるという世界観とつながっており、ホワイトヘッドにも関心を寄せていた彼は自ら「広義には、宇宙に対しては汎神論的傾向を取る」と語っているのである。[131] 先に見たように姜元敦は金熙献を批判し、「徐南同は万有在神論ではない」と論じたが（五七頁、注六六）、その指摘のようにプロセス哲学が民衆神学に直接影響を与えたとは言えないものの、彼の聖霊論は多分に崔時亨的であり、その意味では民衆思想的であり、霊的ヒューマニズムに通じていると言えよう。徐南同の主張を待つまでもなく「聖霊論的」であるとは「共時的」でもある。マタイ福音書は復活のイエスを共時的存在として描き（二五：三一以下）、ヨハネ福音書によれば聖霊は時空を超越した存在であり（三：八）、パウロはさらに超時空的存在としてイエスの復活伝承を受け入れていた（コリ前一五：六）。聖書は基本的に神による救いの歴史という通時的世界観を大枠として持ちながらも、遍在の神、インマヌエル、復活の体、聖霊などの主張は極めて共時的である。ここで十字架事件の唯一性を巡る教義学的隘路に分け入るつもりはないが、少なくとも「聖霊の神学」は生活者である人間の立脚点である「今・ここ」の持つ永遠性の根拠を示しているし「サクラメントの神学」もこれにつながるものと言えよう。もちろん教会、特にカトリック的教会は「聖霊の神学」や「サクラメントの神学」によって聖霊の働きを管理する制度とその権威を主張してきたが、徐南同はそれらを相対化し聖霊本来の自由さに立ち返ろうとした。その意味では徐南同がヨアキム・フローリスを手がかりに語った「聖霊の第三時代」[132] は真の意味で「聖霊の神学」であり「サクラメントの神学」と言えよう。それはまた、制度としての教会や「神という作業仮説」に依存する必要のない人間の霊的本性、制度化されない宗教性に対する信頼に基づいた主張であり、教会の権威を相対化する「ポストキリスト教の時代」を論じた神学的主張として重要な意味を持つのである。

徐南同の民衆神学は「現在の聖霊の働き」を問題の中心とする神学である。[133] 徐南同はそれを、キリスト論が他力的であれば聖霊論は自力的だと語り、「わたしの決断は、聖霊の働き」であり、「聖霊を受けているから、神の決断を、わたしが自発的なわたしの決断として下すことができる」と説明する。つまり彼にとって聖霊論的とは「常に内在的で、今日において働かれる神の活動」に基づくものだが、ここで語られている「わたし」は社会から切り離された実存主義的「わたし」ではなく、実存論的反省を伴いつつも関係の中で集団的に形成される「わたし」、民衆の声を聞く「わたし」なのである。[134] こうした関係性の思想を、金敬宰は民衆思想の系譜に脈々と流れる「新ヒューマニズム」に基づくものとして再発見したのである。徐南同は教会史に埋もれた「千年王国」の復権について語る中で、ユートピアがブルジョアの夢であるならば千年王国は民衆の渇望であるとした上で、「社会正義を保証する千年王国の象徴が復権され、それと個人の霊魂を保証する神の国の象徴とが、楕円形の二つの中心点のように併存されねばならない。〜神の国だけあれば、他界的信仰になる憂慮があり、千年王国だけあれば、狂信的な信仰になる恐れがある」[135]と言った。民衆運動において政治性と宗教性は乖離してはならないという金敬宰の立場はこうした思想の系譜に立つものであり、その意味で彼自身がまさに民衆思想の探求者であり実践者だと言えるであろう。

4　金鎮虎「事件論と民衆神学のイエス歴史学」

金鎮虎（キム・ジンホ）は大学に所属しない在野の研究者、「理論運動家」である。彼の作品に記された著者紹介は常に変化するが、二〇二一年の対談集『道なき道で』（サミン）には次のような紹介がある。「安炳茂先生の弟子として彼が設立した韓国神学研究所の研究員、漢白（ハンベク）教会の担任牧師であり、季刊《当代批評》の編集主幹、また第三時代キリスト教研究所の研究室長として活動した。民衆神学者であり批判的知識の企画者として韓国社会と教会の困難な共存、また民衆の隠された影を追い求める文章を書いてきた」。主な著作は、『反神学の微笑』（二〇〇一年）、『イエスの毒舌』（二〇〇八年）、『リブーティングパウロ』（二〇一三年）、『市民K、教会を出る：韓国プロテスタントの成功と失敗、その欲望の社会学』（二〇一二年）、『大型教会とウェルビーイング保守主義：新しい右派の誕生』（二〇二〇年）、『極右主義とキリスト教：ポストグローバル時代の民衆神学的政治批評、暮らしの政治の観点から』（二〇二四年）である。その他、企画また寄稿した論集や共著は十数編に及ぶ。西江（ソガン）大学数学科出身の彼は韓神大学神学大学院で安炳茂から新約聖書学を学んでいる。『市民K、教会を出る』の他数編の論文が邦訳されているが[136]、彼の出発点である新約聖書学領域の作品としては本書が初めての翻訳と言えよう。訳者の専門は聖書学ではなくむしろ民衆神学を学ぶ中で聖書の理解を深めてきた立場である。聖書学者たちの見解を参照しつつ解題を進めてみたい。

ユルゲン・モルトマンは「新約聖書における釈義学的発見が、新しい教会運動と新しい神学になることはめったにない」と述べ、その数少ない例がルターのロマ書釈義が宗教改革を引き起こしたことであり、もう一つの例が安炳茂による「イエスと貧しい民の間の全く密接な相互関係」の発見であると述べている。[137] 民衆神学の中心とも言える福音書の民衆理解はオクロス論であり、その原点が田川建三にあることは繰り返し述べられているが、批判者たちの議論を除き、民衆神学陣営においてオクロス論は中心的テーマとはならなかった。民衆神学の論者の多くはキリスト教倫理、組織神学、実践神学の分野だったこともあろう。しかし、聖書学者の金明洙（キム・ミョンス）はデリダを参照しつつ安炳茂の民衆神学を「神学的解体主義」と捉えオクロスへの注目を評価し、また安炳茂評伝の中に「オクロスの発見」という項目を掲げているが、ここで語られるのは安炳茂がオクロスをどう理解したかという解説であってオクロス論に対する金明洙自身の考察は述べられていない。[138] またヨハネ福音書研究者でフェミニスト神学者の崔永実（チェ・ヨンシル）もオクロス論についての言及はない。聖書学からオクロス論への言及としては李在媛（イ・ジェウォン）「安炳茂のイエス事件物語、開かれた解釈学的実践的地平」[139] が数少ない作品であろう。こうした中、安炳茂のオクロス論に繰り返し言及してきたのが金鎮虎である。

本書収録の「事件論と民衆神学のイエス歴史学」にふれる前に金鎮虎のオクロス論の系譜をごくかいつまんで紹介しておこう。「民衆神学民衆論の聖書的基礎、安炳茂のオクロスを中心に」（一九九二年）[140] は「第三世代民衆神学」出発の時期に書かれたものだが、安炳茂のオクロス論は階級論的典拠とならないという姜元敦の主張に対し「階級論的民衆概念のための聖書的基礎」を提示するためにオクロス論を再評価することに焦点が当てられている。金鎮虎はここで、第二世代民衆神学的階級論的実践論は多様化した九〇年代の実情にふさわしくないとした上で、新たな民衆概念とともにオクロス論の有効性を論じているが、その後のオクロス論はこれとは異なる問題意識が中心となっている。

「名前を呼ばれるまでそれは〝花〟ではなかった」（二〇〇六年）[141]は、安炳茂の再読という第三世代民衆神学の中心テーマに沿った企画の一つであり、金鎮虎が担当する「苦痛から苦痛へ、民衆の再発見」という主題でまとめられた五篇の中の一編である。彼はあるホームレスの死を題材に「記憶の不均衡」の問題を提示し、失敗者として転落する恐怖に怯える人々の現状、社会的関係性を根こぎにされた「無能力者たち」の絶望と苦痛の現状を語った上で、安炳茂が描き出したオクロスはまさにそのような人々であったと論証する。「民衆神学と〝悲惨の現象学〟」（二〇一三年）[142]は、安炳茂のオクロス論に対する従来の解釈を批判する点において一九九二年の「民衆神学民衆論の聖書的基礎」を踏まえているが、新たに徐南同の「ハン（恨）」の概念を導入することでオクロス論の意味をさらに深めようとしている。本書に収録された「事件論と民衆神学のイエス歴史学」の導入に当たる内容でもあるので少し詳しく紹介してみたい。

オクロス論の意味は階級的帰属意識を持つ人々である「ラオス」との対比によって明らかになる、と金鎮虎は考えている。オクロスとは「非自発的に帰属性を剥奪された大衆」だからである。オクロス民衆は根こぎにされた存在として自分自身を語るべき言語を持たない。言語を支配する存在としての権力者により言語を剥奪されたオクロス民衆に残されたのは「身体が発する非音声的言語」に過ぎず、これは民族の言語でも文化でもなく、証言によらなければ回復されない言語である。それゆえ民衆神学はオクロス民衆の非音声的言語の意味を証言する神学なのである。徐南同はこうした身体が発する非音声的言語を「ハン（恨）」の概念で捉えそれを証言する者を「ハンの司祭」と呼んだ。安炳茂が見出したイエス民衆としてのオクロスは、民族という枠組みからも階級闘争の枠組みからも排除された帰属性を奪われた民衆、ハンに満ちた民であった。金鎮虎は、こうした民衆の現状を解決するのは階級闘争でもなければ民主化でもないと考えている。民主化は「国民の市民化過程」に過ぎないのであり、極論すれば「ひとりのファシストが多数のファシスト」となる社会を生み出したに過ぎないからである。こうして形成された市民社会にあって「失敗した市民」は排除され、同様に形成された消費社会においては私的領域すら消費の場として政治化される。「日常化された戦争」とも言うべき状況の中で他者化された民衆は政治的のみならず社会的排除の対象とされるのである。地球化時代の民衆とは帰属性の剥奪を体験する人々であり、自尊心を奪われた「無能力者」であり、格差社会の中で下流に追い込まれた人々、外国人労働者、行き場のない青年などもその範疇に含まれている。こうして「オクロスの神学」の課題は「苦痛を経験している人々、そして加虐的体制に共謀しているわれわれの解放と救いに関する問題」と捉えられる。そのために帰属性を奪われた人々の物語を証言すること、「脱走者たちの記念碑」を立てることが神学の課題となる。

「安炳茂のイエス歴史学再読」（二〇二〇年）[143]は、二〇一三年の「民衆神学と〝悲惨の現象学〟」を踏まえた内容であり、安炳茂のオクロス理解については本書に収録された「事件論と民衆神学のイエス歴史学」とも重なる部分はあるものの、「オクロス論」が単にイエス歴史学上のテーマではなく現代社会を読み解く上で重要な意味を持つと主張される。一九七〇年以降アメリカで盛んになった「アンダークラス論」、ジグムンド・バウマンのリキッドソサエティーにおける「完全に無用な存在」、ハンナ・アレントの「棄民、無国籍者」、レヴィナスの「他者」、アガンペンの「ホモ・サケル」、デリダの「非存在的存在」を列挙しつつ、それらと同じ地平で安炳茂のオクロス論が捉えられるという主張である。

さて、本書収録の「事件論と民衆神学のイエス歴史学」は、これまでのオクロスを中心とした事件の叙述を史的イエス研究の文脈から説明し直す点が従来の論述とは異なっている。金鎮虎の特徴の一つに独特の用語法がある。日本語では「史的イエス研究」と呼ばれ韓国でも通常「歴史的イエス研究」と呼ばれるテーマを「イエス歴史学」としたのは金鎮虎のアイディアであり、この他にも独自の表現が登場するが、これまでの翻訳同様本書でも彼独自の表現を尊重し日本語に当てはめている。「再現性の危機」という表現は主に心理学領域における研究の信憑性に関する問題提起であった。これが次第に経済学などの分野でも用いられるようになったようだが、日本に比べ韓国ではこの語の使用範囲が広いような印象がある。しかし、これを「イエス歴史学」に当てはめるのはやはり金鎮虎特有の視点であり用語法と言えよう。その学説に学問的妥当性、信憑性があるかどうかは研究者の間で議論されるべきであり、訳者のような聖書学の門外漢としては「権威ある学説」を当てにせざるを得ない。とはいえ、疑問を感じることも少なくはない。かつて教科書のように用いられてきたエレミヤスの研究も田川建三によればオリエンタリスト的偏見に満ちた当てにならない主張ということになるし、説教者が好んで使う欧米研究者による注解書も、「当時はこうであった」と古代東アジアの日常生活をあたかも見てきたかのように解き明かすものの中には、素人目にも一抹の不安を感じさせるものがないわけではない。ヘブライ語やギリシャ語あるいはアラム語も、聖書に関わる言語はわれわれの日常とはかけ離れた地域の古語であり、語彙の確定そのものが容易でないことはもちろん、背景となる文脈の落差が解釈そのものを困難にするのは当然であろう。そうであればこそ権威ある専門家が必要とされるが、その主張も研究者個人の理想の反映であることは免れないし、[144] その妥当性を検証することはやはり容易ではない。「史的イエス」として提示されたものが実は研究者個人が捉えた「私的イエス」である可能性は十分にあるのである。さらには学説の「権威」を保証する学界そのものの信憑性（批判能力）は誰にも検証されることがないとなれば、その解釈が妥当か否かは正統信仰や教理を基準とする他はない。聖書の字句がすべての基準である限り、キリスト教は聖書解釈共同体としての教会の権威を受け入れるか、さもなくば個人の決断として実存的に聖書の使信と出会う他はないということになる。そうした個人が、精神主義的あるいは心理主義的な私的世界に閉じこもる存在なのか、あるいは社会の一員として他者との関係に開かれて責任を共有し、経験によって変革され得る柔軟な主体なのかにより実存的聖書解釈の結果も大きく変わってくる、と訳者は考えている。

金鎮虎はマルコ福音書、彼はこれをあえてＭｋと呼ぶことで個人としての著者あるいは共同体の性質などに引きずられないようにしているようだが、一般にマルコ福音書と呼ばれる文書を「口述テクスト」と捉え、さらにそこに表現された事件性を抽出することで史的イエスへの新たな接近を試みている。彼によればこの方法は「イエスの真正な言葉」の確定という不確かな作業を根拠としたアプローチよりもはるかに有意な歴史性を確保できるのだという。門外漢の訳者としては彼のこの主張は魅力的であり説得力がある。少なくとも、オクロスが特定の社会階層（民衆）かそれとも一般的な群衆かという議論が不要となる立場であることはたしかであろう。さらに金鎮虎が、安炳茂神学の重要概念である「流言飛語」を聖書学的な文脈に位置づけ再評価する点が興味深い。重要なのは語句ではなく物語（叙事、ナラティブ）であるという認識は、専門的な研究者はいざ知らず一般の読者にとってはむしろ当然であろうが、金鎮虎はイエスとその事件全体を理解する上で重要なのは語句ではなく物語であり、「初めに事件があった」という安炳茂の表現が実は聖書学的にも重要性を持つと述べているのは十分説得力がある。

「民衆とは誰のことか」という定義を巡る問題は、安炳茂の拒否にもかかわらず重要なテーマであったことは間違いない。徐南同を始めとして従来の論者の多くは民衆を社会的階層あるいは集団として理解しようとしていた。もちろんそれは階級とは異なるものだという一定の合意はあったにせよ、都市貧民、搾取された労働者、被差別者など一般的な属性によって捉えられることが多かったし、そこから、九〇年代の民衆は女性、障がい者、外国人労働者だという言説となって繰り返されてきた。しかし、金鎮虎が強調する安炳茂の民衆理解、すなわちオクロス論において重要なことは社会的属性ではない。根こぎにされた人々、言葉を奪われた人々、失敗者・無能力者の烙印を押された人々、家族・故郷といった共同体から追放された人々というように、条件は異なるにせよ何らかの力により、あるいは自身の落ち度によって苦痛・絶望・恐怖・孤独に追いやられた人々が民衆なのである。もちろん、そうした状況に置かれることが都市貧民、搾取された労働者、被差別者にとっての日常であるかもしれないが、重要な点は社会的属性や階級、あるいは特定の職業や地域といった概念ではなく、さらには労働者や被差別者としての連帯というような根拠地、発言の座をも奪われた悲惨さと苦痛の有り様が問題なのである。

二〇一三年の「民衆神学と〝悲惨の現象学〟」で金鎮虎は、マルコ福音書五章「悪霊に取りつかれたゲラサの人」を例にオクロス民衆について説明した。ここに登場する「ゲラサの人」は社会的な疎外どころか死者の世界（墓場）へと追放されており、悪霊に憑依された存在として言葉を奪われているため苦痛を訴える主体ですらない。[145] 金鎮虎が語るイエス事件とは、このような民衆にまつわる事件、このような民衆が引き起こす事件であり、それを伝承するのはイエスに従う共同体ではなく民衆自身であり、救済史的フィルターではなく民衆の記憶を通して残された事件がイエス事件として伝承されたのである。民衆が発する「剥奪された言語」の物語を通してわれわれはイエスと出会う。証言者である神学者は客観的にそれを語るのではなく「記憶の重なり合い」の中で「今・ここ」を生きる自らの物語としてこれを証言するのであり、これが民衆神学的信仰告白と言えよう。もちろんここにあるのは独裁政権に立ち向かい連帯する民衆、歴史変革の主体としての覚醒した民衆のような「語られた物語としての民衆」ではなく、「グロテスクな民衆」の姿そのものである。そこにあるのはわれわれが自らの根拠とする価値世界ではなく、想定外で不都合な事件がひらく新しい世界のしるしであろう。

ここで安炳茂が自らの民衆論の出発点と公言し金鎮虎も言及する田川建三のオクロス論について確認してみたい。田川のオクロス論の前提は、「マルコには統一体としての民衆、『国民』が出てこず、群衆がいるだけ」であり、したがって「マルコに出てくる民衆を、特定の性格を持ったまとまった行動主体とみなすわけにはいかない」という点である。[146]イエスにつき従う無名の民衆は友好的で敵意がなく、マルコは民衆に好意をもって叙述している。民衆こそ真のイエスの友、家族なのである。したがってマルコにおいて十二弟子は特別な存在ではなくイエスを受け入れる無名の群衆の間に埋没している。[147]田川は従来群衆が「邪魔者」として解釈されてきた「カペナウムの癒やし」（二：一〜一〇、五：二五〜三四）の記事を再解釈し、そこでは群衆は物語の背景として描かれているだけで主体的な行為は評価されていないが、そこに表されているのは「民衆に囲まれた者というイエスの性格づけ」であると理解する。つまりマルコは「民衆の福音書」なのであり民衆との「親近性連帯感に立っている」のである。[148]マルコ福音書の基調は「民衆の友としてのイエスをえがくこと」であり、「ガリラヤ地方で歴史の脚光のあたらない日かげに土着していた」名もない群衆に囲まれたイエスを描くことであった。[149]マルコがユダヤ人の中に身を置きながらエルサレムを中心とした人々の「民族主義的狭さ」を批判するのもマルコ自身のガリラヤ性に起因する。[150]マルコは「ガリラヤの土の臭いを知っている人物」であり、それゆえマルコは、イエスの福音は「頭でっかちなエルサレムの宗教伝統」では理解できず「ガリラヤの地の民の生活」から理解されるべきと考えており、こうしてマルコは「エルサレム的思想の方向」とは異なる「ガリラヤの田舎者イエス」を描きたかったのである。[151]このようにマルコの精神的風土がガリラヤを中心としたものであるがゆえに、そこには「無名の民衆に対する親しみ」[152]が色濃く現れている。このような「ガリラヤの土着性」こそがイエスの活動の独特さである。マルコはすでに抽象化されつつあったイエスの伝承を「ガリラヤの土着性」に引き戻したが、それは「イエスに帰れ」という呼びかけであった。[153]

これまで安炳茂のオクロス論に対し新約聖書学の立場から論じられることは少なくその数少ない例が金鎮虎であることは述べたが、ここで日本の二人の研究者を取り上げてみたい。[154] これらは民衆神学との対話に基づく作品である。一人目は大貫隆である。「マルコの民衆神学、安炳茂との対話」[155]は、一九八五年に始められた「民衆神学研究会」（富坂キリスト教センター）が韓国神学研究所に申し入れて実現した一九八八年の協議会で発表された。論文執筆当時東京女子大学助教授であった大貫は一九九一年に荒井献の後任として東京大学に移り名実ともに日本の新約聖書学界を牽引してきた研究者である。安炳茂は交流のあった荒井献を通じて大貫を知っている。[156] その意味でもこの協議会の中で安炳茂の民衆神学に対する日本の新約学からの応答者として大貫が選ばれたことは妥当なことであろう。大貫論文が民衆神学にとって重要な作品であるという訳者の判断は以下の理由による。第一に、この論文は安炳茂あるいは民衆神学が置かれていた社会的・政治的な困難に対する深い理解と敬意をもとに書かれている。この協議会自体、韓国政府の度重なる妨害を経験していることからも、日韓連帯などに深く関わっていないメンバーにも韓国の民主化闘争の過酷な実情は十分理解されていたに違いない。そうした困難な状況に加え民衆神学全体において聖書釈義がごく一部分でしかないことを理解する大貫が「現在の新約学の約束事に従って論評することにどれほどの意味があるか」[157]とある種の躊躇、疑問とためらいを感じていることは誠実さの現れと言えるのである。第二に、そうした躊躇を持ちつつも大貫自身のフィールドである新約聖書釈義の問題として安炳茂に正面から取り組み、民衆神学の神学的洞察を高く評価しつつも学問的批判を展開する点に、やはり研究者としての誠実さを感じるのである。先述の鄭一雄が聖書学者でありつつもその内容は教理的、神学的批判であるように韓国の神学界は民衆神学に対する本格的批判にいまだ着手し得ずにいると思える中で、大貫論文は重要な意味を持っている。編集史的研究の視点から大貫は、安炳茂には方法論的欠点があると指摘する。安炳茂が見出したマルコ福音書の主人公はイエスとともに生きた民衆か、それともマルコが出会った民衆なのか。両者の「生活の座」の相違が明らかであることは安炳茂も認めるところであり、したがってこれは重要な問いとなるはずだが、安炳茂自身はこの問題を重要なものとは考えてはいなかった。大貫は安炳茂のマルコ解釈に一定の同意を示しつつも方法論的欠点と細部の詰めの甘さのようなものを感じているように思われる。その結果安炳茂の結論はやや飛躍したものと捉えられているのではなかろうか。『民衆神学を語る』は一九九〇年に出版され邦訳は一九九二年であるから一九八八年の大貫はこの内容を知る由もない。また「西欧で長年共観福音書を追求した決算」と安炳茂自身が述べる『共観福音書の主題』（一九九六年）[158]は大貫の言う「現代の新約学の約束事」に基づく新約聖書概論的作品だが未邦訳であり、さらに「史的イエス」探求の総決算とも言うべき『ガリラヤのイエス』[159]の邦訳は二〇二一年であるから望むべくもないが、これらを大貫がどう評価するかは興味深いところではある。安炳茂によれば、マルコは目の前の民衆の姿にイエスとその民衆の姿を見出したと捉えている。協議会での大貫の問いに対し「（両者の生の座の違いは）それほどはっきり区別できるのか」[160]と言ったのはこうした理解に基づいているのであろう。安炳茂はたしかに編集史的手法を用いているが、重要なことは「イエスの現存」であった。したがってマルコにおいて両者は別々のものではなく、こうした「神不在の現場に現存しているキリストを想起しつつ」執筆されたのがマルコ福音書なのである。[161] いずれにしても編集史的アプローチが時間軸を重視するのに対し安炳茂は「想起」によって時空を超越する立場であり両者の溝は埋められない。このような安炳茂の立場は実存的解釈とも言い得るが、彼にとっての方法論的キーワードは「イエスの現存」である。欧米の聖書学は「生の座」を語りながら研究者自身が置かれたコンテクストを考慮しないが、このように「われわれ」が抜け落ちた方法論に異を唱えたのが安炳茂であった。韓国の軍事独裁政権下の暴力に苦しむ人々の叫びに応答する責任を突きつけられる「歴史的実存状況」において、彼はマルコ福音書の著者が同じ応答責任に直面していたと考えたのである。[162] 現代の「われわれ」が自らの置かれた「生の座」に向き合うことが福音書のコンテクストとの共鳴を呼び起こすのである。

次に、高橋敬基は先述の富坂キリスト教センターの民衆神学研究会が主催した一九九四年の日韓神学者交流会における発題をもとに「新約聖書における民衆と民族、パウロとマルコ福音書を中心に」[163]を執筆した。大貫論文から六年を経た作品である。大貫とは異なり、安炳茂への直接的な言及はなく民衆神学の重要な概念である「民族、民衆」の聖書学的な検討を行うことで全体への貢献をなそうとするものだが、その根底には民衆神学を含めた韓国のキリスト教神学が民族主義の問題を適切に扱っていないのではないかという批判がある。「民族問題」を聖書の基本テーマと考える高橋は、個的発想としての民衆、全体的発想としての国家、その中間としての民族とそれぞれの概念を規定した上で、「民族主義は自己を何と同定しまた何に対して語るかによって個的にも全体的ともなる」と言う。[164] つづいて高橋はパウロとマルコについて検討しているがここではマルコに関する部分を紹介したい。民衆はイエスにとって「召し・あわれみ・教え」の対象であり、他方十二人や弟子とは区別され「忌避・拒否」される存在であり、と同時に十二人やイエスの親族の無理解とは対比される人々、さらには付和雷同する無知な大衆としてイエスを十字架へと追いやる存在でもある。「イエスの陣営に属する人物(群)のこの両義性の意味」は何かと高橋は問い、その答えを「権威主義的自己絶対化に対する拒否」と捉えている。[165]正義の代弁者たり得ない自分たちを受け入れてくれたイエスと喜びの食卓を囲むイエスの仲間たち、これが高橋が描き出すマルコの教会である。さらに、これらをユダヤ人指導者に対する否定的態度と重ね合わせれば「国家主義的民族主義による統合管理に対する拒否」が読み取れるという。抑圧され故郷喪失者となった民衆を喜びの食卓を中心とした新しい家族関係へと招くイエスがそこに描き出されている。マルコは「神の国」を民族主義的、国家主義的にではなく「家」として描いている、これが文学批評的洞察によって得られたマルコのメッセージである。[166]高橋はこれに社会学的検討を加え、マルコには十二人を新しいイスラエルと捉えるような新民族主義的思考はない、マルコはローマ帝国とユダヤ人社会との軋轢の中にあって「難民化」した人々が解体された既存の「家」を新たに再統合した「新しい信仰の家族・同胞関係」(家の教会)を目指していた、と結論付けている。[167]「ユダヤ民族」を全面に押し出す権威主義に抗し、自らの弱さに目を向けることで自己絶対化からも距離を起き、民族主義や超国家主義を批判する「家」へと統合されることで可能となる民衆の新たなアイデンティティの獲得、それがマルコ福音書の意図だとする高橋の結論には、「民族と民衆を限りなく近づけて理解しようとした安炳茂先生」に対する第二世代民衆神学者による批判が念頭に置かれているのだという。[168]

金鎮虎論文を念頭に置きながら大貫隆、そして高橋敬基が投げかけた問いを訳者なりにまとめてみよう。大貫は、安炳茂の言うように民衆による伝承が記述された定式ではなく物語であり「流言飛語」であるとしても、伝承された時点でそれはすでに様式化されているのであり、さらには福音書とされた時点でそれはすでに教会化されているのではないかと問う。[169]これはケリュグマ的、教会的伝承と民衆による伝承の二分法という安炳茂の立場に対する問いである。これに訳者なりの解釈を加えれば、大貫の主旨は、使徒たちに象徴される教会的権威とナザレのイエスの実像との乖離を強調するために、あるいは教権批判を鮮明にするために、安炳茂はマルコ福音書においてそれほど明確ではないオクロスを「民衆」としてフレームアップしているのではないかという批判となろう。田川建三においてイエスとともにいたオクロスは「無知蒙昧な民衆」[170]であった。それを「苦難の民衆」と解釈し「歴史の主人」「福音伝承の母体」と読み取ったのは安炳茂であり、そこから自己超越の力を持ち復讐の悪循環を断ち切る苦難の民衆が結果的に神の国、メシア統治の成就をもたらすという意味でメシアの役割を果たすと展開したのは安炳茂であった。[171]この解釈にはオクロスの両義性の問題が関係する。安炳茂は田川とともにこれをやすやすと乗り越えたが、果たして正しい解釈と言えるであろうかと高橋は問う。しかし安炳茂の聖書解釈において「生の座」は特定の時空に関するものではなく民衆の苦難という共時的な「生の条件」であり、それは編集史的「約束事」とは異なっているが、目の前の民衆の現実にキリスト者としてどう向き合うか、苦難の中で呻吟しあるいは抵抗する民衆事件の中で出会ったイエスをどう証言するかが民衆神学のフレームであったことを考えれば、文献解釈をフレームとする聖書学とその約束事との整合性を持ち得ないのは当然のことと言えよう。安炳茂はこのことを巡り、民衆神学は「韓国の民衆の現実」を学問の場とするが西洋や日本の神学は学問それ自体がコンテクストとなる、と批判している。[172]

一方高橋敬基は、マルコの民衆概念は民族主義、権威主義による犠牲者たちの中で形成されており、そこには伝統的家制度も含まれている。マルコの教会はこれらを批判した上で、自分たちもイエスを裏切った存在であることを自覚しつつ「食卓に招かれた者」という新たな自己理解、民族的でも伝統的でもない新しい家を形成したと指摘する。ここで想定される招き手はマルコ共同体に現存する復活したキリストであり、生前のイエスの共食を典拠とした教会の伝承に基づいていると言えよう。これに対し安炳茂には民衆を招くイエスが存在しない。ローマ帝国とユダヤ人社会との軋轢の中にあって「難民化」し個化された民衆はイエスによって家へと招かれた（高橋）のではなく、自ら新しいアイデンティティを獲得したということになるであろう。高橋論文は一九九四年の作品であるから『民衆神学を語る』の邦訳には接している可能性はあるのだが、「食卓に招かれたもの、家の教会」のイメージは安炳茂がマルコの共食物語から導き出した「食膳共同体」とつながるものであるだけに、そうした直接的な対話が行われなかったことは残念である。安炳茂にとってイエスの食膳共同体は、十二人を招き「主の晩餐」を制定したあの食卓ではなく、イエスとともに歩んだ数千の群衆、まさにあふれかえる難民とともに経験した分かち合いの事件が典拠となっている。[173] 大貫はさらに安炳茂の民衆論には十分な民族との決別が見られない、と言っているように思われる。高橋が第二世代によるどのような安炳茂批判を念頭に置いているのか定かではないが、ここには邦訳のない「民族・民衆・教会」（一九七五年）で展開された民衆論、あるいは二〇二二年に邦訳が公刊された「民衆的民族主義」を巡る議論[174]が踏まえられていないのも残念なことではある。「民族」は安炳茂にとって生涯追求してきた神学の主題だが、ここで懸念されているような意味での民族主義の問題が見過ごされていることはなく、脱植民地主義へとつながる民衆的民族の概念を受け止める必要があるように思われる。[175]

安炳茂のオクロス論の土台は事件論であり、事件論を踏まえなければオクロス論の重要性は明らかにならないことは確かであろう。[176]アカデミックな聖書学との対話が困難に思える原因はこの点にあるように思われるが、このように前提とする枠組みの違いによる困難な対話に挑んできたのが金鎮虎であろう。事件論の土台には「共時的解釈」があり（徐南同は「聖霊論的—共時的」神学と呼ぶ）、安炳茂はそれを「現存」という言葉で繰り返し強調している。[177]共時性の概念自体はたしかに構造主義に由来するものかもしれないが民衆神学が語る共時性は「無時間的なスナップショット」のようなものではない。時空の超越はまさにユダヤ・キリスト教由来の思想、聖霊論である。もちろん歴史学は通時的学であり様式史であれ編集史であれ西洋歴史学を前提とした聖書釈義の諸方法論は通時的であり、そしてそれが「学的」であるための条件であろう。しかし安炳茂が提示する「現存」は、聖餐論の文脈で「現臨、実在」などと呼ばれた real presence として論じることができるかもしれない。徐南同はカトリック神学者バルタザールがマタイ二五章の「諸民族の裁き」を「兄弟のサクラメント」と呼んだことに言及するが[178]、困窮者への奉仕がキリストへの奉仕であり困窮者を拒めばキリストを拒むこととなるという断言は共時的かつ実在説的に受け止められるときに初めて意味を持つ。そしてもちろん、聖餐論の原点となる「制定語」も同様に聞き手による共時的理解を前提としているのである。したがってイエスの現存は、自分を取り巻く事件の中でのみ感得されるものであり、自分自身をテクストの埒外に置くことを正しい姿勢と捉える学問とは対話が困難であることは否めない。しかし言葉ではなく事件テクストへの着目という歴史学的にも説得力のある方法により両者の接近の可能性が開かれた、と金鎮虎は考えている。言葉ではなく語り、非連続性ではなく連続性、「実際のイエス」ではなく「現存のイエス」へのシフトが事件論を中心とした民衆神学的アプローチであり、これにより民衆神学による史的イエス研究に対する貢献が可能だと金鎮虎は考えているのではなかろうか。

金鎮虎が「実存は事件的だ」（二九九頁）という時、また「イエスとオクロスがともに引き起こした事件テクスト」（二一四頁）としてマルコを語る時もこのような自らの立ち位置の自覚が深く関わっているはずである。「民衆神学は（歴史のイエスを）オクロスの目によって読み解く信仰告白言説」（二一五頁）であるという彼の結論はまさに現存のキリストを探求した安炳茂のメッセージそのものと言えよう。

5　崔亨默「民衆神学の救済論：民衆主体性と民衆メシア論」

姜元敦論文で崔亨默（チェ・ヒョンムク）は「第二段階民衆神学」、また「運動の神学」の担い手として紹介されている。しかし彼は「第三時代キリスト教研究所」の前身「若い民衆神学者の集い」の一員として出版物にも名を連ねており「第三世代」と捉えることもできよう。[179] 彼は延世大学神学部と韓神大学で学び博士論文はキリスト教倫理分野で執筆しており、いわゆる「運動圏」の出身として安炳茂や徐南同の神学に触発され「運動の神学」に鼓舞されつつ牧会と神学に携わってきた。韓国神学研究所の一員として安炳茂の『民衆神学を語る』の編集にも携わっている他、ＮＣＣの諸活動（最近まで正義と平和委員会委員長）、韓神大学招聘教授、天安サルリム教会牧師など制度圏を中心とした活動で知られている。主な著作に、『見えない手が見えないのはその手がないからだ』（一九九九年）、『韓国キリスト教と権力の道』（二〇〇九年）、『韓国キリスト教の分かれ道』（二〇一三年）、『韓国近代化に対するキリスト教倫理的評価：産業化と民主化の矛盾関係に注目して』（二〇一五年）、『省察する信仰、向き合う勇気』（二〇二〇年）、『民衆神学概念地図』（二〇二四年）がある他、論集への寄稿も多い。本書に収録された論者の中ではもっとも邦訳が多く、[180] 安炳茂『民衆神学を語る』（かんよう出版、二〇一六年）には解題を執筆、『安炳茂著作選集』出版を記念して開かれたシンポジウムでの発題[181]や二〇二〇年十二月に行われた明治学院大学での講演も公刊されている。[182] また、最新刊『民衆神学概念地図』も邦訳の計画が進行中である。

崔亨黙はこの論文を通して「民衆メシア論」批判を論駁し民衆神学の救済論と既存のそれとの違いを明らかにするという。彼はそのために「事件」「物語の合流」といった概念を通じてそれを論証しようとしているが、その内容に入る前に、他の論者においてもしばしば用いられすでに定着した感のある「民衆メシア論」という用語について言及しておきたい。この表現は安炳茂や徐南同自身によってではなく既存神学の枠組み、すなわち崔亨黙も批判する二元論的構造に基づいた批判者によって導入された概念ではなかろうか。[183] 崔亨黙が主張するように、民衆神学の民衆理解、救済論を語る上では神学の基本的な構えの違いが明らかにされる必要がある。このことを念頭に置く訳者としては、崔亨黙が「民衆メシア論」を民衆神学側の用語として用いる点に少々不満を感じている。また、崔亨黙が民衆神学の背景には「神の宣教」神学があり、そこから生み出された「事件」と「合流」の概念を通して「救いの主体と対象」が統合されたと指摘し、このことにより「救済史と一般史の二分法」が乗り越えられることで「宗教的生と歴史的生が分離されない人間の生の実存」が開かれたのだと語る点（二四五頁）について訳者は深く同意するが、ここで結論的に示されている「救いの主体と対象の統合」の過程についてては十分説明されていないように感じている。言うまでもなく、民衆神学は弱者との連帯についての倫理的主張にとどまらず、民衆がメシア的役割を果たすという主張、すなわち「民衆事件に現存する神、現存するキリスト」の主題が重要な意味を持っている。したがって批判者との議論においてはこの点に焦点が絞られる必要があり、訳者としてはまず救済概念そのものの再解釈が必要なのではないかと考えるが、[184] 崔亨黙においてはこの点は論じられていない。また冒頭で言及された「民衆の自力救済」についても十分論じられてはいない。

さて、モルトマンは安炳茂の釈義的発見はルターのそれと比肩すると賛辞を献じ、民衆神学は民衆の信仰共同体を中心とした韓国最初の政治神学であると認めた。これは、民衆神学が苦難のうちにある全世界の神の民との連帯が可能な神学であることを意味しており、ここからモルトマンは南米の解放の神学や北米の黒人解放の神学、そしてフェミニスト神学との対論を展開している。[185] しかしここでの問題はやはり救済論である。モルトマンは解放の神学に対しても民衆神学同様救済論を巡って批判を展開した。すなわち、「〝十字架につけられた民〟が世界を救うべきなら、誰がいったい〝十字架につけられた民〟を救うのであろうか。〜（富める者が）彼らの暴力的世界から回心するために〜貧しい人たちの苦しみを苦しむキリスト〜を見出し、真実の人間になることは重要なことである。しかし、それは貧しい人たちにとって助けとなるのであろうか」[186] と。たしかに解放は苦難の渦中にある民衆が主体となって実現するであろう。そうした解放事件に参与することで人は神の現存、臨在と出会うのであり、抑圧者の回心はただこのことによってのみ可能となる。しかしこれは民衆の解放に参与すること（回心）による富める者の救いであって解放された民衆自身の救いの問題は解き明かされていない、とモルトマンは問う。もちろんこれは解放と救いの分離がもたらす当然の結論と言えよう。解放の神学であれ民衆神学であれ語り手は苦難の中にある民衆ではなく、その目的が富める者の悔い改めと救いである限り、民衆は道具化されているのであって、神学による新たな抑圧と搾取が行われている可能性すらある。したがって、民衆解放の事件における民衆自身の経験を語る神学的表現には解放と救いの分離があってはならないはずである。富める者には民衆への回心が救いであり、民衆にとっては社会的解放と、それとは異なる宗教的救いが必要だという二分法、これがモルトマンに代表される神学の立場と言えよう。富める者は物質的には豊かであるから必要なのは霊的救いだけであり、民衆は物質的解放と霊的救いの両方を必要とする。こうした前提そのものを切り崩すことが必要なアプローチであろう。モルトマンのそして既存のアカデミズム神学の「生活の座」には民衆は存在せず、民衆はどこまでも「他者」であり、その結果神学者は自らの立ち位置を変えることなく概念化された民衆、「物質的に貧しく霊的にも飢え渇いた民衆」あるいは「物質的に貧しいが霊的には豊かな民衆」という構築された民衆像に視線だけを向ける他はない。それに対し民衆神学は事件の現場に身を置き政治的に連帯することで苦しみを分かち合った。つまり彼らは立ち位置を移し視座を変えて民衆の生活そのものに触れることで概念化されあるいは知識人によって構築された民衆像を打ち破り、「物質的解放と霊的救い」という単純化された構図からの解放へと導かれることで真の回心を遂げたのである。[187] 崔亨黙が論ずる民衆神学の救済論において「事件における」という言葉が重要な意味を持つのは以上の背景から理解できるであろう。

ここで踏まえておくべきは、「事件における民衆とキリストの同一視」（二二九頁）と「民衆の救い」を巡るドイツの神学者との論争である。崔亨黙が言うように、安炳茂はその問いが「あたかもイエスについても民衆についてもすべてわかっているかのような態度」であると見抜き自らを普遍的神学と称する「西欧神学者の錯覚を叱りつけた」のだとすれば（二三七頁）、安炳茂はただその問いを回避しただけのことになってしまう。キュスターがこのときのやり取りに対し「ドイツアカデミー神学の観点から民衆神学の代弁者たちに訓戒するかのような態度」（二七八頁）と評していることを念頭に置けば、たしかにこのときの安炳茂の態度は叱責であって応答ではない。しかし崔亨黙が指摘しているようにここでのテーマは「自己超越」であった。しかしドイツの神学者に対し、民衆神学は支配イデオロギーが作り上げた道徳的罪からの救いを論じているのではないと切り返すことで議論はすれ違ったのである。このときは自己超越、自己救済を神学的に表現し得るような議論は生まれなかった。安炳茂は後に救済理解の重要性に触れ「民衆の解放は民衆自らがなす」点を指摘したが[188]、これについても同様であろう。自己超越、自己解放という概念を突き詰めれば救済概念の根本的な再解釈が必要となる。イエスと民衆による解放事件において何が起こっているのか、救いと切り離すことのできない解放の実相とは何か。「民衆神学の救済論」はこの点に言及する必要があるのではなかろうか。

モルトマンは安炳茂のオクロス論を「シェキナー（神の臨済）の神学」として受け止めているが[189]、われわれはこれを「神の現存、現存のキリスト」と呼んできた。モルトマンの問いと現存のキリストについて考える補助線としてグティエレスを参照してみたい。「神の現存」は解放の神学においても重要なキーワードとなっている。「神との出会い」の主題のもとグティエレスは出エジプトと受肉によって明らかとなった「二重構造の過程」について語るが、二重の構造とは「神の存在の遍在化」と「神の統合の過程」のことである。遍在化とは「民族の神、神殿の神」を超えゆく過程であり、統合化とは神が「人間の歴史の只中へと移り住む存在」となることである。超越的である個別性、具体的である普遍性という二重構造は、神が霊的な存在ではなく物質的であり人間の歴史に巻き込まれていることを意味している。すなわち受肉したキリストを通して「人類・個々の人間・歴史」が「生ける神殿」となったのであり、こうして人間は人間との出会いにより、人類の歴史的過程への参与により現存する神と出会うのである。[190]こうした「普遍性と受肉の二重構造」についてグティエレスはマタイ二五章の「諸民族への裁き」のテクストをもとに、「神への愛は隣人への愛を通して」のみ可能であり「神は隣人の内にあって愛される」と語っている。[191]もちろんグティエレスは隣人は神を愛するための道具ではなく人間こそが目的であると述べ、[192]さらに隣人とは個人のことではないと語ることで敬虔主義的解釈を排除しているが、[193]グティエレスが読み解く「諸民族の裁き」は、富める者の民衆への回心あるいは苦難の渦中にある民衆の社会的解放であって、民衆神学が主張する意味でのメシア的事件のアナロジーとはならない。もちろん、マタイ二五章のテクストを見る限り、ここで語られる民衆とキリストの同一化は安全な生活を送る人々に困窮者への回心を促すための寓話的表現であるから、これを民衆神学的救済論のテクストと考えることはできないであろう。たしかにグティエレスが前提とする「現存」の主題は、「神への愛と奉仕」を大前提としたうえで安全な生活を送る人々に奉仕の対象である民衆との連帯を促すための教育的主題、啓発的語りと言えよう。その意味では民衆神学（特に安炳茂）が意図する事件における同一視とはまったく次元が異なっている。グティエレスはマタイ同様「民衆に連帯しないことは、神への背信であり、裁きへの道である」という倫理的な戒めを語っている。そこには「民衆への連帯は、神へ奉仕であり、救いの道である」という民衆の道具化、利己的解釈の可能性が残らざるを得ない。仮に目的はひたすら人間だというグティエレスの主張に立てばこの寓話には弱点があることになるが、倫理的実践を促す教育的啓発的宗教言説としては当然の話法であろう。[194]既存の神学は弁証神学でありカテキズム的であるという意味でモルトマンとグティエレスの間に決定的な隔たりはない。[195]それは崔亨黙が

「民衆は救いの対象だという神学的立場」（二二四頁）と指摘したものと言えよう。しかし民衆神学はそれとはまったく異なる構えをもっている。民衆神学は民衆の自己超越事件を目撃し、それにより救済という従来の一方的な構図そのものを転換している。こうした挑戦は「城門の外」から発せられた教会に対する挑発であり悔い改めを迫る預言者の声なのである。

民衆神学の眼前には民衆の苦闘、事件がある。そして先行する「民衆事件」の中に「キリストはここに現存する」という新たなテーマが導き出された。聖書の啓示によらずとも[196]、この事件に遭遇したものは誰であれ「今・ここ」で自分が人生の岐路に立たされていることを感知し得るはずだが、しかし民衆神学のテーマはこれにとどまらない。富める者（われわれ）が助けを必要とする民衆と出会う、というようにあたかも静的な観察者あるいは善意の救済者として「存在としての民衆」に向き合うのではなく、民衆が苦闘する事件という事実が先行し、この事実（事件）に巻き込まれ、そこで直面したキリストの現存に対し自分はどうするのかという実に実存主義的な構造がそこにはある。若き安炳茂が傾倒していたキェルケゴールは「主体性とは真理である、真理とは主体性である」という命題を示したが、これは普遍性や客観性の名によって眼前の課題から逃避することへの厳しい批判の言葉であった[197]。安炳茂による概念化の拒否、二元論の否定とは、権力と暴力に怖気づき自己保身のために眼前の事件から逃避しようとする人間の退路を断つ神学者自身の信仰告白なのである。安炳茂にとって教会の制度やサクラメントは「キリストに従う道」のあまりの辛さから逃避するために作り出されたものであったが、しかし必要なのは観察ではなく証言であり、真の証言とは民衆の苦難に参加すること、受難を分かち合うことであった。[198]

「事件における民衆とキリストの同一視」は神学者自身の体験に基づく信仰告白であると同時に預言者的な声、すなわち既存の教会に対する批判と挑戦であり民衆と苦難を分かち合う人々への共感と励ましであったと言えよう。極端とも言える彼らの主張はたしかに当時の状況を踏まえた「戦略的」な発言であり、目的に同意するとしてもその解体主義的戦略に批判があることも事実であろう。しかし、民衆神学者たちは構造悪に苦しむ民衆を観察し連帯のために戦略的言葉を発したわけではない。民衆事件に関わる中で神学者たちも弾圧を受け、投獄され、法廷に立たされ、職を失うことで自らの闘いとしても構造悪に立ち向かったのである。安炳茂のメシア理解にはこうした体験に基づく信仰告白と釈義学上の発見との合流がある。歴史的具体性と普遍的学知とが、二重構造(グティエレス)としてではなくまったく新しい終末的現実として一つとなったのである。キリスト者であり聖書学者であった安炳茂にとって民衆事件はメシア経験そのものであった。聖書テクストがそう告げていたからではなく現存する神と出会ったからである。単なる知的営為によってではなく「事件において」その確信を得たのである。そうした経験を自分自身に生じたメシア的事件と捉えるのではなく、民衆を主体とした事件と捉え自分自身を証言者と限定したところに安炳茂固有の立場がある。権力との闘いの場に立ちながらも自らを民衆と同一化することのない姿は姜元敦によって批判の対象となった。しかし、民衆とともに闘う「有機的知識人」として歴史変革の主体であるという意識を、安炳茂や徐南同は持つことがなかった。これは神学が自らを主語とすることで民衆の経験を横取りしてきた既存神学に対する批判、既得権側に立つ「伝統的知識人」であった自分自身に対する自己批判であったと言えるかもしれない。

呉在植の「あるイエスの死」への注目は大変重要な意味を持っている（二二五～二二六頁）[199]。民衆神学の出発点の一つと言うべき全泰壱事件をイエスの生涯を語るかのように語ったこの散文は、民衆神学的方法論を理解する上で一つの鍵となるからである。これはある意味で文学的な想像力の発露とも言えるが、こうした類比の手法こそ安炳茂や徐南同の神学的思惟における基本的要素となっていると言えよう。福音書が神に関する人々の経験を物語として文学的に表現し、それを自らの経験と照らし合わせながら解釈することで神学的言説が生み出されてきたように、民衆が直面する事件の中に類比的にイエスの事件を見出し、そこから創造的に生み出された神学的言説が民衆神学であった。こうした類比が可能なのは聖書とイエス＝キリスト告白とを通してであるとみなす伝統的神学に対し、民衆神学はそうした教理的規範にとらわれない文学的で情緒的な主張とみなされることがある。しかしこれは情緒的というよりは霊性神学的かつサクラメント神学的理解と言うべきであろう。安炳茂は、民衆神学はパトスであり民衆事件を証言するうえで聖書のテクストを参照する必要はないと語った。これは民衆神学はパトスが強いという批判者の声に対する応答である。

「チョン・ジンホン教授が、民衆神学はパトス（pathos）が強いといいましたが、それは当然のことです。民衆神学はパトスです。決して客観的な学問をしようということではありません。闘争なのです。歴史の現場において、何かを克服しようとする闘いなのです。したがって、パトス的性格というのはあまりに当然のことなのです。〜わたしは民衆神学をことさらテキストに引き上げようとは考えません。すでにそのなかに聖書の事実が起こっているのに、それを証言すればよいのであって、敢えてテキストに出会うようにする必要はないと思うのです。」[200]

彼にとってパトスは民衆の生活現場における体験に基づくものであり、現存する神との出会いという超越的体験への原動力であると同時に現存する神によって与えられる超越的力、共苦の原理であって単なる感情の吐露ではないのである。

すでに言及してきたように民衆神学に対する批判として「罪」の問題がしばしば指摘されてきた。救いが罪の赦しと不可分であるならば、救済論を語るうえで罪の問題は避けて通れないはずである。基本的に民衆神学を評価する立場の金均鎮も、民衆神学は罪を抑圧や搾取という権力者による暴力に限定するだけで人間の罪そのものの問題を回避したと指摘した。罪のない人間はいないという大前提に基づく批判である。もちろん神学的あるいは教理的に言ってこの考えは当然であるが、しかし民衆神学にとって罪の赦しによる救いという定式は重要ではない。崔亨黙はこのことを「個人の内面の世界の中に成就する救いではなく、歴史の現場の中で解放を実現する過程としての救い」(二四五頁)と表現している。しかし民衆解放の過程における個人の内面の問題を無視することができないのも事実であろう。崔亨黙はこの点には触れないが、訳者としてはこの点を論ずる必要があったのではないかと感じている。抽象的客観的な教理的神学に対し事件の神学は具体的な状況と関係性を重視するが、実は福音書の記述の多くも教理的論述よりもむしろ事件の証言と言うべきではなかろうか。「姦淫の現場」で捕らえられた女性（ヨハネ八章）を罰しようとする人々に対し、イエスは「罪のないものから石を投げよ」と言い女性の罪を問うことはしなかった。しかし、この女性が無罪でないのは原罪論だけでなく当時の律法あるいは道徳律に照らしても明らかであろう。イエスがこの女性を罰しないと宣言したのは、そこに人間的弱さも利己心も見出さなかったからではないし被害者の罪は不問に付すということでもない。このときイエスは具体的にこの女性を暴力から救出しただけでなく、律法による断罪という当時の神殿体制の問題、姦淫罪において男性だけが免罪されるイスラエル社会の家父長主義的不正義、すなわち弱者を虐げる社会的罪（＝構造悪）について告発し解放の福音を告知しようとしたのである。そして告発者であるイエス自身、こうした差別的体制の一員であるという自覚、性差別の中における男性としての自覚があったことを否定し得る根拠はない。もちろんこの説話は事実の記録というよりも初代教会によるイエス理解、罪理解に関する物語的表現だが、福音書における赦しの記事の多くはこれと同様の背景を持つと言えよう。もちろん伝統的神学の立場から、被抑圧者であるこの女性はイエスの介入によりたしかに解放されたが彼女自身の罪（教理的、宗教的に「罪」と考えられるもの）の問題は未解決のまま残されている、と語ることは可能であろう。そして、その意味では福音書のイエスは教理的、宗教的罪については問題視していなかったとも言い得るのである。すなわち、そこで語られているのは被害者の救出あるいは尊厳の回復であり、不正義に対するイエスの断固たる立場であった。訳者の私見を述べさせていただけば、個人の内面の問題、あるいは教理的、宗教的「罪」の問題は、たとえばヨハネ福音書の物語においておそらく彼女自身の経験の中で自ら取り組まれ解決へと向かって行くのではなかろうか。そこでは「私もあなたを罰しない」という言葉は大きな意味を持つかもしれないが、それはメシアであるイエスへの信仰告白が赦しの確信へとつながるというような教理的意味というよりも他者との交流による相互作用の問題であり、彼女自身の経験が導き出す自己覚知と自己解放の過程においてイエスとの出会いが何らかの意味を持つ、ということではなかろうか。民衆神学の救済論において探求すべき「自力救済」のテーマはこの先にあるように思われる。

民衆神学は教理的伝統にではなくこうした福音書の伝統に立脚しているのであり、客観性の名のもとに保身と現状維持を招来する無責任なマジョリティによる観察の結果について語っているのではない。伝統的な救済論が救済史という特別な枠組みに基づく、神を主体とした神による救いの物語であるのに対し、民衆神学の救済論は人間の歴史の中で抑圧され排除される民衆にとっての救いの経験についての物語である。「民衆メシア論」という切り取り方に訳者が疑問を感じるのは、メシア論という設定自体が民衆にとっての救いの経験においてふさわしい位置を持たないと感じているからである。民衆神学にとって重要な意味を持つ「事件における」というある種の限定は、責任ある自己覚知と参与無しには語り得ない主体的で実践的な信仰的態度の表明であり、キリスト教倫理学者として出発した崔亨黙がこのことを重視するのは当然であろう。

参考文献

【邦語】＊五十音順

安炳茂他『主イエスよ来たり給え、ガリラヤ教会説教集』(東海林勤編、新教出版社、一九七八年)
李仁夏・木田献一監修『民衆の神学』(キリスト教アジア資料センター編、教文館、一九八四年)
呉在植『私の人生のテーマは現場―韓国教会の同時代史を生きて』(山田貞夫訳、新教出版社、二〇一四年)
大貫隆「マルコの民衆神学、安炳茂との対話」『民衆が時代を拓く、民衆神学をめぐる日韓の対話』(富坂キリスト教センター編、新教出版社、一九九〇年)
岡田仁「ユルゲン・モルトマンの社会的三位一体論：エキュメニカル運動との関わりをめぐって」《明治学院大学キリスト教研究所紀要》五四(明治学院大学キリスト教研究所、二〇二二年)
加藤圭「史的イエスの第三探究、その輪郭と妥当性：史的イエスの探究は不可欠な営み」《カトリック研究》六九(上智大学神学部、二〇〇〇年)
香山洋人「民衆神学における民族　上・下」《キリスト教学》四五・四六号(立教大学キリスト教学会、二〇〇三・二〇〇四年)。
――「パラダイム転換としての民衆神学　上」《キリスト教学》四八号(立教大学キリスト教学会、二〇〇六年)
――「〝あなたはどこに立っているのか〟―神学における立ち位置を巡って」《キリスト教学》五二号(立教大学キリスト教学会、二〇一〇年)
金子啓一「神学方法論について―いま、どの神学か」《キリスト教学》三四〜三五、四七号(立教大学キリスト教学

会、一九九二～一九九三、二〇〇五年）
――「いま、ここのこととしての神学」《キリスト教学》三六～三九、四五号（立教大学キリスト教学会、一九九四～一九九六、二〇〇三年）
金恩正他『東学農民革命一〇〇年』（信長正義訳、つぶて書房、二〇〇七年）
金鎮虎『市民K、教会を出る』（香山洋人訳、新教出版社、二〇一五年）
金南一『安炳茂著作選集別巻　評伝、城門の外でイエスを語る』（金忠一訳、かんよう出版、二〇一六年）
ゼーレン・キルケゴール「哲学的断片或いは一断片の哲学：哲学的断片への結びの非学問的あとがき」『キルケゴール著作集七』（杉山好、小川圭治訳、白水社、一九六八年）
グスタボ・グティエレス『解放の神学』（関望、山田経三訳、岩波書店、一九八五年）
心園記念事業会編『安炳茂著作選集一　民衆神学を語る』（金忠一訳、かんよう出版、二〇一六年）
――『安炳茂著作選集二　歴史と解釈』（金忠一訳、かんよう出版、二〇一七年）
――『安炳茂著作選集三　ガリラヤのイエス』（金忠一訳、かんよう出版、二〇二一年）
――『安炳茂著作選集四　民衆神学と聖書』（金忠一訳、かんよう出版、二〇二二年）
徐南同『民衆神学の探究』（金忠一訳、新教出版社、一九八九年）
高橋敬基「新約聖書における民衆と民族、パウロとマルコ福音書を中心に」《聖書学論集》二九（日本聖書学研究所、リトン、一九九六年）
田川建三『原始キリスト教の一断面』（勁草書房、一九六八年）
――『新約聖書　訳と註Ｉ　マルコ福音書・マタイ福音書』（作品社、二〇〇八年）
崔亨默他「民衆神学とは何か、日韓の神学的対話を求めて」《キリスト教文化》二〇一六年秋（かんよう出版、

二〇一六年）
趙景達『異端の民衆反乱：東学と甲午農民戦争』（岩波書店、一九九八年）
ゲ・デ・チャガイ編『朝鮮旅行記』東洋文庫五四七（井上紘一訳、平凡社、一九九二年）
富坂キリスト教センター編『民衆が時代を拓く：民衆神学をめぐる日韓の対話』（新教出版社、一九九〇年）
中村雄二郎『臨床の知とは何か』（岩波書店、一九九二年）
朴聖焌『民衆神学の形成と展開―一九七〇年代を中心にして』（新教出版社、一九九七年）
朴炯圭『路上の信仰―韓国民主化闘争を闘った一牧師の回想』（山田貞夫訳、新教出版社、二〇一二年）
イザベラ・バード『朝鮮紀行』（時岡啓子訳、講談社学術文庫、一九九八年）
本田哲郎『釜ケ崎と福音：神は貧しく小さくされた者と共に』（岩波書店、二〇〇六年）
森本あんり『アジア神学講義』（創文社、二〇〇四年）
ユルゲン・モルトマン『神学的思考の諸経験―キリスト教神学の道と形』（沖野政弘訳、新教出版社、二〇〇一年）
――『わが足を広きところに：モルトマン自伝』（蓮見幸恵、蓮見和男訳、新教出版社、二〇一二年）
矢野睦「マルコ福音書における民衆」《聖書学論集》三六（日本聖書学研究所、リトン、二〇〇四年）

【韓国語】＊가나다順（著者、書名等の漢字表記、邦訳）
香山洋人「民衆神学の教会理解」（未公刊修士論文、聖公会大学神学大学院、一九九八年）
――「民衆教会論に対する一考察」『安炳茂民衆神学の脈　一』（韓国神学研究所、二〇〇三年）
――「主体化の神学に向けて」『心園安炳茂先生十七周忌追慕シンポジウム資料集』（二〇一三年）
――「主体化の神学：救済論の民衆神学的再解釈」（未公刊博士論文、聖公会大学神学専門大学院、二〇一五

年二〇二五年に公刊予定）
金成宰、安炳茂、李元奎、イム・ジンチョル、チョン・サンシ、姜元敦「シンポジウム：民衆教会に対する理解」《神学思想》六三号（韓国神学研究所、一九八八年）
金明洙「韓国教会の民衆運動と民衆神学の未来　Ⅰ・Ⅱ」《基督教思想》一九九二年十一・十二月（大韓基督教書会）
――「解体主義と民衆神学」『民衆神学入門』（ハヌル、一九九五年）
――『安炳茂、時代と民衆の証言者』（サルリム、二〇〇六年）
金鎮虎「民衆神学民衆論の聖書的基礎、安炳茂のオクロス論を中心に」『イエス・民衆・民族』（安炳茂博士古稀記念論文集出版委員会編、韓国神学研究所、一九九二年）
――「イエス運動の背景史を見る一視覚：民衆メシア論の観点から見た民衆形成論的アプローチ、方法論を中心に」《民衆神学》創刊号（韓国民衆神学会、一九九五年）
――「民衆神学の系譜学的理解：文化政治学的民衆神学を展望しつつ」《時代と民衆神学》四（第三時代キリスト教研究所、一九九七年十二月）
――「名前を呼ばれるまでそれは〝花〟ではなかった－安炳茂〝オクロス論〟再読」『死んだ民衆の時代：安炳茂再読』（金鎮虎他、サミン、二〇〇六年）
――「民衆神学と〝悲惨の現象学〟、今日のオクロスを問う」『二十一世紀民衆神学』（金鎮虎、キム・ヨンソク、サミン、二〇一三年）
――「エピローグ：〝運動の神学〟から〝苦痛の神学〟へ、ポスト〝一九八七体制〟の民衆神学」『民衆神学、苦痛の時代を読む』（イ・ジョンヒ他、ブンド出版社、二〇一八年）

金熙献『民衆神学と万有在神論：民衆神学とプロセス神学の対話』（ノエオウォル、二〇一四年）
金敬宰「徐南同の生態学的倫理に関する小考」『徐南同と今日の民衆神学』（竹斉徐南同記念事業会編、ドンヨン、二〇〇九年）
金南一『民衆神学者安炳茂評伝：城門の外でイエスを語る』（サゲチョル、二〇〇七年）
イム・テス編『民衆はメシアなのか』（ハヌル、一九九五年）
朴在淳『民衆神学とシアル思想』（天地、一九九〇年）
孫奎泰「民衆神学の教会論」《神学思想》八三号（韓国神学研究所、一九九三年）
西大門民衆神学校歴史編纂委員会編『西大門民衆神学校の証言』（ドンヨン、二〇二〇年、改訂増補版）
安炳茂「民衆と教会」『安炳茂全集六　歴史と民衆』（ハンギル社、一九九三年）
――「民衆神学の昨日と今日」『安炳茂全集五　民衆と聖書』（ハンギル社、一九九三年）
――『ガリラヤのイエス』（韓国神学研究所、一九九〇年）
イ・ジョンヨン『民衆神学、世界神学と対話する』（ヨン・ギュホン訳、ドンヨン、二〇一〇年）
李在禎「徐南同と統一神学」『徐南同と今日の民衆神学』（竹斉徐南同記念事業会編、ドンヨン、二〇〇九年）
李正培「韓国教会に向けられた石の叫び」《神学思想》一五六号（韓国神学研究所、二〇一二年）
ホ・ジュミ「結婚移住女性を中心に読むロアンとルツの物語」『民衆神学の旅程』（韓国民衆神学会編、ドンヨン、二〇一七年）
竹斎徐南同牧師記念論文集編集委員会編『転換期の民衆神学：竹斎徐南同の神学思想を中心に』（韓国神学研究所、一九九二年）
ＮＣＣ神学委員会編『民衆と韓国神学』（韓国神学研究所、一九八五年）

【英語】
Volker Küster ed., *Minjung Theology Today : Contextual and Intercultural Perspectives*, Leipzig : Evangelische Verlagsanstalt, 2018.
Jung Young Lee, ed., *An Emerging Theology in World Perspective : Commentary on Korean Minjung Theology*, Mystic, Conn : Twenty-Third Publications, 1988.
William McCleary Junkin, *The Tong-Hak*, Korean Repository, Feb., 1895

【ウェブサイト】
チョン・ユソク「公権力による性暴力」https://blog.naver.com/smallnews/7924023（二〇二四年三月三日閲覧）
http://www.ecumenian.com/news/articleView.html 《エキュメニアン》
https://owal.tistory.com/486 （金鎮虎）
https://hyeamacademy.org/about/ （韓国神学アカデミー）
https://www.hani.co.kr/ 《ハンギョレ》
https://www.youtube.com/watch?v=eZ5AqHRQBL8&t=2964s （恵岩神学研究所セミナー）
https://www.youtube.com/watch?v=3mo0OgX6_o （恵岩神学研究所セミナー）

注

1　韓国の人名及び固有名詞については漢字表記を原則とし初出にのみ（発音のカタカナ表記）を付す。

2　翌二〇二三年十月には関連行事として、ハイデルベルグ大学のミハエル・ヴェルカー（Michael Welker）による講演「安炳茂神学の未来とイエス・キリストの霊」が行われた他、2013 Minjung Theology Consultation : Asian Minjung Experiences and Events in the 21st Century. が開催され、日本からは同志社大学の木谷佳楠准教授が出席している。

3　訳者は「進歩」という表現には賛成しかねるが韓国のキリスト教界では一般的なのでとりあえずこの表現に従っておく。

4　《神学と教会》十八号、二一六頁。

5　同、三九頁。

6　独裁政権の圧力により大学から追放された教授やその家族が中心となりハンピッ教会を会場に日曜午後に礼拝と集会が行われた。ここでの説教は『主イエスよ来たり給え、ガリラヤ教会説教集』として邦訳出版されている。

7　《神学と教会》十八号、三九頁。

8　これについては金鎮虎『市民K、教会を出る』参照。

9　《神学と教会》十八号、六三～六四頁。

10　以下は、同、六二～六九頁の要約。

11　同、九〇頁。

12 《キリスト教文化》二〇一六年秋、八一頁以下。また「第二回聖公会神学フォーラム」（二〇一六年六月二十四日、日本聖公会京都教区センター）では「国家・戦争・女性」の主題で講演を行ったが原稿は公刊されていない。

13 《神学と教会》十八号、七五頁。

14 同上。

15 同、七六頁。

16 同、七六～七七頁。

17 同、七八頁。

18 同上。

19 同、七九頁。

20 安炳茂『民衆神学を語る』六一頁（同書からの引用は金忠一訳による）。また、西欧的な文脈において必要であったWissenschaftが唯一の方法論ではなく、それと東洋の「学、道」は異なる立場だとも語っている（同、一〇九頁）。

21 この点は本書の崔亨默論文も指摘しているが、朴聖焌が詳細に論じている。朴聖焌『民衆神学の形成と展開』三五一頁。

22 安炳茂、前掲書、一一三頁。

23 徐南同『民衆神学の探究』二五三～二五四頁（同書からの引用は金忠一訳による）。しかし安炳茂は「徐南同牧師とわたしの間には、～本質的な違いがあるとは考えていません」と語っている（安炳茂、前掲書、一八八頁）。

24 『神学的思考の諸経験』。

25 『わが足を広きところに』。

26 新たに書き下ろされた個人的な内容は二〇二一年に新型コロナによって急逝した徐洸善（ソ・グァンソン）を悼む内容などである。

27 チュービンゲンに留学中であったパク・ジョンファが翻訳、編集など重要な役割を担った。

28 「徐南同の神学：二つの伝統の合流」『徐南同と今日の民衆神学』（二〇〇九年）、「相互文化神学は必須である」『民衆神学の旅程』（二〇一七年）、など。

29 パク・ジョンファとともに訳者も講演者の一人として参加した。

30 民衆神学に関する著作としては権鎮官との共著 Minjung Theology Today. の他、文化神学、実践神学に関する論文がある。

31 《神学と教会》十八号、四五四頁。ここで「解放の神学」の殉教論についてはエラキュリアやソブリノの文献が注として示されているがそれは省略する。

32 同、四五七頁。

33 第二世代としてこの他にも名前を上げるべき論者はいるし、一般にチョン・ヒョンギョンは民衆神学の枠組みで論じられることはない。英語で論文を発表しているこれら三人がキュスターの目にとまったのであろう。

34 同、四六〇頁。なおホ・ジュミの論文「結婚移住女性を中心に読むロアンとルツの物語」は同じテーマが扱われている。

35 同、四六一頁。この論文はインドのダリット神学との交流など民衆神学の国際的な広がりを追求してきた権鎮官とキュスターが編集した Minjung Theology Today. に収録された “The Powerless and the Powerful for the

Common: An Introduction Liberation Perspective.” からの引用である。またここでもホ・ジュミの名が挙げられるが、彼女は「かつての世代の韓国女性が被った苦難に照らし結婚移住女性の苦難を反芻し、ベトナム戦争で韓国が行った役割と現代韓国の経済的帝国主義を批判」するこれまでにない視点を提供しているからである

36 この部分は Minjung Theology Today. の内容を下敷きにしている。

37 Das Evangelische Missionswerk in Deutschland.「ドイツ福音主義宣教局」。現在は Evangelische Mission Weltweit(EMW). に改称。

38 《神学と教会》十八号、四六三頁。

39 Jung Young Lee, ed., An Emerging Theology in World Perspective, p.35.

40 Ibid., p.86.

41 《神学と教会》十八号、四六七頁。

42 同、四六九頁。

43 同、四七〇～四七一頁。キュスターはこのプログラムの中心を担ってきた権鎮官による「両者の出会いだけでも価値がある」という評価を紹介するが、訳者としては、このプログラムをきっかけに民衆神学の英文論文が多く生み出されたことも一つの成果と考えている。なお、民衆神学会が発行する英文誌 Madang: Journal of Contextual Theology. 誌（二〇一三年に第四〇巻が発行）には毎号民衆神学の論文が掲載されている。

44 《神学と教会》十八号、四七二～四七三頁。

45 Joerg Rieger and Kwok Pui-Lan, Occupy Religion: Theology of the Multitrade, Lanham Rowan & Littlefield, 2013.

46　《神学と教会》十八号、四七四～四七五頁。
47　森本あんり『アジア神学講義』一四一～一九一頁。ここで森本は「ジュン・ユン・リー」の主張に一定の評価を示しつつも具体的には様々な角度から批判を展開しているが、訳者として概ね共感するとともに、そこには民衆神学に対する重要な問題提起が含まれていると感じている。それは「アジア神学」を強調するがゆえに生じる一種の「オクシデンタリズム」の問題であり、民衆神学の中に散見される「西洋的な二元論」のような過度に単純化された批判もそうした危険を含んでいるのではないかということである。
48　この中で民衆神学のテクストと直接対話しているのはレティ・ラッセル、C・S・ソン、コウスケ・コヤマ、ホセ・ミゲル・ボニーノであり、他は総論的な批評にとどまっており、一部の論者は民衆神学と解放の神学を区別することなく論じている。
49　Jung Young Lee, op. cit., p.v~viii. CCA神学委員会の"Minjung Theology"は、日本では李仁夏・木田献一監修『民衆の神学』として、韓国では更に数編を加えた『民衆と韓国神学』として出版された。
50　Jung Young Lee, Ibid., p.24, 脚注一。イ・ジョンヨンがソウルで会ったのは安炳茂の他に韓国神学研究所の朴聖焌、姜元敦、イ・ジョンヒであった。同、viii頁。
51　《神学と教会》十八号、三九五～三九六頁。
52　同、四〇九～四一〇頁。
53　同、四一二～四一三頁。
54　同、四一五～四一六頁。
55　同、四一七～四二〇頁。
56　リュ・ジャンヒョン「民衆神学の教会論」韓国組織神学会編『教会論』（大韓基督教書会、二〇二〇年）。

57 安炳茂『民衆神学を語る』二三六頁。一方、「民衆と教会」で安炳茂は教会論に対する要望が強いので自分なりにまとめてみる気になったと語っているが（二二一頁）、その内容は新約聖書の教会関連箇所の釈義であった。

58 「シンポジウム：民衆教会に対する理解」八八五頁。

59 孫奎泰「民衆神学の教会論」。

60 拙稿「パラダイム転換としての民衆神学　上」一三七頁以下。訳者は、民衆神学の教会理解を実践するのは教会の枠組みを前提とした民衆教会ではなく、出発当時は民衆教会運動の亜流と捉えられつつも活動の中心を住民運動や社会福祉の領域に定めた聖公会の（当時の）「分かち合いの家」であると考えている。同「民衆教会論に対する一考察」。この論文は修士論文に基づいている。

61 この点について拙稿「民衆神学の教会理解」で論じたが、日本語では朴聖焌前掲書で論じられている。

62 安炳茂『民衆神学を語る』七二、二七五〜二七六頁。

63 同「民衆と教会」一三四頁。

64 中村雄二郎『臨床の知とは何か』。

65 同、一二五〜一二六頁。

66 例えば、中村が「臨床の知」の特性に情念（パッション）をあげパトス（受苦）に言及する点を踏まえれば、民衆神学はパトスだと言った安炳茂の言葉は、受苦の神学、痛みの神学であり現場（中村にとっては「現実」）に立脚する神学としての民衆神学について語ったものだと理解できよう。神学の方法論を巡る議論は未だ十分とは言えないが、この問題に取り組んできた金子啓一の作品（「神学方法論について」、「いま、ここのこととしての神学」）は改めて注目する必要がある。

67 《エキュメニアン》（二〇二四年六月一日）のインタビューより。聞き手のイ・ジョンフンは、これは高度な研究書であるにも関わらず従来の作品に比べ「読みやすい」と評している。

68 朴聖焌、前掲書、三一六頁以下。

69 富坂キリスト教センター編『民衆が時代を拓く』は貴重な研究成果ではあるが内容的には「第一世代」民衆神学が中心となっている。

70 本書の内容を参照する場合はこのように本文内に該当箇所を示す。

71 朴聖焌、前掲書、三一七頁。一九四〇年生まれの朴聖焌は「統一革命党事件」により十三年半の獄中生活を送り、安炳茂の導きで韓国神学大学（当時）を卒業したときは四十四歳であった。彼は牧師またキリスト教社会運動のリーダーの一人として青年を指導する立場にあった。

72 以下の記述は『西大門民衆神学校の証言』による。

73 朴正熙大統領が発動、「憲法を否定・反対・歪曲・批判・改定・廃棄を主張、扇動あるいはこれを報道する行為の禁止」に違反したものは即刻逮捕できる内容で、これによりあらゆる形の民主化運動が禁止されることとなった。

74 クォン・オソン（一九八一年卒）の証言。『西大門民衆神学校の証言』、六三頁。

75 在籍者名簿（総会委嘱生とその他の学生の合計）には「出身大学、入学年度、推薦教会」の他に「関連事件」の項目があり、一二三名中一〇六名に「民青学連事件」「緊急措置九号」「学内デモ」など有罪判決を受けた事件が記されている（同、二五〜二九頁）。民主化運動の中での有罪判決はまさに勲章であり、これにより学生がどのような歩みを通してここに集ったかが一目瞭然である。

76 同、三〇頁。

77 同、四五頁。

78 キム・チャンギュ（一九八四年卒）の回想。同、二七五頁。

79 同、二八〇頁。

80 卒業生には一人の医師、三人の大学教員がいるが神学者は一九八一年卒業の権鎮官だけである。

81 『西大門民衆神学校の証言』の編者で著者でもある権鎮官は、民衆神学の産室は「苦難の道」、育てたのは「韓国神学研究所」と「基督教長老会宣教教育院」だと述べている（四八七頁）。二〇二〇年に出版された同書はおそらく基督教長老会宣教教育院について公刊された唯一の史料であり、当時の教会の状況や活動家の様子など当事者の証言をもとにした貴重な内容を含んでいる。ここでは民衆神学の背景を示すための言及にとどめたが、民衆神学を研究する上で第一級の資料である。

82 金明洙は「運動の神学、物の神学」について、「科学性を担保する点においては一定の成功を収めたかもしれないが大衆性を獲得することには失敗した」と評価している（「韓国教会の民衆運動と民衆神学の未来 Ⅰ」八六頁）。民衆運動の現場ではなく民衆を中心とした民衆教会をパートナーとする「民衆の神学」になるべきだというのが金明洙の立場であった（同「Ⅱ」八四～八六頁）。なお現在姜元敦は『物の神学』の改定を検討中であり、内容をアップデートすると同時に平易な表現を心がけるつもりであるという（《エキュメニアン》二〇二四年六月一日、インタビュー）。

83 セミナーの発表で触れられていた批判（本書二六三～二六四頁）はここには登場していない。権鎮官は民衆神学を主題とした作品を最も多く執筆している神学者だが、邦訳がなくその作品が知られていないのが残念である。彼自身は自らを「民衆神学第二世代」と捉えている。

84 金熙献『民衆神学と万有在神論』、特に「第六章、結論：脱近代時代の民衆神学」。同書は二〇〇七年にクレアモント大学に提出した学位論文（Minjung and Process, Peter Lang, 2009）に新たな知見を加え韓国語で出版されたものである。

85　同、四頁。

86　同、八三頁。

87　第二回セミナーで朴炅美が主張した「現代神学」（本書二六九頁）はもう一つの答えと言えよう。

88　金熙献、前掲書、二九八頁。

89　同、二〇六～二〇七頁。安炳茂はこれまでの民衆神学を「第一段階」と呼び、「洗礼者ヨハネの悔い改め運動、荒野の四〇年」と振り返り、それは主観的で即興的な側面があったが、これからの第二段階においては自分を客観的に見る必要がある、と述べている。そこでの課題は「社会科学的な照明作業、第一段階民衆神学の実験としての民衆教会運動、普遍性の認定」であった。「民衆神学の昨日と今日」二三一～二三二頁。

90　他に、本書との関連では崔亨黙（「公と人権、ろうそくデモの熱望とともに考える〝公〟の意味」）、金熙献（「民衆神学の教会論」）の名がある。

91　姜元敦が内容に基づいて「第三段階」等と呼ぶのに対し「第三世代民衆神学」は当事者による積極的なアイデンティティーの表明としての名称である。

92　この叢書の第一巻はC・S・ソン『アジア人の心性と神学』だが、それ以降はカトリック神学者の著作が並ぶ。プロテスタント神学者の論文集がこの叢書に加わったことについて編集者は、前例がないゆえに困難な決断であったこと、しかし教会再一致の精神に立ちカトリック神学に対する刺激となることを願って実現されたと述べているが（「編集後記：アジア神学叢書を再び」三四三～三四七頁）、見返し部分に「これは学術的出版物であり内容はカトリックの教理とは必ずしも一致するものではない」という一文が付されている。

93 金鎮虎「エピローグ：〝運動の神学〟から〝苦痛の神学〟へ」、三三四頁。

94 同、三二五～三二六頁。

95 同、三二六～三三二頁。

96 同、三三四～三三五頁。

97 同、三三六、三四〇頁。一九九七年とは「民衆神学の系譜学的理解」の発表を指している。「第三時代キリスト教研究所」は一九九六年に設立、金鎮虎が初代研究室長となった。研究所の前身は一九九一年発足の「若い民衆神学者の集い」であり研究会の成果は《時代と民衆神学》誌として発行された。「民衆神学の系譜学的理解」は「第三時代キリスト教研究所」創立記念シンポジウムで発表され第三世代民衆神学の出発を宣言するものであった。

98 同、三三八頁。

99 同、三四〇～三四一頁。

100 同「民衆神学の系譜学的理解」。

101 以上の内容紹介は、《エキュメニアン》（二〇二四年六月一日）のインタビューや書評などを参考にしている。

102 「場」の違う者同士の議論はかみ合わない。創造的な議論においては自らが前提とする価値体系そのものを相対的なものと受け入れた上で、相手が前提とする価値体系を理解しようとする姿勢が生じるが、「保守的正統主義」にとって価値の相対性という概念自体が受け入れ難いかもしれない。

103 金均鎮「韓国神学アカデミーを始めるにあたり」（二〇二三年十月、ウェブサイト上の挨拶文）。

104 金鎮虎『市民K、教会を出る』訳者「あとがき」参照。

105 朴炯圭の回顧録『路上の信仰』参照。

106 チョン・ユソク「公権力による性暴力」https://blog.naver.com/smallnews/7924023（二〇二四年三月三日閲覧）

107 権仁淑は後に労働運動を経て渡米、アメリカのクラーク大学で博士号（女性学）を取得、米国での研究生活を経て二〇〇三年から韓国の明知（ミョンチ）大学教授として女性学を教え、「性暴力女性相談所ウルリム」の活動などを経て二〇二〇年に国会議員となり文在寅（ムン・ジェイン）政権において女性の人権に関する要職を担当した。邦訳に『韓国の軍事文化とジェンダー』（山下英愛訳、お茶の水書房、二〇〇六年）、『母から娘へ―ジェンダーの話をしよう』（中野宣子訳、梨の木舎、二〇一一年）、また『韓国フェミニズムの潮流』（西村裕美編訳、明石書店、二〇〇六年）所収の論文がある。

108 以下の内容は二〇一二年の日本基督教学会関東支部大会での訳者の報告「神学からの教会批判」に基づいている。

109 『市民K、教会を出る』の邦訳は二〇一五年だが、原著（二〇一二年）の元となった《ハンギョレ21》の連載は二〇一〇～一一年である。

110 李正培「韓国教会に向けられた石の叫び」。

111 『公共哲学　第十六巻　宗教から考える公共性』（稲垣久和・金泰昌編、東京大学出版会、二〇〇六年）所収。

112 『霊性と平和』第三巻（片岡龍訳、東北大学文学研究科、二〇一八年）。原著は《韓国宗教》四三号。なお「主楽想」とはライトモティーフの意味。

113 二〇二一年のインタビューでは自らの歩みと二人の師について語っている（「苦難が苦難を癒す、金敬宰牧師インタビュー」《ハンギョレ》、二〇二一年三月一七日）。

114 徐南同『民衆神学の探究』一八九頁。

115 同、九三頁。

116 同、一八九頁。

117 趙景達『異端の民衆反乱』。以下の東学に関する記述は趙景達の他、金恩正他『東学農民革命一〇〇年』に基づいている。趙景達はこの出来事が宗教団体である東学の異端派による闘争であった点を重視し、従来用いられてきた「東学革命」の呼称を排し、また日本のアジア侵略との関係を踏まえる意味から国内の変革を意味する「革命」ではなく「戦争」と捉え、「甲午農民戦争」と呼んでいる。しかしここでは徐南同の用語にしたがって「東学革命」を用いる。

118 『転換期の民衆神学』三三一頁。この討論会には姜元敦も参加しているが、孫奎泰の批判が「運動の神学」「物の神学」に向けられていることは明らかである。

119 同、三三三頁。

120 朴在淳は民衆神学を咸錫憲のシアル思想の系譜で捉え、金熙献は咸錫憲の大統合の思想を万有在神論的に解釈するが、管見では東学から現代哲学に至る議論を展開するのは金敬宰をおいて他にはいない。

121 Junkin, pp..57~58. ジャンキンによるこの報告はこの時代に現地に滞在していた欧米人が東学をどう理解していたかを知り得る重要な史料である。この内容は、ゲ・デ・チャガイ編『朝鮮旅行記』にも引用されているが、そこでは“Jeenkin”と記されている(一八九~一九一頁)。なお「パン」、「甘いぶどう酒 sweet wine」は宣教師の表現であり、おそらく餅やマッコリ(農酒)などを指すのであろう。

122 イザベラ・バード『朝鮮紀行』二三三頁。バードが全琫準を高く評価していることはジャンキンの報告にも書かれている。

123 趙景達、前掲書、三七四~三八八頁(「英学の反乱－キリスト教との共鳴」)。

124　一八九四年一月の古阜（コブ）蜂起では約二ヶ月に渡って解放区が維持され、農民軍は四月には約一ヶ月に渡り全州（チョンジュ）を占領し、新たな行政制度を構築している。

125　Junkin, op. cit., p.59.　実際、東学の武力闘争は迫りくる日本軍を排撃するためのものであり、朝鮮国王によって派遣された官軍との間で和睦が結ばれたときも、ともに日本軍に対抗すべきとの判断があったと考えられる。

126　「苦難が苦難を癒す」。続く部分はこのインタビューでの言及をまとめたものである。

127　李在禎「徐南同と統一神学」三〇頁。

128　金敬宰「徐南同の生態学的倫理に関する小考」三九頁。

129　本書では「新ヒューマニズム」と「ネオヒューマニズム」が混在するが原文に従って訳し、あえて統一していない。

130　キル・ヒソン『霊的ヒューマニズム、宗教的人間から霊的人間へ』（アカネット、二〇二一年）。キル・ヒソンは高麗時代の禅仏教を専門とする宗教学者であり哲学者だが、プロテスタントのキリスト教徒であり韓完相とともに「セギル教会」の設立者、『菩薩イエス』の著述で知られる宗教多元主義者、霊的訓練の実践家であり、昨今の教会の堕落に対し厳しい批判を繰り返していた。二〇二三年九月逝去。

131　徐南同『民衆神学の探究』二四二頁。

132　同、二二、二五頁他。ここから派生するのが「第三の教会」である（二〇七頁他）。

133　同、一一〇頁。

134　同、二二三～二二四、二二六頁。

135　同、七六～七七頁。

136　金鎮虎「苦痛と暴力の神学的現象学―民衆神学の現代性の摸索　上・下」（二〇〇七年の日本基督教学会関東

支部大会講演）《福音と世界》二〇〇七年六・七月、同「これは宗教的批評の対象だ」《福音と世界》二〇一五年十月（新教出版社）、「〝アンタクト社会〟の外でアンタクトを問う」『ウイルスにかかった教会』所収（かんよう出版、二〇二二年、同「アンタクト時代の韓国プロテスタント教会」《キリスト教文化》二〇号（かんよう出版、二〇二二年）。訳はすべて香山洋人。

137 モルトマン『神学的思考の諸経験』三一〇頁。

138 金明洙「解体主義と民衆神学」一八八～一八九頁、『安炳茂、時代と民衆の証言者』一五四～一五七頁。安炳茂の評伝は同書の他に金南一『民衆神学者安炳茂評伝』がある。

139 二〇一五年十月に行われた「安炳茂先生十九周忌記念講演会」での主題講演。李在媛は安炳茂の理解に全面的に賛同しているわけではない。訳者はこの講演原稿を通じアメリカの聖書学者チェド・マイヤース Ched Myers が安炳茂のオクロス論を積極的に論じていることを知ったが作品は手にしていない。

140 金鎮虎「民衆神学民衆論の聖書的基礎」。

141 同「名前を呼ばれるまでそれは〝花〟ではなかった」。

142 同「民衆神学と〝悲惨の現象学〟」。二〇一三年十月に開催された「安炳茂先生十七周忌追慕シンポジウム」ではこの原稿をもとに講演が行われた。訳者は金鎮虎への応答として「主体化の神学に向けて」（同シンポジウム資料集、二八～三七頁）を発表した。

143 この論文はかんよう出版から刊行中の『安炳茂著作選集』の解題として執筆されたが（現時点で該当部分は未刊行）、二〇二〇年十二月に行われた韓国基督教長老会の基長神学者大会のために改編され発表された。

144 加藤圭「史的イエスの第三探究」参照。この論文はマーカス・ボーグ『イエス・ルネッサンス』の主張を土台にしている。

145　訳者がこの短い言及に触発され、「ゲラサの人」にとっての救いとは何かを主題に応答をしたのが「主体化の神学に向けて」である。「レギオン」の追放は「ゲラサの人」に代理的闘争を断念させる意味を持つ。彼の救いとは着衣の市民として市中に戻ることでも弟子としてイエスに従うことでもない。民衆の解放は社会統合でも新たな共同体への帰属でもなく、排除の問題は包摂によっては解決されない。重要なことは「ゲラサの人」が自由な主体として自らの生き方を選び取ることであり、その結果が弟子あるいは共同体の一員としての生であることはあっても、その逆ではないというのが応答の趣旨であった。

146　田川建三『原始キリスト教の一断面』一一九頁。これはフランス語で書かれた博士論文（一九六五年）をもとにしているが、奇跡物語の検討部分を大幅に割愛し、原始キリスト教史におけるマルコの位置を明らかにするために新たに書き上げた部分が加えられている（「まえがき」iii）。したがって参照すべきは日本語版だが、韓国語版（一九八三年）も日本語版からの翻訳である。

147　同、一二一～一二三頁。田川建三は『新約聖書　訳と註Ⅰ　マルコ福音書』でも「常に一貫してイエスに対して好意的な存在」として群衆 ochlos を理解している（一四章四三節の註、四四七頁）。

148　同『原始キリスト教の一断面』、一二七～一二八頁。

149　同、一三七頁。

150　同、一六〇頁。

151　同、五七頁。

152　同、六〇頁。

153　同、一〇四頁。

154　もう一人、矢野睦「マルコ福音書における民衆」も安炳茂に対する批判的検討である。大貫隆によればこの論文は編集史的方法を踏まえつつも物語論的アプローチによる接近だというが、民衆論には総じて批判的で田川建三批判とともに「マルコは民衆の福音書ではない」と結論付けている。安炳茂への反論は単語の意味と物語上の役割（例えば神的治癒のわざに驚く民衆にとってイエスは絶対他者であり「われわれ」のような関係ではない）から説き起こされているが、訳者には論点が噛み合っていないように思えるため脚注での言及にとどめた。

155 大貫隆「マルコの民衆神学」一四三〜二一一頁。

156 安炳茂『民衆神学を語る』三五六頁。

157 大貫、前掲論文、一四五頁。

158 出版は一九九六年（序文執筆は一九九二年）だが本書に収められた原稿の執筆はおおよそ一九七五年以前である。序文で安炳茂はこれが「自分の神学の根」であると語っている。

159 『ガリラヤのイエス』は一九七八年以来行われてきた「史的イエス」に関する講演や講義をもとに一九八九年アメリカのバークリー神学大学院で行われた講義の口述原稿が元になっている。韓国での出版（一九九〇年）に際し弟子たちによる脚注が付され二〇二〇年に改訂版が出されたが、二〇二一年の著作選集版は脚注を廃し講義原稿の形に戻した。李在垣が解題で述べているようにこれは正しい判断と言えよう。

160 大貫、前掲論文、一五一頁。

161 安炳茂『民衆神学を語る』一六五頁。

162 同『ガリラヤのイエス』巻頭言、八〜一一頁。

163 高橋敬基「新約聖書における民衆と民族」一〜二五頁。

164 同、二頁。

165　同、一三〜一五頁。田川建三は、一三章までをマルコ本来のもの、それ以降を後代の付加とするトロクメの解釈に同意することでオクロスの両義性を不問に付している。

166　同、一五〜一八頁。

167　同、一八〜一九頁。「家の教会」は大貫隆『マルコによる福音書1』（日本基督教団出版局、一九九二年）による着想である。

168　高橋、前掲論文、二一頁。

169　大貫隆「マルコの民衆神学」一八一頁。

170　田川、前掲書、一二八頁。

171　安炳茂『民衆神学を語る』一五二頁参照。マルコのオクロスに対する安炳茂の解釈がもっとも集約的に表現されているのが『ガリラヤのイエス』（一五七〜一六八頁）であろう。

172　安炳茂『民衆神学を語る』、五九頁。日本の荒井献もそれを認めていると安炳茂は述べるが、後日この件に触れた荒井献は、たしかに安炳茂に対し韓国のような現場はないと言ったが自分は様々な権力との闘いの中で経験した事柄を自身の聖書釈義の土台としてきたと述べ、「万博闘争」など七〇年代のキリスト教主義大学での学生運動や自身の青山学院理事長との対立による辞職などに言及している。荒井献「イエスの問いかけに応えて—民衆神学の現代的意味」（二〇一六年六月二五日「二十一世紀の民衆神学—日韓の神学的対話を求めて—」特別記念講演）。

173　安炳茂、前掲書、二四三〜二四四、三五七〜三五八頁。

174　安炳茂「マタイの民衆的民族主義」『安炳茂著作選集四』所収。

175　拙稿「民衆神学における民族　上・下」参照。

176 金鎮虎はこのことを、史的イエスの探求において必要なのは「イエス」から「イエス事件」への転換であると論じた。「イエス運動の背景史を見る一視覚」参照。

177 「わたしが追究しているのは、現存のキリスト、すなわち彼が今日この時代にどのように現れるか、ということにあります」（安炳茂前掲書、六九頁）。「その結論は、イエスは民衆の苦難のなかに現存しているという認識です」（同、一三六頁）。「～キリストが明らかにわれわれの日常生活のなかに現存している、キリストの事件がわれわれの周辺で起こっているということです」（同、一六四頁）。「民衆の現実を巡って、ただ叙述するだけであれば、〈民衆論〉で終わってしまいます。民衆の事実から、われわれはキリストが現存しているということを立証しなければならないのです。それが民衆神学なのです」（同、一七〇頁）。

178 徐南同、前掲書、一五四頁。マタイ二五章のサクラメント的解釈が困窮者を自分の救いのための道具とみなす危険性を語ったグティエレスの指摘（『解放の神学』二〇八頁）は、「民衆メシア論」の問題とも深くつながっている。この点については崔亨默論文を論じる際にあらためて考えたい。

179 二〇二四年春には「第三時代キリスト教研究所」の所長に就任している。

180 『権力を志向する韓国のキリスト教―内部からの対案―』（新教出版社、二〇一三年）、『旧約聖書の人物―「韓国」という時空間で読む―』（かんよう出版、二〇一四年）、ともに金忠一訳。

181 崔亨默他「民衆神学とは何か」八一頁以下。

182 《明治学院大学キリスト教研究所紀要》五四（二〇二二年）。

183 おそらく一九九三年の「民衆神学研究所開所記念シンポジウム」の主題として用いられた用語であろう（イム・テス編『民衆はメシアなのか』）。同書に収められた論文には積極的批判も含まれるが（朴在淳、権鎮官など）、イム・テスは民衆はメシアではないという立場こそが民衆神学を発展させると語った（イム・テス前掲書、九九〜一〇〇頁)。訳者にはイム・テスの批判は始めから論点のずれが感じられる。朴聖焌も同様の批判をしている(『民衆神学の展開』三五一〜三五二頁参照)。

184 これについて訳者は「主体化の神学」で探求した。

185 モルトマン、前掲書、三一二頁。

186 同、二九四頁。

187 「視線」と「視座」については本田哲郎のメタノイア解釈を参考にしている。『釜ケ崎と福音』など参照。

188 安炳茂『民衆神学を語る』一九三〜一九六頁。

189 モルトマン、前掲書、三一六頁。なおモルトマンにおけるシェキナーの重要性については、岡田仁「ユルゲン・モルトマンの社会的三位一体論」参照。

190 グティエレス、前掲書、一九六〜一九七頁。

191 同、二〇六頁。

192 同、二〇八頁。「人間を目的とした人間の愛こそが、キリストと真に出会う唯一の道なのである」。

193 同、二〇九頁。

194 したがって民衆神学における「諸民族の裁き」への言及も救済論的言説ではなく民衆への関心を呼びかける啓発的語りと考えるべきであろう。

195 解放の神学自体が教会の位階的権力から現場を守るための戦略的表現であることを認めるとしても、である。

196 スコラ神学的に言えば、人間が自力で可能な道徳的実践と聖書の啓示を通じ神により初めて可能となる「対神徳」としての実践とは別物であろう。グティエレスなど解放の神学は大前提としてのキリスト教世界が存在するが、アジア神学としての民衆神学にはそれがない。聖書の啓示無しに人はだれもが「至福直観」に至るのであり、その鍵がイエス事件の性質を内包する民衆事件との遭遇なのである。

197 「哲学的断片或いは一断片の哲学」。キェルケゴールにとっての眼前の課題は「哲学的真理」であった点が安炳茂とは正反対ではある。

198 安炳茂『民衆神学を語る』一六九～一七〇頁。

199 呉在植自身による全泰壱事件当時の回想については『私の人生のテーマは現場』一〇九～一二一頁。

200 安炳茂、前掲書、一一八～一一九頁。宗教学者チョン・ジンホンは民衆神学に対する批判において「パトス」を情緒的、感情的という意味で用いたが、これに対する安炳茂の応答は「受苦」の意味も含めて捉える必要があることはすでに述べた（注六六参照）。

訳者あとがき

本書の成り立ちや内容についてはすでに書きましたので、ここでは少し個人的な思いを記してみたいと思います。わたしが民衆神学と出会ったのは今から四〇年近く前、教会のプログラムで韓国とフィリピンを訪ねたときのことです。ほとんどの日程を終えた頃、マニラの聖アンデレ神学校で偶然手にしたのが『民衆神学』と書かれた冊子でした。中身を知っていたからではなく、横文字だらけの書架の中で日本語のタイトルが目にとまっただけのことでしたが、それは一九八六年に安炳茂先生が札幌で行った講演で『民衆神学Ⅱ』にも収録されています。そこで目にしたヨハネ福音書解釈に、それまでのソウルや江華島、フィリピン山岳州での体験に引けを取らない衝撃を受けました。その後、様々な聖書釈義に触れましたがあの時の衝撃を超えるものはありませんでした。聖書をきちんと読んだこともなく神学のことなどまったくわからないわたしにも、安炳茂先生の熱い想いが伝わってきました。神学生になり、聖公会大学の李在禎先生の講演を聞く機会がありました。拙い質問をしたところ、会が終わると李総長がもう少し話そうと泊まっていた部屋に招いてくださいました。その時以来、いつか韓国に行って勉強したいという思いは消えることなく、教区の派遣で留学させていただいたのは一九九六年九月のことでした。留学を後押ししてくださった竹田眞主教は、「ミンジュンの勉強なら安さんにつけるといいね」と言ってくださいましたが、この年の十月に安炳茂先生は亡くなられましたので生前にお目にかかることはできませんでした。安炳茂先生の業績を記念し民衆神学の発展のために設けられた「安炳茂記念心園論文賞」の第一回受賞作にわたしの修士論文が選ばれたのは大変光栄なことでしたが、一度もお目にかかることのなかった安炳茂先生に褒めていただいたような気がして感無量でした。

わたしは市井の学徒であり、民衆神学の魅力にとりつかれて外側から悪戦苦闘しているだけです。姜元敦先生は、民衆神学の条件は「神学者自身が神学のテクスト」であることだと言いますが、語り手の生き方と語る内容との一致が問われるのは神学に限らないかもしれません。その意味では、「自分は民衆神学者という資格はない」とおっしゃる金敬宰先生が正義を追求しながら実践的な神学を貫く姿は民衆神学者そのものですし、大学ではなくエキュメニカル運動と牧会現場に軸足を置く崔亨黙さんや、大学や既存の教会組織からは距離を起きながら執筆を中心に民衆神学と新しい教会の姿を探求する金鎮虎さんなど、実存的生と神学との一致を追求する人々の姿の前に、わたし自身は身の縮む思いで日々を過ごしています。自分が何者であるかを常に問いながら聞き手の生活の場に向かって語りかける神学、そして問われては打ち砕かれ新たにされ続ける神学、それが民衆神学の魅力であり、その問いかけは時と場を超えて多くの人々の心に届くに違いありません。

最後になりましたが、翻訳出版を認め、さらには細かな問い合わせにも快く応じてくださった著者の方々と、民衆神学の価値を理解し果敢にチャレンジを続けるかんよう出版の松山献社長に心より感謝申し上げます。

二〇二四年十一月

香山洋人

著者紹介

姜元敦（カン・ウォンドン）

韓神大学引退教授、専攻は民衆神学、社会倫理学。基督教長老会牧師。韓神大学神学部、同大学院で学び、ハンブルク大学で博士号取得。韓国神学研究所翻訳室長、同学術部長、《神学思想》編集者などを歴任、聖公会大学、韓神大学などで教え、著書『物の神学』などの他、訳書にシュヴァイツァー『コロサイ書注解』、グニルカ『エフェソ書注解』など多数。

金均鎮（キム・ギュンジン）

延世大学名誉教授。韓神大学、延世大学で学び、チュービンゲン大学で博士号を取得。延世大学教授、同連合神学大学院教授、韓国組織神学会会長、韓国バルト神学会会長などを歴任。専門はヘーゲルを中心としたドイツ哲学、組織神学。『金均鎮著作全集 全十一巻』（セムルギョルプラス）の他、モルトマンの著作の翻訳者として知られる。「恵岩神学研究所」（現：韓国神学アカデミー）所長として多様な学派の研究者による共同作業を推進している。

金敬宰（キム・ギョンジェ）

韓神大学名誉教授。韓神大学と延世大学大学院で神学を高麗大学大学院で東洋哲学を学び、米国クレアモント大学院などを経てオランダユトレヒト大学院で神学博士号を取得。帰国後は教会での活動も行いながら韓神大学で神学、哲学、宗教学を担当し二〇〇五年に引退。神学、プロセス哲学、宗教学、宗教多元主義に関する多くの著作のほか韓国の伝統思想についても著作がある。

金鎮虎（キム・ジンホ）

民衆神学、聖書学、韓国プロテスタント研究者。漢白教会牧師、第三時代キリスト教研究所研究室長、雑誌《当代批評》主管などを経て現在はフリーランスの著作家として活動している。著書は『反神学の微笑み』『リブーティングパウロ』『大型教会とウェルビーイング保守主義』『市民K、教会を出る』（香山洋人訳、新教出版社）他多数、編著は『嫌悪と韓国教会』『ウイルスにかかった教会』など、邦訳論文が『キリスト教文化』（かんよう出版）に掲載されている。

崔亨黙（チェ・ヒョンムク）

天安サルリム教会牧師、韓神大学招聘教授、第三時代キリスト教研究所理事長。延世大学神学部修了、韓神大学大学院で博士号取得（キリスト教倫理学専攻）。《神学思想》編集長、《進歩評論》編集委員、韓国キリスト教教会協議会（ＮＣＣＫ）信仰と職制委員、同神学研究委員、同正義と平和委員長などを歴任。著書に『社会改革運動とキリスト教神学』、『見えない手が見えないのはその手がないからだ』、『韓国キリスト教の二つの道』、『民衆神学概念地図』などがあり、『旧約聖書の人物―「韓国」という時空間で読む――』などがかんよう出版から邦訳出版されている。

訳者紹介

香山洋人（かやま・ひろと）

　在野研究者。東海大学、聖公会神学院で学び、聖公会大学神学大学院で博士号取得。専門は民衆神学、朝鮮キリスト教史。日本聖公会東京教区で司牧、立教大学チャプレン、明治学院大学非常勤講師、立教大学兼任講師などを経て東京教区を依願退職。訳書に金鎮虎『市民K、教会を出る』（新教出版社）、クオン・ジソン編『ウイルスにかかった教会』（かんよう出版）等、論文に「民衆神学における民族」、「パラダイム転換としての民衆神学」、「主体化の神学、救済論の民衆神学的再解釈」、「『宗教の政治化』『政治の宗教化』を考える」等がある。

民衆神学の課題と展望

2024年12月25日　初版第1刷発行

著　者……姜元敦・金均鎮・金敬宰・金鎮虎・崔亨黙

訳　者……香山洋人

発行者……松山　献
発行所……合同会社かんよう出版
〒530-0012 大阪市北区芝田2-8-11 共栄ビル3階
電話　06-6567-9539　Fax 06-7632-3039

装　幀……堀木一男
印刷・製本……亜細亜印刷株式会社

 ISBN 978-4-910004-65-5　C0016　Printed in Japan

安炳茂著作選集　全十巻　別巻一　四六判上製

心園記念事業会編　金忠一訳

用語監修　香山洋人（第三巻のみ千葉宣義）

第一巻　民衆神学を語る　五二二頁　定価六、〇五〇円

第二巻　歴史と解釈　四六四頁　定価七、一五〇円

第三巻　ガリラヤのイエス　三七四頁　定価七、一五〇円

第四巻　民衆神学と聖書　三八六頁　定価七、一五〇円

別巻　評伝　―城門の外でイエスを語る―　三七八頁　定価四、九五〇円

（第五巻～第十巻　続刊予定）